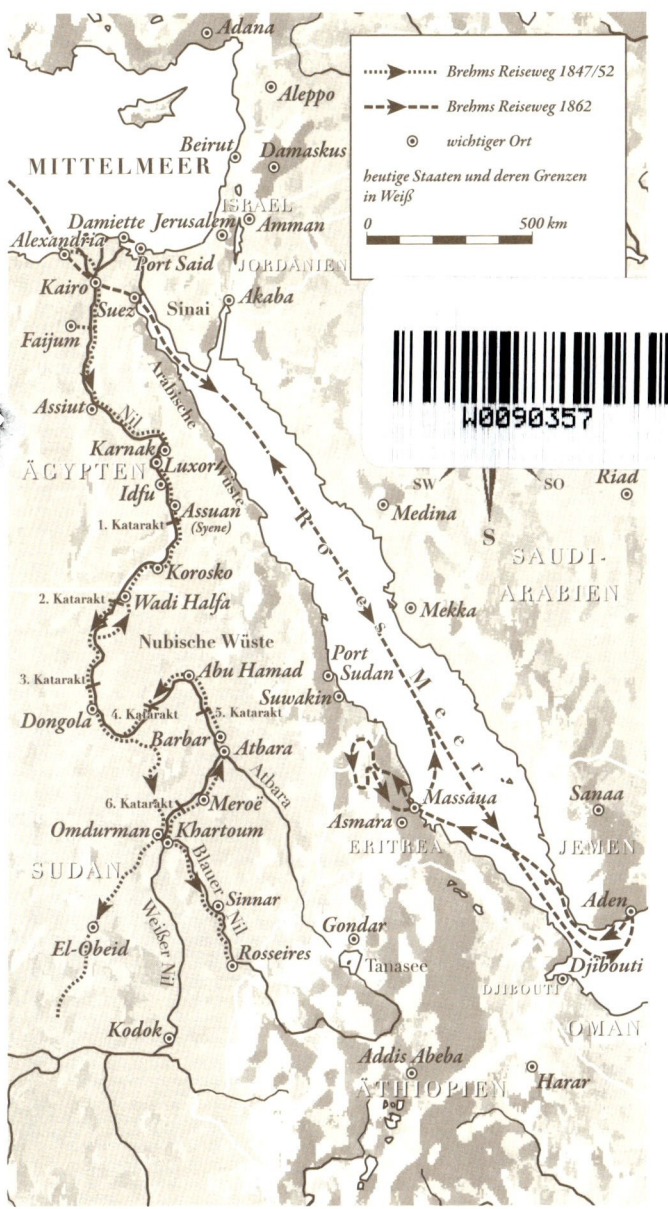

Adana

Aleppo

MITTELMEER

Beirut   Damaskus

ISRAEL
Damiette Jerusalem
Alexandria   Amman

Port Said   JORDANIEN

Kairo
Suez   Sinai   Akaba

Faijum

Assiut   Nil

Karnak
ÄGYPTEN Luxor
Idfu
Assuan
1. Katarakt   (Syene)

Korosko

2. Katarakt Wadi Halfa

Nubische Wüste

3. Katarakt   Abu Hamad   Port
Sudan
4. Katarakt 5. Katarakt   Suwakin
Dongola
Barbar   Atbara
Athbara
6. Katarakt   Meroë
Omdurman   Khartoum
Asmara
SUDAN   ERITREA

Sinnar
Gondar
El-Obeid   Rosseires   Tanasee

Kodok   DJIBOUTI

Addis Abeba   Harar
ÄTHIOPIEN

Arabische Wüste

Rotes Meer

Medina   SW   SO   Riad

S   SAUDI-
ARABIEN

Mekka

Massaua   Sanaa

JEMEN

Aden

Djibouti

OMAN

····▶···· Brehms Reiseweg 1847/52

––▶–– Brehms Reiseweg 1862

⊙ wichtiger Ort

heutige Staaten und deren Grenzen
in Weiß

0 _____ 500 km

W0090357

Brehms *Reiseleben*

Joachim Heimannsberg

Brehms
Reiseleben

Zwischen Eismeer
und Äquator

Mit dem großen Tierforscher unterwegs

MEYERS HORIZONTE

Bibliografische Information der Deutschen Nationalbibliothek
Die Deutsche Nationalbibliothek verzeichnet diese Publikation in der
Deutschen Nationalbibliografie; detaillierte bibliografische Daten sind im
Internet über http://dnb.ddb.de abrufbar.

© Bibliographisches Institut AG, Mannheim 2010

Printed in Germany

ISBN 978-3-411-08390-9

Umschlagabbildungen Bibliographisches Institut AG, Mannheim
Illustrationen im Text Bibliographisches Institut AG, Mannheim
Satz Bibliographisches Institut AG, Mannheim
Druck und Bindung GGP Media GmbH, Pößneck

Editorial

Vor 125 Jahren, am 11. November 1884, starb Alfred Edmund Brehm. Er war nicht nur ein bedeutender Zoologe – der »Tiervater Brehm« –, sondern auch ein großer Reisender. Auf abenteuerlichen Expeditionen drang er ins unbekannte Afrika vor und forschte in Spanien, am Nordkap, in Ungarn und Sibirien. Von seinen Reiseerlebnissen hat er in Büchern, Zeitschriftenartikeln und Vorträgen berichtet. Mit der gleichen Meisterschaft, mit der er das Leben der Tiere beschreibt, entwirft er darin großartige Bilder von Landschaften, von Wüste, Urwald, Steppe, von Tundra, Fjorden, nordischen Wäldern; und er schildert spannend und farbig seine Begegnungen mit Leben und Sitten fremder Völker, mit orientalischen Potentaten, Glücksrittern, Missionaren, Sklavenjägern, Schamanen und Verbannten.

Inmitten der industriellen Revolution, »in einer der Natur sich entfremdenden Epoche«, hat Alfred Brehm »den Sinn und die Sehnsucht nach den Naturwesen lebendig erhalten«; so würdigte Hugo von Hofmannsthal den Forscher. Was hundert Jahre nach seinem Tod die Wissenschaft unter Begriffen wie »Biotop« und »Ökosystem« in den Blick nahm, war für Brehm die natürliche Sichtweise. Allerdings kann der Leser dennoch nicht erwarten, einem im heutigen Sinn ökologisch und sozial vorbildlichen Denken und Handeln zu begegnen. Brehm ist nicht nur Kind seiner Zeit, er ist auch ein sperriger Charakter mit starkem Gerechtigkeitssinn, eigensinnig, erregbar, oft zornig und immer gerade heraus. Naturverbundenheit und Tierliebe stehen für ihn nicht im Widerspruch zu seiner Jagdleidenschaft, und ungehemmt verleiht er seiner Abneigung gegen Krokodile nicht nur mit Worten, sondern auch mit der Flinte Ausdruck. Dabei steigern Brehms Leidenschaften und Ausbrüche den Reiz der Lektüre ungemein. Wenns ihn überkommt, greift er zur Nilpferdpeitsche und verdrischt einen Wucherer. Da ist dann keine Attitüde, keine Aufschneiderei. Das ist prächtig erzählt und echt Brehm.

Reizvoll werden die Reiseberichte auch durch die Patina, die sich seit jenen Zeiten über sie gelegt hat; in diesem Buch äußerlich sichtbar durch die aus alten Ausgaben übernommene Orthografie.

Idyllisch sind sie dadurch noch lange nicht; oft genug verzeichnen sie Seuchen und Naturzerstörungen, Grausamkeit und Niedertracht. Wenn Brehm detailliert die Sklavenjagden von Türken und Arabern beschreibt und ihr Wüten in den Dörfern des Sudans beklagt, eröffnen sich unwillkürlich Parallelen zu aktuellen Szenarien in Afrika – etwa im sudanesischen Darfur.

Die fesselnde Art, in der Alfred Brehm seine Reiseerlebnisse mit Informationen über Natur, Land und Leute verknüpfte, inspirierte auch andere Schriftsteller. Wenn immer Karl May über die Taten Kara Ben Nemsis im Orient schrieb, lagen Brehms »Reiseskizzen aus Nordostafrika« auf dem Schreibtisch. Daraus wusste er, wie mit einem Scheich über Kamele zu verhandeln ist.

Achtzehn Jahre alt war Alfred Edmund Brehm, als er zu seinem größten Abenteuer aufbrach. Fünf Jahre lang lebte, forschte und reiste er in Nordostafrika, bildete sich dabei selbst zum Naturforscher aus und erarbeitete die Grundlagen seines Wissens. Ein Reisender blieb Brehm fortan sein Leben lang. Ausgedehnte Vortragstourneen führten ihn durch ganz Deutschland, nach Österreich und England, in die Schweiz und die USA. In Hamburg und Berlin war er Zoodirektor.

In Brehms Leben gab es nur zu Anfang und am Ende einen richtigen Heimatort: Renthendorf in Thüringen.

Inhalt

Die Liebe zur Natur

Kinderjahre in Renthendorf Bevor wir von Alfred Brehm berichten, soll vom Vater die Rede sein. Christian Ludwig Brehm wurde 1787 im westlichen Thüringer Wald, in Schönau vor dem Walde, geboren. Sein Vater war Pfarrer, ebenso wie der Großvater und der Urgroßvater es gewesen waren. Auch Christian Ludwig Brehm studierte Theologie und wurde 1813, dem Jahr der Völkerschlacht bei Leipzig, Pfarrer von Ober- und Unterrenthendorf nebst einigen Weilern. Dort, im oberen Rodatal zwischen Jena und Gera, schlug er Wurzeln, und selbst das Angebot einer Professur in Jena bekam ihn nicht mehr von diesem Fleck. Im Jahre seines Amtsantritts heiratete er die jüngste Tochter des örtlichen Rittergutsbesitzers, die bis zu ihrem Tode 1826 acht Kinder zur Welt brachte, von denen nur zwei überlebten: der geistesschwache Rudolph, geboren 1816, und Oskar, geboren 1823. Ein Jahr nachdem seine erste Frau gestorben war, heiratete Ludwig Brehm die achtzehnjährige Pfarrerstochter Berta Reiz. Viele bedeutende Männer und Frauen entstammen Thüringer Pfarrhäusern, unter ihnen Pädagogen, Schriftsteller, Komponisten, Geistes- und Naturwissenschaftler, die »treue Seele« Schillers, die ihn während seiner letzten Krankheit pflegte, ein Kometenforscher, ein Dichterpfarrer, ein Bienenvater und vor dem Tiervater: der Vogelpastor. Das war Christian Ludwig Brehm. Der »alte Brehm«, wie er noch heute unter Ornithologen heißt, war in den Wissenschaftskreisen Deutschlands, ja ganz Europas bekannt. Wenn der bereits berühmte Sohn Alfred nach Skandinavien, England, Spanien oder Russland kam, so öffneten sich ihm alle Türen – voll Hochachtung vor seinem Vater. Denn er repräsentierte zusammen mit Johann Friedrich Naumann und Friedrich Faber das »Goldene Zeitalter« der mitteleuropäischen Ornithologie zwischen 1820 und 1850. Brehm besaß die seinerzeit größte Sammlung von Vogelpräparaten, am Ende waren es 15 000 Exemplare; er verfasste eine »Vollständige Naturgeschichte der europäischen Vögel«, gab mit »Ornis« (1824–1827) die erste ornithologische Zeitschrift heraus und brachte es mit Büchern und Artikeln insgesamt auf mehr als 200 Veröffentlichungen. Aufgrund penibler Untersuchungen erkannte der alte Brehm eine große Anzahl neuer Subspezies, geografische Sonderformen; täuschte sich allerdings auch des Öfteren. In jedem Falle lösten seine Erkenntnisse und Fragen in den Fachkreisen viele, oft auch wirre Diskussionen aus. Sie betrafen meist die Systeme, in denen die Vogelwelt, wie die Tierwelt überhaupt, endlich passgenau aufgehen sollte. Der Vogelpastor aber bestand auf Feldforschung: »Es kann nicht schwer sein, auf dem Studierzimmer Systeme auszuarbeiten; ob sie aber in der lebenden Natur wirklich begründet sind, das wird der praktische Forscher bald finden.«

Obwohl er auf dem ganzen Kontinent bekannt war, reiste Ludwig Brehm selten. Nur zwei größere Reisen unternahm er in seinem Leben. Eine führte ihn an den Rhein, die andere zum Sohn nach Hamburg. Amtspflichten und kärgliches Gehalt setzten Grenzen. Dafür kam die Welt zu ihm. Ständig besuchten Vogelfreunde und Naturforscher, Wissenschaftler und Dilettanten das Renthendorfer Pfarrhaus, um Neues vorzulegen, zu erfahren, zu erörtern; bedeutende Männer reisten eigens wegen Brehm nach Ostthüringen, so etwa Charles Lucien Jules Laurent Bonaparte, Neffe Napoleons und Direktor des Pariser Jardin des Plantes.

Thüringens Wälder waren noch in weiten Teilen Urwälder, und die durchstreifte – Vögel beobachtend, Vögel erlegend – der alte Brehm mit dem damaligen Rüstzeug des Ornithologen: Vogelflinte und Fernglas. Angesichts seiner gewaltigen Sammlung überprüften Ornithologen später besorgt die Renthendorfer Wälder. Doch registrierten sie zu seiner Ehrenrettung eine unverändert vielfältige Vogelwelt. »Es gab damals mehr zu bestaunen als heute. Die Welt war gleichsam ein Naturpark, kein künstlich gehüteter und gehegter, wie unsere heutigen Schutzanlagen, die letzten, fast einzigen Bannbezirke der armen, kulturbedrängten Natur. Es galt noch für Wiesen, Felder und Wälder das unverbrüchliche Gesetz der ›Lebensgemeinschaft im Gleichgewicht‹.« So schrieb man 1929 wehmütig zu Alfred Brehms 100. Geburtstag. Was sollen wir erst sagen ... Um Renthendorf herum lag jedenfalls noch eines der beschworenen Naturparadiese. Im Pfarrhaus inmitten dieser Landschaft kam Alfred Edmund Brehm am 2. Februar 1829 zur Welt, als erstes von sechs Kindern der zweiten Ehe. Die Liebe zur Natur vermittelte ihm der Vater schon früh; Mutter Berta Brehm fügte dem ein weiteres Element hinzu: die Liebe zur Literatur. Sie war eine großartige Geschichtenerzählerin und las allabendlich dem Vater und den Kindern aus den Werken der deutschen Klassiker vor.

Von Kindesbeinen an machte der Vater seine Kinder mit der Natur vertraut.

»Hörst du den Vogel dort pfeifen, Alfred? Wie heißt er, wie sieht der Tonkünstler aus? Ein Mönch ist es, richtig, mit schwarzer Kopfplatte. Und woran erkennt man das Weibchen des Mönchs? An seinem rotbraunen Schnabel, jawohl.

Hörst du? Jetzt lockt er: Tack, tack, tack! Von welcher anderen Grasmückenart vernahmen wir gestern den gleichen Lockton? Vom Müllerchen, ja, von der Klappergrasmücke. Ganz ebenso lockt die Nachtigall. Schau, Alfred, dort auf dem Birkenzweig – ein Zaunkönig mit einem Schnabel voll Futter. Wie machen wir's, um sein Nest zu finden? Wo baut er es und wie sieht es aus?« So beschrieb Alfred Brehm Vaters beneidenswert anschaulichen Naturkundeunterricht. Hinzu kam Jagdunterricht. Am 2. Februar 1837, zu seinem achten Geburtstag, erhielt Alfred ein Gewehr geschenkt. Der erste Schuss, ein Treffer: eine Goldammer. Glückwunsch! Dann kam das Gewehr wieder in den Schrank; Beobachten sei wichtiger als Jagen, klärte der Vater den Sohn auf. Im Schrank blieb die Waffe erst einmal, denn im April kam plötzlich ein starker Wintereinbruch mit Schnee. Nun lernten die Kinder etwas über Hege: »Tagtäglich zog der Vater aus mit uns Knaben, ließ uns in der Nähe von Gebüschen den Schnee wegfegen und streute dann auf die Plätze Mehlwürmer, Ameiseneier, Semmelkrumen, Käsequark, gemahlenen Hanf und allerhand Gesäme, und tagtäglich erneuerte und vermehrte er sein Klagen um seine Schützlinge, die fortwährend massenhaft erlagen. Das Elend ging endlich vorüber; die dank dem Vorbilde des Vaters wohlgeschützten oder doch nicht von Bubenjägern behelligten Waldungen aber füllten sich erst im Laufe mehrerer Jahre allmählich wieder mit Bewohnern und Klängen.« Insgesamt lässt diese Kindheit ans Indianerleben denken: Fährtenlesen, Anschleichen, feinste Beobachtung der Umgebung und der Mitgeschöpfe – und Jagen.

Dass nicht zum Vergnügen gejagt wurde, wurde Alfred von klein auf klargemacht. Er wurde streng darin unterwiesen, wann welcher Vogel geschossen werden konnte. Und jeder erbeutete Vogel wurde vom Vater »errettet«, hieß: vor der

Verwesung bewahrt und wissenschaftlich begutachtet. »Ihm war der von ihm oder von anderen getötete Vogel ein heiliger Gegenstand, mit welchem er, wie er sich ausdrückte, nicht freveln durfte.« Zunächst wurde die »Jagdbeute« gewogen und allerlei gemessen: Rumpf und Beine, Hals und Kopf, Schwingen und Schwanz, Schnabel und Krallen. Aus alldem sowie Skelett, Gefieder und Organen erschlossen sich Erkenntnisse über Paarung, Wanderung, Jahreszeit, Alter und Nahrung. Schließlich wurde der Vogel ausgestopft, eventuell eine Besonderheit zu Demonstrationszwecken herauspräpariert und zuallerletzt ein Etikett geschrieben, das die wichtigsten Befunde verzeichnete. Außerdem lernte Alfred, das neue Exemplar einzuordnen – welche Familie?, welche Art?, welche Unterart?, welchen lateinischen Namen benutzen die Wissenschaftler für den Vogel? All diese Unterweisungen waren gelebter Alltag, der schon bald Alfred Brehm dazu animierte, selbst auf solch ambitionierte Pirsch zu gehen. Auch später, während der Lehrjahre in Altendorf und Dresden, zog er in jeder freien Stunde hinaus.

Mit viereinhalb Jahren kam Alfred in die Renthendorfer Schule, mit 14 Jahren verließ er sie wieder: dank Elternhaus bibelfest, lateinsicher, naturkundig, literarisch gebildet. Aber das Gymnasium besuchte er dennoch nicht. Es mag am schmalen Salär des Pastors gelegen haben, der schon fürs Pharmaziestudium des Stiefbruders Oskar aufkommen musste. Vielleicht wünschte sich Ludwig Brehm für seinen Sohn einen aussichtsreichen, einträglichen Brotberuf; jedenfalls sollte und wollte Alfred Brehm Architekt werden. Nach einem ungebundenen Jahr in Renthendorf ging er im Frühjahr 1844 ins 50 Kilometer entfernte Altendorf, Residenzstadt des Herzogtums Sachsen-Altenburg, und begann eine Lehre beim Maurermeister Sprenger. Nebenher besuchte er eine »Kunst- und Handwerkschule«, an der kaufmännisches

Wissen, Mathematik (insbesondere Geometrie), technisches Zeichnen und Freihandzeichnen, Schönschrift sowie Erdkunde und Deutsch gelehrt wurden. Ein Jahr später lieferte ein Schulaufsatz über das Altenburger Schützenfest, das »Vogelschießen«(!), Brehms erste bekannte Tierdarstellung: »Ich begab mich nun zur Tierbude zurück, kaufte mir ein Nösel Kirschen und ging hinein. Die Fütterung der Tiere begann bald, aber zuvor belustigte ich mich, Freund Petzen einige Kirschen in den Rachen zu werfen, um seine Zähne zu sehen. Er sperrte denselben auch allemal so weit auf, wenn ich die Bewegung des Werfens machte, dass ich meinen Zweck vollkommen erreichte. Der Wärter hatte die Tiere als so zahm gepriesen, dass sie – wie er sagte – von jedermann angegriffen werden könnten. Allein ich bekam bald einen anderen Begriff von der Zahmheit derselben. Der Bär war gereizt worden und hatte in seiner Wut ziemlich starke Eisenstangen seines Käfigs mit Leichtigkeit umgebogen. Der Wärter zankte ihn aus und hielt ihm zuletzt seine Hand hin, damit er sie küsse. Allein sei es nun, dass Petz den Wärter verkannte oder dass er noch sehr wütend war, kurz, er biss heftig in die Hand des Wärters, welchem es nur nach vielem Schreien gelang, dieselbe zu befreien. Wütend ergriff derselbe nun eine Eisenstange und stieß ihn mehrere Male so in die Seite, dass der arme Bär laut brüllte.« Er wäre sicher besser mit dem Bären klargekommen.

Nachdem er die Lehre abgeschlossen hatte, wechselte Brehm zum Wintersemester 1846 zum Architekturstudium nach Dresden. Im Frühjahr des nächsten Jahres 1847 avisierte das Finanzkollegium des Altenburger Hofs dem Landeskind »baare Unterstützung«.

Doch es kam alles anders.

Fünf Jahre Afrika

Ausfahrt

Frühjahr und Sommer 1847 Auftritt Baron Müller! Der württembergische Baron John Wilhelm von Müller (1824–1866), nur fünf Jahre älter als Alfred Brehm, hatte Naturwissenschaften studiert und mit einer Promotion abgeschlossen. Sagte er. Belege dafür sind bis heute nicht auffindbar. Sein Großvater war in Südafrika reich geworden und die Kaufmannsfamilie wenige Jahre zuvor geadelt worden. 1845 hatte Müller eine Reise nach Algerien unternommen, die unter dem Namen »Baron J. W. von Müllers erste Afrikaexpedition« firmierte und von der er die tollsten Abenteuer glänzend zu erzählen wusste. Der Vogelliebhaber kam im Frühjahr 1847 nach Renthendorf, um mit Vater Brehm Ornithologisches zu erörtern. Dabei kündigte er auch eine neue naturwissenschaftliche Sammelexpedition in die Länder am Nil an, in deren Verlauf er auch zu dessen noch verborgenen Quellen vorzustoßen gedachte; anderthalb Jahre solle die Reise dauern. Alfred Brehm weilte gerade zu Hause, und es traf sich, dass Müller einen Expeditionsgehilfen und Sekretär suchte, und wie wäre es denn ... Der Achtzehnjährige erschien als der ideale Kandidat: jung, gesund, kräftig, anspruchslos, jagderfahren, ausgebildeter Handwerker, vom Vater darin geschult, Tiere zu bestimmen und zu präparieren. Alfred war begeistert von dem Angebot, aber der Vater stellte sich quer: »Solange ich zu entscheiden habe, geht Alfred nicht nach Afrika«, schrieb er in einem Brief an den pommerschen Ornithologen Eugen von Homeyer. Es dauerte Wochen, doch schließlich gab der Vogelpastor seinen Segen. Letztlich mag die Leidenschaft für die Wissenschaft den Ausschlag gegeben haben, vielleicht hatte der alte Brehm an all die möglichen Auskünfte aus erster Hand denken müssen: über das Leben der einheimischen Arten im Winterquartier, über bisher nicht entdeckte Arten, viele offene Fragen wären zu beantworten, Thesen zu bestätigen oder zu verwerfen; für eine grundlegende Systematik der Ornis waren Kenntnisse über die afrikanische Vogelwelt unerlässlich ...

Es fallen Parallelen zu Charles Darwin ins Auge. Als sie ihre Reisen antraten, waren beide sehr jung – Alfred Brehm 18, Darwin 21 Jahre alt. Beide hätten ihre Reise beinahe nicht angetreten – bei Brehm drohte sie am Vater zu scheitern, bei Darwin am Kapitän der »Beagle«, der, als glühender Anhänger der Lehre Lavaters, aus der Nasenform Darwins eine Charakterschwäche abzulesen glaubte (Brehms Nase wäre anstandslos durchgegangen). Bei beiden dauerte es ein halbes Jahrzehnt, bis sie wieder nach Hause kamen. Beide schulten sich auf ihrer Reise zu hoch qualifizierten Naturforschern und erarbeiteten die Grundlagen für ihr Lebenswerk. Bei Darwin wurde es die Evolutionstheorie, bei Brehm die umfassende Darstellung des Tierlebens.

Müller war schon vorausgefahren, Alfred Brehm folgte ihm Anfang Juni, per pedes, Postkutsche, Eisenbahn und Dampfer nach Wien. Von Triest aus ging es dann mit dem Schiff über Griechenland nach Alexandria.

Zwei Tage nach dem Abschied von den Eltern begann Alfred Brehm am 2. Juni 1847 in Dresden, Tagebuch zu führen, das am Ende der afrikanischen Reise vier Bände umfasste. Die

Die Lachmöwe (Larus ridibundus)

umfangreichen Notate lieferten das oft wörtlich übernommene Material für die 1855 erschienenen »Reiseskizzen aus Nordostafrika« und zahlreiche Vorträge. Daneben wurde – unbedingt und jederzeit – von den gesammelten Vögeln ein Katalog geführt. In Brehms Worten aus einem späteren Brief sei er hier kurz angeführt, um für vieles Folgende einen Begriff zu geben: »Da Sie, lieber Vater, durchaus noch keinen Begriff haben, wie wir sammeln, kann ich nicht umhin, Ihnen das Schema unseres Katalogs mitzuschicken. Der Baron hatte es angefangen, ich habe es fortgesetzt, vermehrt und, ich glaube, verbessert. Die von mir mit hinzugefügten Rubriken sind mit Sternen bezeichnet und die Überschriften aller Rubriken des Katalogs folgende:
Zahl / Name des Vogels / *arabischer Name desselben / Datum / Ort / Geschlecht / Alter / Länge / Breite / *Länge der Fußwurzel wie *der Mundspalte bis zur Schnabelspitze

/ Farbe der Iris / des Schnabels / der Füße / des Augenrin-
ges oder der Nickhaut / *Nahrung / *Aufenthalt / *Lockton
/ Bemerkungen. In diese schrieb der Baron fast nichts; ich
schreibe in der Regel in sie hinein: die Maße aller vier Zehen
ohne die Nägel, die Maße der Nägel bei langnägeligen Vögeln und alles andere Außergewöhnliche.« Es wartete massenhaft Arbeit auf ihn.

[Dresden 2. Juni 1847] Meinen Paß habe ich heute sowohl
auf der Polizei als beim Gesandten visieren lassen. – Die
gestrige Fahrt von Leipzig hierher war sehr lustig. Ich saß
neben einem wunderschönen Mädchen und einem spaßhaf-
ten Herren, und da verging die Zeit, wie mir jeder 18jährige
Bursche glauben wird, natürlich sehr schnell. Von Onkel
Eduard [Reiz] fand ich einen lustigen Brief und das Fern-
rohr, um welches ich ihn gebeten hatte.

[Wien, Mittwoch 16. Juni] Wir hatten jetzt viel zu tun.
Der Baron hatte eine Menge Einkäufe zu machen, wobei
ich ihm natürlich half, soviel ich konnte. Da ich in Ägypten
als sein Jägermeister erscheinen soll, läßt er mir eine Jägeruniform machen, er will mich dort, sagte er, für seinen Forst-
meister ausgeben!!

[Sonntag 20. Juni] Wir gingen gestern wieder in das Natu-
ralienkabinett, wo sich der Baron Empfehlungsbriefe geben
lassen wollte. Heckel [Johann Jakob Heckel, Ichtyologe] war
sogleich bereit dazu, Natterer [Josef Natterer, Ornithologe]
dagegen durchaus nicht und empörte den Baron deshalb
nicht wenig.

[Triest, 6. Juli 1847] Am sechsten Juli 1847 lag der große Postdampfer »Mamuhdie« dicht am »Molo grande« Triest's zur Abfahrt nach der Levante segelfertig. Es war gegen vier Uhr Nachmittags. Schon entstiegen dem Kamin des Schiffes dunkle Rauchwolken, aber noch verband eine leichte Brücke das belebte Verdeck mit dem Festlande. Ueber sie hinweg wogte ein Menschenschwarm, kommend und gehend. Da sah man den nirgends fehlenden Engländer mit seinem, unter der Last von großen Koffern keuchenden Lohnbedienten neben der schwarzäugigen Italienerin und dunkellockigen, dem Neuling auffallenden Griechin, den Deutschen neben dem plaudernden Franzosen. Alle waren fröhlich und guter Dinge, wenn sie auch die Abfahrt sehnlichst herbeiwünschten.

Unter den Reisenden befand sich der Baron von Müller aus Würtemberg und der Verfasser. Wir Beide waren im Begriff, eine naturwissenschaftliche Jagdreise über Griechenland nach Egypten und Kleinasien anzutreten, wollten rückwärts die Türkei und Walachei besuchen und durch Ungarn nach Hause zurückkehren. Wie wir glaubten mit allem Nöthigen für die Reise wohlversehen, gingen wir sorglos den Beschwerden derselben entgegen und stimmten von ganzem Herzen in die allgemeine Heiterkeit mit ein. Es schien sich Alles zu einer glücklichen Seefahrt vereinigen zu wollen. Ueber uns blaute der Himmel Italiens, von dessen Gestaden ein leichter Wind herüberwehte. Er war gerade kühlend genug, um der großen Hitze des Juli einigermaßen Einhalt zu thun, erfrischte die des warmen Klimas ungewohnten Nordländer und entfaltete dabei die freundlichen, überall gern gesehenen Farben der österreichischen Handelsflagge hinten am Stern des Schiffes. Das beste Wetter stand uns bevor.

Da tönten über den Hafen hinweg von den verschiedenen Thürmen der Stadt die Glockenschläge der vierten Stunde herab. Die Zeit der ersehnten Abfahrt war gekommen. Unser Kapitän bestieg die Brücke auf dem Radkasten und ertheilte durch sein Sprachrohr die nöthigen Befehle. Sogleich entfernten sich alle Diejenigen, welche nicht mit uns reisen wollten, die Landungsbrücke schwand, die Ankerwinde begann ihre eintönige und doch so willkommene Weise zu klappern. Schlammbedeckt hob sich der schwere Anker aus tiefem Grunde; Matrosen und Maschinisten waren in voller Thätigkeit; ein neuer Befehl und der Koloß bekam Leben. Er durchfurchte erst langsam, dann immer schneller und schneller den Hafen, dann rauschte er mit voller Dampfkraft in die offene See hinaus.

Noch hafteten Aller Blicke auf dem stolzen Triest. Im hellsten Sonnenscheine lag es vor uns, umschlossen von grünenden Bergen. [...] Mehr und mehr verschwand die »Königin der Adria«; schon lag der blaue Duft der Ferne über dem Panorama, da fesselte ein anderes Bild die Aufmerksamkeit. Es war das freundliche Pirano, an dem wir vorübersegelten. Von den Strahlen der schon tief gesunkenen Sonne rosig beleuchtet, gewährte das Städtchen einen gar lieblichen Anblick. Es vereint noch nordische Frische mit südlicher Kraft. Die südlichen Olivenwäldchen gruppiren sich um die nordischen Ziegeldächer, die hellgrüne Linde steht hier noch neben der dunkelbelaubten Kastanie Italiens. [...]

Uns ist Alles neu. Wie fröhliche Kinder gehen wir auf dem Verdeck umher. Bald sehen wir in den Raum der Maschine und beobachten ihre kräftige Arbeit, bald schweifen unsere Blicke der Küste Dalmatiens entlang; immer und immer aber kehrt das Auge zum Meere zurück, wir lehnen uns über die Gallerie des Bords und schauen in seine ruhige, tiefe Bläue hinab. [...] Mir war es, als ob ich wachend träumte, und nur das rege Treiben unserer Reisegesellschaft führte mich zur schönen Wirklichkeit zurück. Die Abendländer gingen lachend und plaudernd auf und ab, ganz im Gegensatze zu einigen Türken, die auf dem Vorderdeck auf ihren Teppichen lagerten und mit britischer Gleichgültigkeit die grünen Küstenstriche Istriens vorbeigehen ließen, ohne sie eines Blickes zu würdigen. Mit der ihnen eigenen Ruhe betrachteten sie uns Abendländer. Nur dann und wann machten sie eine Bemerkung über uns, was wir aus ihrem Mienenspiel errathen konnten, obgleich wir den Sinn der volltönenden, vokalreichen Worte ihrer kräftigen und melodischen Sprache nicht verstanden. Mich zogen die ernsten, schönen Männer an, ihre ruhige, würdevolle Haltung imponirte mir. Auch habe ich später gefunden, daß die erste Begegnung der Europäer mit den Türken auf die ersteren stets einen starken Eindruck macht, sei es nun wegen des ruhigen, von schwarzem Barte beschatteten Gesichts oder wegen der fremdartigen, malerischen Kleidung.

Die Sonne hatte mittlerweile ihre heutige Reise beinahe vollendet. Jetzt stand sie noch als leuchtende Feuerkugel dicht über dem ruhigen Spiegel der See, allmählig tauchte ihr Rand in die Fluthen hinab, nach wenig Minuten vergoldete nur noch ihre obere sichtbare Hälfte die Wogen, unser Schiff, die Gebirge Istriens und den Himmel, bald war sie uns gänzlich verschwunden und der Abend, der goldene

Abend Italiens brach herein. Langsam erhoben sich die Mahammedaner. Sie begannen ihre gesetzlichen Waschungen und fielen dann bei dem flammenden Himmel auf ihr Angesicht, um zu beten. Auf dem Hinterdeck erschallt lustiges Gelächter, kaum entlockt der hehre Sonnenuntergang den Franken einen Ausruf der Bewunderung, die Matrosen betreiben ihre Geschäfte mit der gewöhnlichen Eile und nur die abgenommene Schiffsflagge kündet, daß der Tag zu Ende ist; – auf dem schlechtesten Platze des Vorderdecks liegen die Türken im ernsten Gebet, drücken die Stirne in den Staub und rufen langsam sich erhebend: »La il laha il Allah!« (Es giebt nur einen Gott!) Welch ein Kontrast! Es war Nacht geworden. Unser Schiff eilte mit Macht durch die Wogen und zertheilte kräftig die zürnenden Wellen, welche unzählige Feuerchen von sich strahlten und den dunklen Koloß mährchenhaft beleuchteten. Die Schönheit der Nacht fesselte uns auf dem Verdeck. Es war eine von den Nächten des Südens, die wir in Deutschland nur ahnen können. Der laue Wind, der von Italiens Küsten herüber wehte, gab ihr eine angenehme Wärme, aber gerade ihre Kühle war es wieder, welche nach dem heißen Tage so wohl that. Mir war, als glänzten die freundlichen, noch bekannten Sterne viel lieblicher und heller zu uns herab, als wäre Alles viel milder und schöner als daheim. Spät erst suchte ich den Schlaf in einer der Lagerstätten der Kajüte. Doch bedurfte es langer Zeit, ehe ich bei dem Knacken der Schiffswände, dem Toben der Maschine und dem Zittern des ganzen Baues im Stande war, die Augen zu schließen.

Auf dem Weg in den Sudan

Ägypten, Nubien, Sudan. 29. Juli 1847 bis 7. Januar 1848 Am 29. Juli
kamen Müller und Brehm in Alexandria an. »Palmen! Und
obendrein Palmen in Wäldern! Das Schaustück war zu neu,
als dass wir es nicht bewundern sollten. Das Märchenland
aus Tausendundeine Nacht lag vor uns.« Doch rasch ver-
wies das Märchenland auf seine speziellen Gegebenheiten:
Nur kurze Zeit verbrachte Brehm ohne Kopfbedeckung in
der prallen Sonne, schon hatte er einen Sonnenstich. Die
erste Fahrt auf einer »Dahabïe«, der ägyptischen Barke mit
Dreieckssegel, erlebte er unter rasenden Kopfschmerzen,
die sich mit erleichternden Ohnmachten und Delirien ab-
wechselten. Müller verlor an Bord seinen Hut und versank
ebenfalls in Fieberräuschen. Die nächsten drei Wochen verbrachten die beiden in einer abgedunkelten Wohnung Kairos. Sicherlich wurde die Erholungsdauer tatkräftig verlän-
gert durch einen italienischen Arzt, der sie täglich zur Ader
ließ. Da brauchte es eine Rossnatur. Während sie langsam
wieder zu sich kamen, bebte die Erde, mehrere benachbarte
Häuser stürzten ein und begruben Menschen unter sich. Ein
geglückter Auftakt sieht anders aus.
Um die damaligen politischen Verhältnisse in Ägypten zu
verstehen, ist ein Rückblick hilfreich. Nachdem sich Napo-
leon 1801 aus Ägypten zurückziehen musste – der Feldzug
war eine veritable Pleite –, entstand dort eine explosive
Lage. Das Osmanische Reich hatte wieder die Oberhoheit
übernommen, doch bald kam es zu Spannungen zwischen
den Herren der Hohen Pforte und den Mameluckengrafen,
den Beis. Das Volk hatte es satt mit den einen wie den anderen. 1804 erhob es sich, setzte den türkischen Statthalter ab
und verjagte die Mamelucken aus Kairo. Die Mamelucken
waren ursprünglich türkische, tscherkessische und kaukasi-

23

sche Sklaven, die seit dem 9. Jahrhundert als Elitetruppe den Kern des ägyptischen Heeres bildeten. Sie entwickelten sich zu einer mächtigen Kaste, die dann dreihundert Jahre lang die Sultane des Landes stellten. 1517 hatten zwar die Osmanen Ägypten ihrem Reich einverleibt, aber die reale Herrschaft übten weiterhin die beim Volk verhassten Mamelucken aus. Obwohl sie nur etwa 40 000 waren, taten sie es auch noch Anfang des 19. Jahrhunderts. Nach dem Volksaufstand stimmten die Türken 1805 einem Kompromiss zu: Herrschen sollte kein Mamelucke und auch kein Türke. Man wählte Muhammad Ali (1769–1849) zum türkischen Statthalter, rechtlich war er damit Vizekönig, de facto unumschränkter Herrscher am Nil. Er stammte aus Albanien und hatte ein Freiwilligenregiment aus Landsleuten geführt, das mit den Türken ins Land gekommen war. Als Erstes räumte Muhammad Ali mit den Mamelucken auf und verstaatlichte 1808–1810 ihre Ländereien. Am 1. März 1811 lockte er 480 ihrer Anführer zu einem prächtigen Mahl in die Kairoer Zitadelle und ließ sie von seinen Albanern niedermetzeln. Damit war die Mameluckenherrschaft endgültig gebrochen. Es folgten radikale Reformen: Justiz und Verwaltung wurden neu geordnet und strikten Normen unterworfen; sämtlicher Grundbesitz ging in Staatseigentum über, es wurden Staudämme gebaut und die Bewässerungsanlagen verbessert, die landwirtschaftliche Anbaufläche bis 1840 verdoppelt. Die neu angepflanzte Baumwolle fand glänzenden Absatz auf den europäischen Märkten und lieferte das Kapital für eine erste Industrialisierung. Der Reiseschriftsteller Hermann Fürst Pückler-Muskau schrieb anerkennend über Muhammad Ali: »Er hat mit bewunderungswürdigem Organisationstalent in einem der verwahrlosesten und verwildertsten Länder der Welt Ordnung und Sicherheit, die ersten Bedürfnisse eines zivilisierten Staates, herzustellen vermocht

... Er hat den Fanatismus gebändigt, eine größere Toleranz in religiösen Dingen geübt, als in manchen christlichen Staaten stattfindet.« Bei allem Fortschritt: Es wurde mit eiserner Hand regiert. Die Fellachen waren zwar von den Grundherren befreit, nun aber Staat und Armee unterworfen. Auf Anweisung hin hatten sie ihre Arbeit auf den Feldern liegen zu lassen und Frondienste zu leisten; und sie hatten an ausgedehnten Kriegszügen teilzunehmen. Zur Zeit der Afrikareise Alfred Brehms war die Zeit der Großmachtpläne Muhammad Alis bereits Geschichte und das Land zunehmend dem Einfluss der Großmächte unterworfen; für England war das Land als Anrainer des Roten Meers der Schlüssel für den Zugang nach Indien.

Die Toleranz in religiösen Dingen ... Brehm hatte sie. Von Anfang an faszinierte ihn der Islam, und diese Faszination teilte er mit fast allen Afrikaforschern seiner Zeit. Die Aufrichtigkeit, Strenge und Klarheit im Glauben, die Intensität, mit der die Religion Alltag, Haltung und Denken durchdringt und strukturiert – das war für den Pfarrerssohn überraschend und beeindruckend. Vor allem bewegten ihn die Großherzigkeit und Geradlinigkeit der Mohammedaner, das Fehlen jeglichen Eiferns und Frömmelns. Die Hochachtung für die Muslime wuchs in den fünf Jahren in Afrika stetig – mit den Christen, die er traf, hatte er so seine Probleme. Das begann schon mit der Gruppe christlicher Ordensbrüder, der sich Müller und Brehm zunächst auf dem Weg in den Sudan anschlossen. Missionieren wollten die Jesuiten dort nicht die Mohammedaner – das war ihnen strikt untersagt –, sondern die heidnischen Völker des Sudans; und unterwegs die verlorene Protestantenseele Brehms. Jahrelang hatte Kanonikus Annetto Casolani auf Malta von den Händlern und Forschern, die im Hafen auf dem Wege von oder nach Afrika Station machten, Informationen gesammelt. Sein Ziel war es, ins unbekannte Herz Afrikas vorzudringen und den Glauben bis jenseits der Sahara zu verbreiten. 1844 legte er seine Pläne in Rom der Propaganda Fidei vor, der Kongregation zur Verbreitung des Glaubens. Die war sehr angetan, ernannte Casolani 1846 zum Bischof von Mauricastro, gründete das »Apostolische Vikariat Zentralafrika« und bestimmte Khartoum als dessen Sitz; in Rom gab es zwar keinen Geistlichen, der schon einmal dagewesen wäre, aber auf der Landkarte sah der Stützpunkt ganz vielversprechend aus. Schließlich fanden sich für Casolani vier Begleiter, die Jesuiten Maximilian Ryllo, Ignatius Knoblecher, Angelo Vinco und Emanuele Pedremonte. Ryllo, dem hochintelligenten, in heiklen Missionen erprobten polnischen Rektor des Collegio Urbano zu Rom, wurde die Leitung übertragen. Nach seinem Tod 1848 in Khartoum wurde Knoblecher sein Nachfolger und gewann später in Wien die persönliche Unterstützung des Kaisers. Mehrfach wurden im südlichen und westlichen Sudan Missionsstationen gegründet, die jedoch, nachdem die Missionare Klima und Krankheiten erlegen waren, alle wieder verwaisten. So auch die 1851 errichtete Station Knoblechers in Gondokoro, 1200 Kilometer südlich von Khartoum. Trotz immenser Anstrengungen scheiterte die Mission im Sudan vollkommen. Allein zwischen 1848 und 1870 starben über 100 Missionare am Klima, die wenigen Überlebenden kehrten nach Europa zurück. Die bekehrten Afrikaner wiederum, die in Priesterseminare entsandt wurden, starben im für sie unverträglichen Klima Europas ebenfalls wie die Fliegen. Der Missionswahlspruch »O' Nigritia o' Morte« – Afrika oder der Tod – gab nur die Illusion einer Wahl.

In seinem Tagebuch vermerkte Brehm am 1. Oktober 1847 so etwas wie eine zweite Taufe: »Gestern erhielten wir unsere arabischen Namen: der Baron heißt Abd el-Kader, ich

Chalil.« Brehm benutzte den Namen – notgedrungen: »Chalil war mein arabischer Name. Er bedeutet wörtlich ›Gottesfreund‹. Später, als ich Arabisch schreiben und lesen konnte, setzte man ›Effendi‹ hinzu, denn unter Effendi versteht man einen gebildeten Mann. Zu dem wurde ich aber erst dadurch, dass ich arabisch gebildet wurde. Zu Anfang nannte ich den Arabern meinen Nachnamen ›Brehm‹. ›Brehm? Brehm? Was ist das? Das ist ja gar kein Name. Du heißt wahrscheinlich I-bre-hm – Ibrahim.‹ Wenn ich nun auch den Erzvater Abraham hoch genug stellte, lag mir doch nicht gerade viel daran, seinen Namen zu führen, zumal da er hier auf Kosten des meinigen entstanden war. Ich nannte meinen Vornamen ›Alfred‹. Obgleich nun im Arabischen der Name ›El Ferid‹, ›der Einzige‹, genau mit denselben Buchstaben geschrieben wird wie ›Alfred‹, war er doch nur dem gebildeten Teil des Volkes aus der Schriftsprache bekannt. Die Übrigen verstümmelten Alfred in ›Afrid‹, was entweder den Teufel, ein Gespenst oder einen verschmitzten, listigen Menschen bedeutet. Ich hob nun hervor, dass ich Al- und nicht Afrid oder Afred hieße. ›Was? Nun gar elf-afrid (tausend Teufel)? Das ist ein schlechter Name, Herr!‹ So sagte ich, dass ich Chalil hieße. ›Ja, so musst du sagen, Herr. Das ist ein wirklicher, guter Name.‹«

Was Chalil offensichtlich kalt ließ, das waren die Zeugnisse des alten Ägyptens. Weder Luxor, Karnak und Abu Simbel noch das Tal der Könige vermochten ihm Empfindungen wie Hochachtung, Ehrfurcht oder Ergriffenheit zu entlocken. Natürlich führte einer der ersten Ausflüge von Kairo aus zu den Pyramiden von Giseh. Sorgsam erwähnt er – wie stets – Größe, Beschaffenheit und Zustand. Doch jeder Reiseführer ist anschaulicher. Oft genug hat man das Gefühl, er erfülle maximal eine Chronistenpflicht: »Geöffnete Gräber, Mauerreste, vollendete und unvollendete Bildsäulen, versteinerte

Mörtelhaufen und andere Fragmente aus früheren Zeiten liegen in namhafter Anzahl um die Pyramiden herum.« Danke. Lebendig wird es dann gleich wieder, wenn er die Fellachen beschreibt, die nebenan mit selbst gefertigten Mumienschädeln, Skarabäen und kaffeegegilbtem Papier englische Touristen übers Ohr hauen. Brehm fand die ägyptischen Altertümer generell unmäßig groß, am Inneren der Pyramiden und anderer Königsgräber bemängelt er Hitze, Staub, schlechte Luft und Fledermausexkremente. Man muss das verstehen: Es gab in Deutschland nicht diese Begeisterung fürs Ägyptische, wie sie in Frankreich nach Napoleons Militärabenteuer entflammt war. 175 Wissenschaftler hatten die Expedition begleitet und in einem 1809–1813 veröffentlichten 24-bändigen Werk den Blick der französischen Öffentlichkeit auf eine Wunderwelt gerichtet, deren Bildsprache bis in Mode und Design vordrang. In Deutschland hieß das Ideal nach wie vor Griechenland; dessen Bauwerke, Kultur und Ideale waren und blieben das Maß der Dinge. Entsprechend hatte Brehm die Akropolis erlebt, Erwartungen gehabt und sie übertroffen gesehen. Im Vergleich dazu hielt er die Proportionen ägyptischer Denkmäler für missraten. Selbst die gewaltige Bauleistung war ihm keine Erwähnung wert. Sein Enthusiasmus und seine Anteilnahme galten dem Leben all dieser Völker, Tiere, Pflanzen – und der Wissenschaft. Und natürlich der Jagd.

Immerhin beflügelte ihn nach der Besteigung der Cheopspyramide die Aussicht: »Großartig ist das von der Pyramide herab gesehene Panorama, großartiger noch der Gedanke, auf dem höchsten Gebäude der Welt zu stehen.« Was er dem Weltwunder noch verdankte, entdeckte Dr. Otto Kleinschmidt – Pfarrer, Biologe und Brehm-Forscher –, als er nach Alfred Brehms Tod die Vogelsammlung in Renthendorf sichtete: Das Etikett eines präparierten Edelfalken gab darüber Auskunft, dass Brehm den Vogel auf der Spitze der Cheopspyramide geschossen hatte.

Endlich ging die Reise richtig los.

[Unter Segeln stromaufwärts] Der Wind war uns unausgesetzt günstig. Schon am 13. Oktober erreichten wir das Städtchen Esneh, am 16. Oktober den »Berg der Kette« (Djebel el Selseli) – nach Anderen »Berg des Erdbebens« (Djebel el Salßali) genannt – einen engen Strompaß: den letzten Damm, durch welchen sich der Nil Bahn brechen brechen mußte, ehe er in dem durch ihn hervorgerufenen Schlammlande Egypten seine Fluthen still und ruhig dahin senden konnte. Die Stelle ist merkwürdig, weil man am rechten Ufer großartige Steinbrüche, am gegenüber liegenden Katakomben und kleine Tempelportale der Alten bemerken kann. [...]

Wir fuhren mit der Schnelligkeit eines kleinen Dampfbootes den Strom hinauf. Auf mehreren Sandinseln bemerkten wir die ersten lebenden Krokodile, welche aber unsere Barke nicht einmal auf Büchsenschußweite an sich kommen ließen und langsam in's Wasser krochen. Vor einigen Tagen sahen wir bereits einen dieser Riesensaurier im Flusse schwimmen, aber, wie ich sogleich wahrnahm, leblos. Dennoch sandten die geistlichen Herren ein halbes Dutzend Kugeln nach der Panzerhaut des keinen Schuß mehr verlangenden Thieres ab. Man wunderte sich allgemein über die Ruhe des »schlafenden Ungeheuers« und ich im Stillen mich über Sonntagsjäger und Sonntagsjägerei.

Gegen Abend legten wir in Assuan, der Grenzstadt Egyptens gegen Nubien hin, neben einer Sklavenbarke an. Schon von Weitem, lange bevor man die hinter Palmen versteckte Stadt gewahrt, sieht man das hoch auf den Bergen des linken Ufers gelegene Grabmal des Heiligen Muhsa, des Schutzpatrons des ersten Katarakts. Im Strome thürmen sich schwarzglänzende Granit- und Syenitmassen zusammen und hemmen im Sommer die Schifffahrt. Dann erscheint die Insel Elephantine wie ein lieblicher Garten und mit ihr Assuan. Bei hohem Nilstande kann man zu Schiffe direkt bis an die Stadt gelangen, bei niederem Wasser muß man, am rechten Ufer hinfahrend, die Insel umschiffen und mit großer Vorsicht sich zwischen den letzten Felsblöcken der Stromschnelle hindurchwinden. Dann findet man im höchst romantischer Lage zwischen Granitblöcken mit Hieroglyphenbildern ein stilles Ankerplätzchen, zu welchem nur das ferne Tosen des Katarakts dringt, dicht oberhalb der Stadt. [...]

Früher war es wegen der berühmten Steinbrüche der Alten von größerer Ausdehnung und Bedeutung als jetzt, wie man aus Trümmern, welche den vierfachen Raum der heutigen erbärmlichen Stadt bedecken, leicht schließen kann. Die Steinbrüche, aus denen jene Kolosse, Obelisken und Säulen stammen, deren Massenhaftigkeit, Festigkeit und Schönheit man bei allen Tempelruinen Egyptens zu bewundern Gelegnheit hat, liegen ganz in der Nähe der Stadt in der Wüste. Man sieht noch überall die Spuren der Sprengarbeiten der Alten: kleine, aber tiefe, in gerader Reihe in das Urgestein eingemeiselte Löcher, in denen man eingetriebene Holzkeile durch Uebergießen mit Wasser so ausdehnte, daß sie Blöcke von mehreren tausend Centnern Gewicht vom Felsen ablösten. Das Urgestein ist jene Quarz-,

Glimmer und Feldspath-Verbindung, welcher man nach ihrem altbekannten Fundort Syene den Namen »Syenit« ertheilt hat. Einige Blöcke liegen jetzt noch, bereits vom Felsen getrennt, im Sande der Wüste, andere sind sogar schon
theilweise bearbeitet. Die Werkstücke wurden auf geebne-
ten Wegen, deren Spuren ebenfalls noch sichtbar sind, vermittelst Walzen zu den im Flusse liegenden Schiffen gebracht und auf diesen dem Orte ihrer Bestimmung zuge-
führt. Eine längere, durch die Wüste nach dem nahen Philä
führende Kunststraße mag wohl aus den Zeiten der Römer-
herrschaft herrühren, obschon viele Felsen in ihrer Nähe
mit Hieroglyphen beschrieben sind.

Weniger solid erbaute Festungswerke, Moscheen und
Grabmäler aus einer viel späteren Periode, vielleicht noch
aus der Zeit der Mamelukenherrschaft herstammend, nehmen einen großen Raum der jetzigen Wüste ein. Sie liegen
in Trümmern und vereinigen sich mit mehreren wilden
Partieen der Stromschnelle im Hintergrunde zu sehr anziehenden Ansichten. Die große Ausdehnung dieser Trüm-
mermassen deutet darauf hin, daß Assuan, der Stapelplatz
des ersten Katarakts, früher eine ansehnliche Handelsstadt
gewesen sein muß.

Das heutige Assuan verdient den Namen einer Stadt nicht
mehr. Es hat nur wenige und schlechte Kaufhallen, in denen
man oft weder Käufer noch Verkäufer sieht, und ist der Sitz
einer ägyptischen Mauth, weil alle nach dem Sudahn gehende und von daher kommende Waaren hier versteuert
werden müssen. Für die Sklaven, welche ja im Orient überall als Waare betrachtet werden, ist die Steuer sehr hoch.
Wahrscheinlich lagen wegen der Versteuerung ihrer Neger

und Negerinnen während unseres Aufenthalts mehrere Sklavenhändler einige Tage hier. Man bot uns ein sehr niedliches Gallamädchen zu dem Preise von achtzehnhundert Piastern an; Negerknaben und Negermädchen waren viel billiger.

Einer dieser Sklavenhändler besuchte uns auf unserem Schiffe und erzählte uns von den oberen Ländern des weißen Flusses, den er bereist zu haben vorgab. Er zeigte uns Waffen und Geräthschaften der Neger, welche allerdings furchtbar und eigenthümlich genug aussahen und von uns Allen mit lebhaftem Interesse betrachtet wurden.

Alle von Egypten nach Nubien gehenden Nilschiffe passiren den Katarakt von Assuan, obgleich er nicht gefährlich ist, nur wenn es dem Reïs des Schiffes vorher kontraktlich zur Pflicht gemacht worden ist. Unsere große Dahabïe wäre unter allen Umständen nicht dazu geeignet gewesen. Wir mußten deshalb unsere Effekten von Assuan aus mit Kameelen über die Stromschnelle bringen lassen. Don Ignatio hatte in der Nähe der Insel Philä einen Lagerplatz ausgewählt, in welchem wir bis zur Ankunft anderer Barken verweilen wollten. Am achtzehnten Oktober kamen gemiethete Kameeltreiber, beluden ihre stöhnenden Thiere mit dem Gepäck der Mission und zogen gegen Mittag dem Lagerplatze zu. Wir ritten nach dem Aassr auf Eseln nach und erreichten mit Sonnenuntergang das oberhalb der Stromschnelle gelegene Dörfchen Siahle.

Die Umgebung desselben ist wildromantisch. Die Gebirge treten in einen weiten Bogen zurück, der Nil braust über ihre Ausläufer hinweg. Schwarzglänzende Syenit- und Porphyrmassen, theils in ungeheuren Felsen vereinigt, theils wie von der Hand eines Riesen durch einander geworfen und zusammengeschichtet, theilen den Strom in Hunderte von kleinen, rauschenden Bächen, stauen ihn in den durch ihr Zurücktreten gebildeten Kessel auf und zwingen ihn, seine Fluthen mit donnerndem Schwall über sie hinwegzustürzen. Nur schmale Kulturstreifen ziehen sich dicht an seinen Ufern dahin, die Gegend ist todt und öde, aber dennoch schön.

Inmitten dieses Felsenchaos liegt die palmenbestandene, grünende Insel Philä mit ihren Tempelruinen. Man glaubt ein Feenschloß vor sich zu sehen, wenn man sie zum ersten Male erblickt. Der ernste, gegen die dunklen Felsenmassen aber doch freundliche Tempel, in der tiefen Stille der Einsamkeit nur umtobt von den immer und immer von Neuem dahinrollenden Wasserstürzen, eingerahmt von balsamduftenden Mimosen und schlanken Palmen, steht an einem zur Verehrung der alten Gottheit Egyptens passenden Orte, wie es keinen zweiten, ähnlichen geben kann. Hier mußte sich das Gemüth der Zöglinge, welche die Priester heranbildeten, von selbst dem Hohen und Erhabenen zuwenden; hier mußten sie, wenn man ihnen den uns gleichgültig erscheinenden Vogelflug und die Mysterien der Orakelsprüche deutete, die Hieroglyphenschrift lehrte oder das Bild von Sais entschleierte, aus allen den bedeutungsvoll verhüllten Dogmen ohne Hülfe ihrer Lehrer leicht den Kern erkennen: Es giebt nur einen Gott! [...]

Der Wind blieb uns günstig. Schon am 22. Oktober passirten wir mit Gewehrsalven den Wendekreis; zwei Tage später erreichten wir Korosko. Wir fanden hier eine meist aus Bergleuten bestehende Expedition des Vizekönigs, welche für die Goldbergwerke bei Khassahn bestimmt war und seit achtzehn Tagen auf Kamele, mit denen sie durch die Wüste reisen wollten, warteten, Die Leute gingen mit Zittern und Zagen nach dem in Kairo wegen seines Klimas sehr verrufenen Sudahn.

Korosko ist ein elendes Dorf und enthält nur wenige Häuser: die erbärmlichen Wohnungen der, die Briefpost zwischen Charthum und Kairo besorgenden, Kamelreiter. Dennoch ist der Ort für den Verkehr Egyptens mit Ost-Sudahn als Einbruchsstation in die große nubische Wüste von großer Wichtigkeit. [...]

Der Unterschied zwischen dem bis jetzt bereisten Theile Nubiens, dem Wadi-Kenuhs, und Egypten ist auffallend und erstreckt sich nicht auf das feste Land allein, sondern auch auf die Menschen, ihre Sprache und ihre Sitten. Nackte Felsmassen engen den Strom auf beiden Seiten ein; seine Ufer sind viel zu hoch, als daß er sie überfluthen könnte. Daher hört man hier das Gekreisch unzähliger Schöpfräder, welche die schmalen und wenig fruchtbaren Felder an den Ufern des Stromes bewässern, Tag und Nacht. Der arme Nubier konnte seinem Steinlande nur Wenig abgewinnen. Seine Dörfer sind armseliger, aber freundlicher und hübscher als die der Fellahhihn; er selbst ist ärmer, aber besser als der Egypter. Die Männer haben eine mehr oder weniger dunkle Hautfarbe, sind schmächtiger, furchtsamer als die Fellahhihn und nicht so geeignet, jene enormen Körperanstrengungen, welche wir bei dem Egypter beobachten können, zu ertragen; die Frauen sind klein, nicht besonders hübsch und gehen unverschleiert. Erstere bekleiden sich mit kurzen Beinkleidern und einem langen und breiten Umschlagtuche, »Ferdah« genannt, Feiertags wohl auch mit einer blaugefärbten Baumwollkutte; letztere tragen über einem Paar weiten Beinkleidern, die in den mannichfaltigsten Faltenwürfen, wie eine römische Tunika, um sich geschlagene Ferdah und haben ihr kurzes struppiges und grobes Haar in Hunderte von kleinen Zöpfchen geflochten, gerade so, wie es, nach den Bildhauerarbeiten auf egyptischen Denkmälern der Baukunst, vor mehreren tausend Jahren auch üblich war. Ihre bisweilen recht angenehmen Gesichtszüge kann man leider nur aus der Ferne betrachten, denn in der Nähe schwindet deren Reiz vor ganz anderen Eindrücken. Ein unerträglicher Gestank weht Dem entgegen, der sich einer Nubierin nähert. Sie haben nämlich die üble Gewohnheit, sich ihre Haare mit Ricinusöl sehr stark einzusalben; dieses wird in der heißen Luft bald ranzig und verpestet die Atmosphäre bis auf dreißig Schritte Entfernung. Die Mädchen tragen schon hier den Rahhad, eine im Sudahn allgemein gebräuchliche Lederschürze, als einziges Kleidungsstück, die Knaben gehen bis in's zwölfte Jahr fast ohne Ausnahme nackt.

Zwischen Derr und Korosko verläßt der Nil seine südlich-nördliche Richtung und wendet sich nordöstlich. Auf dieser Strecke ist der herrschende Nordwind den Schiffen ungünstig, weshalb diese am »Trekseile«, arabisch »Libbahn« genannt, weiter gezogen werden müssen. Ein Befehl der Regierung hat den Bewohnern des rechten Ufers – das linke ist Wüste – die Pflicht auferlegt, diese Arbeit zu übernehmen. Auch wir machten von dem Vorrechte aller Vornehmen Gebrauch und ließen uns so rasch als möglich befördern. Aber es empörte uns die Art und Weise, mit welcher man die Nubier zum Schiffsziehen preßte. Zwei unserer Matrosen, tüchtige, handfeste Burschen, liefen den Barken voraus und trieben die in den Feldern, an den Schöpfrädern oder in den Häusern arbeitenden Männer mit Gewalt und Prügeln zum Zugseile. Wir wollten ihrer Rohheit Einhalt thun, sahen aber ein, daß es ohne die landesübliche Methode nicht möglich war, fortzukommen und mußten diese daher ihren Weg gehen lassen.

Während der Fahrt bereitete uns Don Angelo, dessen Furcht vor dem Ertrinken ich schon gedacht habe, ein spaßhaftes Intermezzo. Unsere Dahabïe lag still, der Nil war seicht und ruhig und die Luft höchst angenehm. Man redete also dem guten Padre zu, sein Rettungsboot, die Gummimatratze, doch einmal zu versuchen, um ihre Nützlichkeit bei einem thatsächlich vorkommenden Schiffbruche zu erproben. Es fehlte nicht an Gründen und Vorstellungen, ihm die Sache recht einleuchtend zu machen; er entschloß sich wirklich zu einer Probefahrt. Die luftgefüllte Matratze lag auf dem Wasser, Don Angelo entkleidete sich und bestieg sie mit Hülfe des Barons sehr vorsichtig. Behaglich schaute er von seinem Lager herab in den Strom. »Nun wüthe, Nil, ich bin geborgen!« Aber – eine Bewegung – das trügerische Bette drehte sich, Don Angelo lag im Wasser! Obgleich er auf festem Grunde stand, rief er doch kläglich um Hülfe. Man brachte ihn an Bord, um eine Hoffnung weniger. Von nun an sah er nur mit der höchsten Seelenangst in die trüben Fluthen des Stromes.

Abends landeten wir in Derr, einem großen, zwischen Palmen versteckten, ganz unbedeutenden Dorfe, in dessen Nähe sich ein halb verfallener Felsentempel befindet. Hier hatten unsere geistlichen Herren eine Amtsverrichtung. Ein Vater begehrte Hülfe für sein krankes, ganz erbärmlich aussehendes Kind. Man wusste nicht, was man diesem geben sollte, da die Mutter schon lange vor seiner Geburt an Syphilis gelitten hatte. Aber der Bischof wußte ihm zu helfen. Er ließ es dem Vater unter dem Vorwande, daß er ihm Arzneien geben wolle, abnehmen und – taufen! O sancta simplicitas! [...]

Ich litt in Folge zweier schlaflosen Nächte und des heftigen Windes an Kopfschmerzen. Reïs Bellahl wollte mich, durch eine sympathetische Kur – worauf die Araber sehr viel geben – davon befreien. Er näherte sich mir mit allerlei Gesten, drückte mir die Finger seiner rechten Hand fest auf die Schläfe und legte dann, Gebete murmelnd, die Finger seiner linken Hand in einer bestimmten Reihenfolge gegen die innere Handfläche. Schließlich preßte er meinen Kopf zwischen seinen beiden Händen zusammen, spie in die linke Hand und schlug sie mehrere Male auf den Boden. Ich weiß nicht, ob ich die Nachmittags eintretende Linderung meiner Schmerzen dieser merkwürdigen Heilmethode oder dem schwächer gewordenen Winde zuschreiben soll.

Am 9. Dezember. Es war Windstille. Der Baron hatte sich auf die Jagd begeben; ich lag, von dem ersten Anfalle des klimatischen Fiebers gepeinigt, im Schiffsraum; der Fieberfrost durchschüttelte mich. Da erhob sich auf dem Deck der Barke ein wüstes Geschrei, dessen grelle Töne mir bald unerträglich wurden. Ich erfuhr von unserem Diener Idrieß, daß man auf den Baron unwillig sei, weil dieser nicht zurückkehre, nachdem Wind aufgekommen wäre. Um die Reise fortsetzen zu können, habe man den Matrosen Aabd-

Lillahi (oder Aabd-Allah) fortgeschickt, um den Baron zurückzurufen. Mir ahnte davon nichts Gutes: Aabd-Lillahi war uns Allen als jähzorniger, wüthender und roher Mensch genugsam bekannt geworden.

Wenige Minuten später hörte ich den Baron um Hülfe rufen und sah ihn am Strande im ernsthaftesten Handgemenge mit dem Nubier, welcher sich der Jagdflinte meines Gefährten zu bemächtigen suchte. Er würde diesen, wäre er in Besitz der Waffe gelangt, wahrscheinlich zusammengeschossen haben, weshalb ich auch keinen Augenblick zögerte, das Gefürchtete wo möglich noch zu verhindern. Ich nahm die Büchse zur Hand und den Nubier auf's Korn; aber die Streitenden veränderten ihre Stellungen so oft, daß ich, ohne den Baron zu gefährden, den Schuß nicht wagen konnte. Jetzt wurde er frei, ich zielte genauer, – da brach er plötzlich, noch ehe ich geschossen hatte, blutend zusammen: der Baron hatte ihm sein Dolchmesser in die Brust gestoßen.

Von ihm erfuhr ich nun auch den Hergang der Sache. Aabd-Lillahi war im höchsten Zorne schimpfend und fluchend auf ihn zugekommen, hatte ihn mit Gewalt dem Ufer zugedrängt und in der Nähe des Schiffes sogar geschlagen. Der Baron nimmt erzürnt sein Gewehr von der Schulter und will dem Nubier einen Kolbenschlag versetzen, dieser aber springt wüthend auf ihn los, preßt ihm mit der Hand die Kehle zusammen, schimpft ihn Christenhund und Ungläubigen und droht, ihn mit dem Gewehr, dessen er sich bemächtigen will, niederzuschießen. Von diesem Menschen war Alles zu fürchten und der Baron, bei seiner wehrhaften Vertheidigung, in seinem vollen Rechte.

Es ist unmöglich, von dem sich nach diesem Auftritte erhebenden Lärmen eine Beschreibung zu geben. Das Schiffsvolk schrie wie immer entsetzlich, schwur fürchterliche Rache und zog haufenweise zum Padro Ryllo. Dieser Jesuit war nicht nur niederträchtig genug, der Menge Recht zu geben, sondern hetzte sie sogar noch gegen uns – Ketzer – auf. Don Angelo, der Arzt der Mission (welcher, beiläufig bemerkt, eine dunkle Idee von der Möglichkeit der Heilkunde haben mochte), wurde beordert, den »armen Verwundeten« zu sondiren und zu bepflastern. Das Volk wurde, wie leicht zu begreifen, durch diese christlichen Maßregeln noch weit erbitterter und anmaßender. Die Reïsihn erklärten unter thierischem Gebrüll wiederholt, unsere Barke zurücklassen und sich selbst Recht verschaffen zu wollen. Wir setzten unsere Waffen zu einer Vertheidigung auf Leben und Tod in den besten Stand, bedeuteten die Schiffsführer, welche am nächsten Morgen ihre Drohungen erneuerten, ihre Pflicht zu thun, versprachen, uns vor das Gericht des Gouverneurs der Provinz Dongola zu stellen und schwuren, Jeden, welcher sich unserem Boote in feindlicher Absicht nähern würde, niederzuschießen. Unsere Energie verfehlte ihre Wirkung nicht. Die Matrosen fügten sich murrend unseren Gewaltmaßregeln und sagten uns Gehorsam zu.

Aabd-Allah's Wunde war nicht gefährlich. Eine Rippe hatte die Kraft des außerdem unfehlbar tödtlichen Stoßes gebrochen. Nachdem das im Anfange sehr heftige Wundfieber vorüber war, genas er bald. Da er sich später willfährig zeigte, den Streit in Güte beizulegen, gab ihm der Baron drei Speciesthaler Schmerzensgeld und schlichtete damit den bösen Handel zu beiderseitiger Zufriedenheit.

Die Jesuiten haben sich später bemüht, die Handlung meines Gefährten in ein schlechtes oder wenigstens zweideutiges Licht zu ziehen und seine Selbstvertheidigung als Verbrechen darzustellen, weshalb ich ihm hier vertreten zu müssen glaube. Er handelte, wie jeder Andere in seiner Lage gehandelt haben würde. Mord und Todtschlag ist in jenen Ländern keineswegs etwas so Außergewöhnliches, daß man nicht an eine kräftige Vertheidigung denken sollte, wenn man sein Leben bedroht sieht. [...]

Unsere Reise förderte von nun an rasch. Wir näherten uns, weil der im Dahr el Mahhaß felsenfreie Strom uns nicht mehr aufhalten konnte, der Hauptstadt Dongola täglich mehr.

Nachdem uns Reïs Bellahl am 14. Dezember in seiner Wohnung mit Palmenwein bewirthet hatte, schied er von uns. Wir fuhren weiter und landeten um Mittag auf der großen, gut bebauten und stark bevölkerten Insel Argo, auf welcher vormals ein eigner König herrschte. Der hier wohnende Eigenthümer unserer Barke machte uns seinen Besuch und beschenkte uns mit einem wohlgenährten Schafe und einem Kruge Butter, welche hier zu Lande immer flüssig ist. Am folgenden Tage, landeten wir in Dongola el Urdi, nachdem wir, von Wadi-Halfa aus, siebenundzwanzig Tage unter Wegs gewesen waren.

Die Stadt Dongola, gemeiniglich schlechtweg »el Urdi«, das Lager, genannt, wurde nach einem Plane des Naturforschers Ehrenberg an der Stelle des kleinen Dorfes Akromar erbaut und diente den Türken, welche die Provinz erst vor Kurzem erobert hatten, anfangs als Festung. Dongola ist ein unbedeutender Ort, welcher schlechte Basars mit wenigen

Verkaufsartikeln, einige Kaffehäuser und Brandweinkneipen enthält. Es ist der Sitz eines türkischen Mohdihrs oder Provinzgouverneurs.

Zur Zeit unseres Hierseins herrschte hier Muhsa-Beï, ein sehr gewandter, unterrichteter Türke, den wir spärter in Charthum wieder trafen, wo er unter der Regierung Latief-Pascha's eine sehr demüthigende Rolle spielte. Er machte kurz nach unserer Ankunft den Geistlichen einen Besuch, welchen wir nach einigen Tagen erwiderten. Es ist eine überall Nord-Ost-Afrika gebräuchliche Sitte, daß die Einwohner einer Stadt den angekommenen Fremden zuerst besuchen. Man kann dann einen solchen Besuch erwidern oder nicht, wie man eben Lust hat. Die Sitte hat für den Fremden viel Angenehmes.

Die Mission wollte die zu hoffende Genesung ihres von Kairo an ununterbrochen an einer sich mehr und mehr verschlimmernden Dissenterie leidenden Chefs in Dongola abwarten. Der Ort bot uns zu wenig, als daß wir diese unbestimmte Zeit hier hätten verbringen können. Wir trennten uns daher von der Mission, mietheten eine Barke bis zum Dorfe Ambukohl am Eingange des Weges durch die Wüstensteppe Bahiuda und verließen Dongola am 20. Dezember. Unser Verhältniß zur Mission war nicht das beste gewesen, aber doch that es uns leid, von Männern scheiden zu müssen, mit denen wir länger als drei Monate zusammengelebt hatten; wir fühlten, daß wir von nun an ganz einzeln standen. Der falsche Bischof gab mir Gesundheitsregeln, Pater Knoblecher herzlich gemeinte Mahnungen mit auf den Weg; Padre Ryllo wünschte uns kalt und steif glückliche Reise; Don Angelo machte schlechte Witze, Padre Muhsa, mein alter grilliger, aber seelenguter, väterlicher Freund und Bekehrer, und Baron S.S. begleiteten uns bis zu unserem Schiffe. So schieden wir in Frieden von einander. [...]

Mit gutem Segelwinde gelangten wir am Mittage des 26. Dezember nach Ambukohl. Der Kahschef oder Bezirksvorsteher, ein durch Empfehlungsbriefe von seinem Vorgesetzten Muhsa-Beï sehr dienstfertig gemachter, wohlleibiger Türke, versprach Alles zu thun, was wir wünschen würden. Abends erschien er auf unserem Schiffe zum Besuch. Wir bewirtheten ihn zuerst mit Kaffe und später mit Rum, weil uns sein Begleiter, ein schmächtiger, kriechender Kopte, versichert hatte, daß sein Gebieter die Befehle des Propheten zu interpretiren wisse. Das berauschende Getränk versetzte unseren biederen Türken sehr bald in fröhliche Laune. Begeistert rief er mehrere Male: »O, meine Herren, das ist der schönste Tag meines Lebens!« Das sollte jedoch nicht der Fall sein. Beim Nachhausegehen fiel der schwere, mehr schwebende als gehende Mann von dem den Schiffsbord mit dem Lande verbindenden Brette (Rhiskahle) in den Nil und zog seinen dienstfertigen Geist und Sekretär nach sich in die trüben Fluthen. Wir wollten ihm zu Hülfe eilen, aber er hatte die terra firma bereits wieder gewonnen. Von Wasser triefend kehrte er an Bord zurück, um uns zu versichern, daß nicht er, sondern nur der lumpige Kopte in den Strom gefallen sei. »Seid ohne Sorgen, meine Herren, einer so schmiegsamen Kreatur schadet das Nichts. Leïl-küm saaïde!« Glückliche Nacht! [...]

[Karawanen und Wüstenreisen] Am Saume der Wüste, unter einer dichten Palmengruppe, steht ein kleines Zelt.

Rings um dasselbe liegen in bunter Reihe, aber wallartig geordnet, Kisten und Ballen. Weiter nach außen stehen, hocken und sitzen festlich gekleidete, d. h. frisch mit Hautsalbe eingefettete, nubische Knaben.

Im Innern des Zeltes befinden sich Reisende, welche mittels einer Nilbarke bis hierher gelangt sind und beabsichtigen, einen weiten Bogen des von nun an klippen- und stromschnellenreichen Niles abzuschneiden, also die von letzterem teilweise umschlossene Wüste zu durchziehen.

Es ist um die Mittagszeit. Die Sonne steht fast senkrecht über dem Zelte, an dem wolkenlosen tiefblauen Himmel, und ihre sengenden Strahlen werden durch die sperrigen Wedel der Dattelpalmen kaum gehindert. Drückende Glut liegt auf der Ebene zwischen Strom und Wüste, und die Luftschichten über dem erhitzten Boden wogen und flimmern, daß jedes Bild sich verzerrt und verschleiert.

Ein Reiterzug, von der Wüste her kommend, taucht am Rande des Gesichtskreises auf und wendet sich, ohne nach dem landeinwärts liegenden Dorfe einzulenken, geradeswegs dem Zelte zu. Dunkelbraune, ärmlich gekleidete, in lange und weite, eher graue als weiße Burnusse gehüllte Männer steigen, unter den Palmen angelangt, von ihren mageren, jedoch nicht unedlen Pferden. Einer von ihnen nähert sich dem Zelte und tritt mit der Würde eines Königs in dasselbe. Es ist das Oberhaupt der Kameltreiber (Scheich el Djemali), welchem wir, die Reisenden, Botschaft gesandt, um uns durch seine Hilfe mit den erforderlichen Führern, Treibern und Kamelen zu versehen.

»Heil mit Euch,« sagt er beim Eintreten und legt grüßend seine Hand auf Mund, Stirne und Herz.

»Mit dir, o Scheich, Heil, die Gnade Gottes und sein Segen,« ist unsere Antwort.

»Groß war mein Sehnen, euch zu sehen, o Fremdlinge, und eure Wünsche zu vernehmen,« versichert er, nachdem er auf dem Polster neben uns, und zwar zu unserer Rechten, auf dem Ehrenplatze, sich niedergelassen.

»Möge Gott, der Erhabene, dein Sehnen vergelten, o Scheich, und dich segnen,« erwidern wir seine Rede und befehlen unseren Dienern, ihm, früher als uns selbst noch, frisch angezündete Pfeifen und Kaffee zu reichen.

Halbgeschlossenen Auges labt er seinen sterblichen Leib durch den Kaffee, seine unsterbliche Seele durch die Pfeife; in dichte Wolken hüllt er sein ausdrucksvolles Haupt. Fast lautlose Stille herrrscht im Zelte, welches der Wohlgeruch des köstlichen Djebelitabaks durchduftet und leichter, unbeschwerlicher Rauch durchzieht, bis wir endlich glauben, die beabsichtigten Verhandlungen beginnen zu dürfen, ohne uns der Unhöflichkeit schuldig zu machen.

»Wie ist dein Befinden, o Scheich?«

»Der Spender alles Guten sei gepriesen! – wohl, dir zu dienen. Und wie steht es um dein Wohlsein?«

»Dem Herrn der Welt sei Ruhm und Ehre; ich befinde mich ganz wohl. Groß war unser Sehnen, dich zu sehen, o Scheich!«

»Möge Gott, der Erbarmende, euer Sehnen vergelten und euch segnen! Ist euer Wohlbefinden zufriedenstellend?«

»Allah und sein Prophet, Gottes Gnade über ihn, seien gepriesen.«

»Amen, es sei, wie du gesagt hast.«

Wüstenkarawane, Illustration von Albert Richter in »Vom Nordkap zum Aequator«

Neue Pfeifen erquicken die unsterbliche Seele; neue, fast endlose Höflichkeitsbezeigungen werden gegenseitig ausgetauscht; dann endlich gestattet die allseitig bindende Gebräuchlichkeit, geschäftliche Angelegenheiten zu behandeln.

»O Scheich, ich will mit des Allerbarmenden Hilfe diese Wüstenstrecke durchreisen.«

»Möge Allah dir Geleit geben!«

»Bist du im Besitze von Trabern und Lastkamelen?«

»Ich bin's! Befindest du dich wohl, mein Bruder?«

»Der Erhabene sei gelobt: es ist so. Wie viele Kamele kannst du mir stellen?«

Anstatt einer Antwort auf diese Frage entquellen nur zahllose Rauchwolken dem Munde des Scheich, und erst nach Wiederholung unserer Worte legt der Mann für einige Augenblicke die Pfeife zur Seite und spricht würdevoll: »Herr, die Anzahl der Kamele der Beni Said kennt nur Allah; ein Sohn Adams hat sie noch nie gezählt!«

»Nun wohl, so sende mir fünfundzwanzig Tiere, darunter sechs Traber. Außerdem bedarf ich zehn großer Schläuche.«

Der Scheich raucht von neuem, ohne zu reden.

»Wirst du sie mir senden, die gewünschten Tiere?« wiederholten wir dringlicher.

»Ich werde es thun, um dir zu dienen; allein ihre Besitzer stellen hohe Preise.«

»Und welche?«

»Mindestens das Vierfache der üblichen Löhne und Mieten wird gefordert.«

»Aber Scheich, erschließe dich Allah, der Erhabene: das sind Forderungen, welche dir niemand bewilligen wird. Preise den Propheten!«

»Gott, der Allerhaltende, sei gepriesen und sein Gesandter gesegnet! Du irrst, mein Freund: der Kaufmann, welcher dort oben lagert, hat mir das Doppelte geboten von dem, was ich verlange; nur meine Freundschaft zu dir ließ mich so geringe Forderung stellen.«

Vergeblich scheint alles Feilschen, vergeblich jede weitere Verhandlung. Frische Pfeifen werden gebracht und geraucht, neue Höflichkeitsbezeigungen ausgetauscht, der Name Allahs und seines Propheten auf beiden Seiten gemißbraucht, Wohl und Befinden gegenseitig auf das genaueste festgestellt, bis endlich die erlernte Sitte der angeborenen weicht und der abendländische Reisende die Geduld verliert.

»So wisse, Scheich, daß ich im Besitze eines Geleitsbriefes des Khedive und ebenso eines des Scheich Soliman bin; hier sind beide, was forderst du jetzt noch?«

»Aber Herr, wenn du einen Geleitsbrief seiner hohen Herrlichkeit besitzest, warum forderst du nicht das Haupt deines Sklaven? Es steht dir zu Diensten, ihm zu Befehl. Deine Wünsche nehme ich auf meine Augen, auf mein Haupt. Du befiehlst: dein Sklave wird gehorchen. Die Preise der Regierung kennst du ja. Das Heil Allahs über dich; morgen sende ich dir Männer, Tiere und Schläuche.«

Der Fremdling, welcher glauben wollte, daß mit dieser Verhandlung alle Vorbereitungen zur Wüstenreise beendigt seien, würde einer völligen Verkennung der Sitten und Gewohnheiten des Volkes sich schuldig machen. Nicht am andern Morgen, wie versprochen, erscheinen die gemieteten Treiber und Tiere, sondern erst in den Nachmittagsstunden finden sie sich allmählich ein, und nicht am nächsten Morgen, sondern frühestens um die Zeit des Nachmittagsgebetes des folgenden Tages kann an den Aufbruch gedacht werden. »Bukra inschallah – morgen, so Gott will,« ist die Losung, und sie widersteht jedem Machtgebote. In der That gibt es noch viel zu thun, vieles zu regeln, vieles zu ordnen, manches in stand zu setzen, bevor die Reise angetreten werden kann. [...]

Es ist Nacht. Die Luft der Wüste ist, wie immer, rein und hell, über uns leuchten die Sterne in ihrer ewigen Klarheit. Außer dem durch die Karawane verursachten Geräusche hört man keinen Laut; eine tiefe feierliche Stille ruht auf der dunklen Ebene. Nur auf wenige Schritte hin erhellte sie ein kleines Feuer, darum sitzen und liegen die halbnackten Söhne Nubiens und kochen sich ihr ärmliches Wüstengericht: Durrahkörner in Wasser. Mit zusammengekoppelten Beinen liegen die wiederkäuenden Kamele in einem weiten Halbkreise außerhalb des Lagers; manchmal leuchten ihre Augen hell auf im Widerscheine der Flammen. Es ist das schöne Bild des Lagers in der Wüste. [...]

Still und stiller wird es im Lager. Einer der Wüstensöhne nach dem anderen verläßt die Kamele, mit denen er sein ärmliches Nachtmahl geteilt, hüllt sich in sein langes Leibtuch, sinkt auf den Boden nieder und verschmilzt mit dem Sande. Das Feuerchen flackert noch einmal auf, verliert seinen Schein und erlischt. Es ist wirklich Nacht geworden im Lager.

Wer sie zu schildern vermöchte, die Nacht in der Wüste: ein Dichter müßte er sein von Gottes Gnaden. Wer wäre im stande, auch wenn er sie selbst erlebt, durchwacht, durchschwelgt, durchträumt hat, ihre Schönheit zu beschreiben!

Nach des Tages Glut ist sie die milde, vergeltende, versöhnende Spenderin unsagbaren Wohl- und Hochgefühls, die Frieden und Freude bringende Zeit, welche der Mann herbeisehnt, wie die Geliebte, die ihm das lange Harren vergilt. »Leïla«, die sternhelle Nacht der Wüste, Leïla ist dem Araber mit Recht der Inbegriff alles Hohen und Herrlichen. Leïla nennt er seine Tochter; mit den Worten: »meine sternhelle Nacht« schmeichelt er kosend seiner Geliebten; »Leïla, o Leïla«, fügt er seinen Gedichten als klingenden Endreim bei. Aber welch eine Nacht ist es auch, die hier in der Wüste, nach all des Tages Last und Beschwerde, Sinn und Gemüt umstrickt! In nie geahnter Reinheit und Helle leuchten die Gestirne am dunklen Himmelsdome: das Licht der nächsten ist fähig, schwache Schatten auf lichten Grund zu werfen. Mit vollen Zügen atmet der Mensch die reine, frische, kühlende, erquickende Luft; mit Entzücken läßt er sein Auge von einer Sonne zur andern schweifen. Mehr und mehr scheint das Licht der Sterne zu ihm sich herabzusenken; der Geist bricht die ihn an den Staub kettenden Fesseln und hält Zwiesprache mit anderen Welten. Kein Laut, kein Geräusch, nicht einmal das Zirpen einer Heuschrecke unterbricht fernerhin sein Sinnen und Denken. Die Großartigkeit und Erhabenheit der Wüste wird ihm erst jetzt erkennbar; ihr unsäglicher Frieden zieht ein in sein Herz. Aber auch stolzes Selbstbewußtsein füllt ihm die Brust: hier inmitten der unendlichen Einöde, so allein, jeder menschlichen Gemeinschaft und Hilfe entrückt, nur auf sich selbst angewiesen, erstarken Vertrauen, Mut und Hoffnung. Traumbilder voll unendlichen Reizes weben sich vor wachem Auge und spinnen sich lebendig und fesselnd weiter fort, auch wenn die Sterne zu flimmern und zu zittern begannen, die Gedanken verschwammen und die Augen sich schlossen. [...]

Leicht veränderlich, gleichwie der ungemessene Ozean, ist das Meer des Sandes. Hier ist es der Wind, welcher den Sand wie des Meeres Wogen aufrüttelt und zu Bergen treibt. Während des Nord- und Ostwindes sieht man seine feineren Partieen sich einige Fuß hoch erheben und über den Wellenhügeln kreiseln, bei Süd- und Westwind steigt er, wenn die Strömung der Luft elektrisch wird, hoch empor, verfinstert den Himmel oder färbt ihn mit den brennendsten Tinten und jagt vor der rasenden Windsbraut eilig dahin. Das ist dann der gefürchtete »Samuhm« der Wüste, der »Gifthauchende«, wenn ich Samuhm übersetzen soll. Mit Recht fürchtet ihn der Araber, mit Recht belegt er ihn mit einem so entsetzlichen Namen. Er ist das Schrecken des Reisenden.

Der Wüste ähnelt in noch anderer Hinsicht dem Meere. So wie dort der Wirbelwind des Himmels Wolken herabzieht, um sie mit von ihm gehobenen Wasserkegeln zu vereinen, welche er dann zum Entsetzen der Schiffe über die Wasserfläche dahintreibt, so sieht der Reisende in der Wüste den Sand sich erheben, zu starken und mächtigen Säulen sich gestalten und diese sich bald langsam, bald mit unheildrohender Schnelligkeit bewegen. Der Wanderer steht erstarrt, Furcht lähmt seine Glieder, Entsetzen bindet seine Zunge, und dennoch möchte er wieder seine Bewunderung laut werden lassen. Jeden Augenblick wechseln die Säulen ihren Stand, ihr Aussehen und ihre Gestalt. Sie eilen mit einer Schnelligkeit dahin, daß es Thorheit wäre, vor ihnen selbst mit dem flüchtigsten Rosse fliehen zu wollen, die

Sonne giebt ihnen den Glanz von Feuersäulen, der um sie und in ihnen herumwirbelnde Orkan trennt sie in mehrere Stücken, vereinigt diese wieder, schwächt und verstärkt sie. Und wenn sie dann auch plötzlich zu einem Sandhügel zusammensinken und dem Reisenden dadurch unschädlich werden, er darf sich noch nicht leichten Hoffnungen hingeben, denn gewöhnlich folgt den Sandsäulen der Samuhm nach.

Schon mehrere Tage vorher ahnt und weissagt der Wüstensohn diesen furchtbaren Wind, dem er geradezu tödtliche Wirkungen zuschreibt. Auch der im Lande einheimisch gewordene Fremde lernt das Phänomen im Voraus bestimmen. Die Temperatur der Luft wird im höchsten Grade lästig: sie ist schwül und abspannend, wie vor einem Gewitter – ein deutliches Zeichen von der elektrischen Natur des Windes. Der Horizont ist mit einem leichten, röthlich oder blau erscheinenden Dufte wie überhaucht, – es ist der in der Atmosphäre kreisende Wüstensand; aber noch bemerkt man keinen Hauch des Windes. Die Thiere jedoch fühlen seine Nähe wohl. Sie werden unruhig und ängstlich, wollen nicht mehr in gewohnter Weise gehen, drängen sich aus dem Zuge heraus und geben noch andere, unverkennbare Beweise ihres Ahnungsvermögens. Dabei ermatten sie in kurzer Zeit mehr als sonst durch tagelange Märsche, stürzen zuweilen mit ihren Ladungen und können nur mit Mühe oder gar nicht wieder zum Aufstehen gebracht werden.

In der dem Sturme vorausgehenden Nacht nimmt die Schwüle unverhältnismäßig zu. Der Schweiß dringt aus allen Poren hervor; nur die strengste, geistige Ueberwachung vermag dem Körper die ihm nöthige Spannkraft zu erhalten. Die Karawane setzt ihre Reise mit ängstlicher Eile fort, so lange es gehen will, so lange nicht Mensch und Thier vor allzu großer Ermüdung zusammenbrechen, so lange noch, dem Führer zum Merkmale, ein Sternlein am Himmel flimmert. Aber auch das letzte verschwindet, ein dicker, trockener, undurchsichtiger Nebel deckt die Ebene.

Die Nacht vergeht, die Sonne steigt im Osten auf, der Wanderer sieht sie nicht. Der Nebel ist dichter, undurchsichtiger geworden, die starkgeröthete Luft nimmt allgemach eine grauere, düstere Färbung an.

Es herrscht fast Dämmerung. Das Auge durchdringt den Dunstschleier kaum über hundert Fuß weit. Der Tageszeit nach muß es Mittag sein. Da erhebt sich ein leiser, glühender Wind aus Süden oder Südwesten. Stärkere Stöße folgen, abgerissen, einzeln. Jetzt braust der Wind, zum Orkan gesteigert, daher; hoch auf wirbelt der Sand, dicke Wolken verdunkeln die Luft. Er würde den Reiter, welcher sich ihm widersetzen wollte, aus dem Sattel heben, aber kein Kamel ist zum Weitergehen zu vermögen. Die Karawane muß lagern. Den Hals platt auf den Boden gestreckt, schnaubend und stöhnend, legen sich die Kamele nieder; man hört die unruhigen, regellosen Athemzüge der geängstigten Thiere. Geschäftig bauen die Araber alle Wasserschläuche an der sie vor dem Winde schützenden Seite eines lagernden Kameles auf einen Haufen, um die der trocknenden Luft ausgesetzte Oberfläche derselben zu verringern; sie selbst hüllen sich in das sie bekleidende Tuch so dicht als möglich ein und suchen ebenfalls hinter Kisten oder Waarenballen Schutz.

Die Karawane liegt todtenstill. In den Lüften rast der Orkan. Es kracht und dröhnt: die Bretter der Kisten zerspringen mit gewaltigen Knallen. Der Staub dringt durch alle Oeffnungen, selbst durch die Tücher hindurch, peinigt und quält den Menschen, auf dessen Haut er sich festsetzt. Man fühlt bald heftige Kopfschmerzen, das Athmen wird schwer, die Brust ist bewegt; der Körper trieft von Schweiß, aber dieser näßt die dünnen Kleider nicht, begierig saugt die glühende Atmosphäre alle Feuchtigkeit auf. Wo die Wasserschläuche mit dem Winde in Berührung kommen, dörren sie und werden brüchig, das Wasser verdunstet. Wehe dem armen Wanderer in der Wüste, wenn der Samuhm lange währt! Er wird sein Verderber.

Ein lange anhaltender Samuhm ermattet Menschen und Thiere mehr, als alle übrigen Beschwerden der Wüstenreise. Und dabei bringt er neue, bisher nie gekannte Qualen über den Reisenden. Schon nach kurzer Zeit springen ihm, weil die heiße Luft alle Feuchtigkeit entzieht, die Lippen auf und fangen an zu bluten; die Zunge hängt trocken in dem nach Wasser lechzenden Munde, der Athem wird übelriechend, alle Glieder erschlaffen, zu dem grenzenlosen Durste gesellt sich bald ein unerträgliches Jucken und Brennen am ganzen Körper, die Haut ist brüchig geworden und in alle Risse dringt der feine Staub. Man hört die lauten Klagen der Gemarterten; zuweilen arten sie in förmliche Raserei aus, zuweilen werden sie schwächer und schweigen zuletzt ganz. Im ersteren Falle ist der Arme wahnsinnig geworden, im letzteren hat das mit fibrischer Hast durch die Adern strömende Blut den Kopf so beschwert, daß Bewußtlosigkeit eingetreten ist. Der Sturm ermattet, aber mancher Mensch erhebt sich nicht mehr: ein Gehirnschlag hat seinem Leben ein Ende gemacht. Auch mehrere Kamele liegen in den letzten Zügen.

Und der Ueberlebende ist nicht glücklicher. Der Durst tödtet auch ihn, langsamer, aber qualvoller. Sein Reitthier ist gefallen, die Schläuche sind fast ganz geleert. Er versucht zu Fuße zu gehen, der glühende Sand verursacht in Kurzem die schmerzhaftesten Brandwunden. Jeder ist viel zu sehr mit sich selbst beschäftigt, als daß er dem Kranken die nöthige Pflege angedeihen lassen könnte; alle Banden der Ordnung reißen, die Treiber suchen auf den noch kräftigen Kamelen zu entfliehen, – es würde der Untergang der ganzen Karawane zur Folge haben, wenn es ihnen gelänge – man muß es ihnen wehren. Das Gepäck wird abgeladen, nur die das Wasser tragenden Kamele bleiben belastet; jedes Mitglied der Karawane hat im glücklichsten Falle noch ein Kamel zum Reiten, man eilt dem Strom, dem nächsten Brunnen zu – nicht alle erreichen ihn. Ein Kamel bleibt hinter dem übrigen zurück, es stürzt, sein Reiter steht verlassen mitten in der Wüste. Er zerrauft sich seinen Bart, er verflucht sein Schicksal, für ihn giebt es keine Hülfe mehr. Sein Wasser ist aufgezehrt, der Tod des Verschmachtens steht ihm bevor.

Und jetzt bereitet sich das »Meer des Teufels« vor ihm aus. Der Verschmachtende sieht die prächtigsten Bilder: vom Wasser umflossene Landhäuser, Palmenwälder an Seegestaden, Flüsse mit bewimpelten und beflaggten Schiffen; er sieht Alles, was mit Wasser zusammenhängt. Die Phantasie tröstet so gern mit freundlichen Trugbildern den erkrankten Geist und wenn unter solchen Umständen die Fata-Morgana ihren Lustsee über die Ebene breitet, dann wird es der Geschäftigen leicht, zu dem scheinbar wirklich Vorhandenen noch Bäume, Häuser, Menschen, dem Verendenden befreundete Gestalten hinzuzudenken.

Die Leiche bleibt liegen und dörrt zur Mumie aus. Eine später vorüberziehende Karawane schüttet wohl Staub über den federleicht gewordenen, gebräunten Leichnam, aber immer deckt der Wind ihn wieder auf. An jeder großen Wüstenstraße kann der Reisende dergleichen Sandmumien von Kamelen und Menschen finden; gewöhnlich ragt nur ein Glied von ihnen aus dem Sande hervor; der Araber spricht bei ihrem Anblick ein kurzes Gebet. Das ist das »vom Sand Begrabenwerden« in der Wüste!

Ich selbst kann nach eigenen Erfahrungen die Zauberbilder der Fata-Morgana verbürgen. Mehr als hundert Male habe ich die Luftspiegelung gesehen – bei Charthum, während der heißen Jahreszeit tagtäglich – nur einmal hat sie mir ihre Traumbilder gezeigt. Das Trinkwasser mangelte uns seit länger als vierundzwanzig Stunden; seit achtzehn Stunden hatten wir Nichts gegessen, Hunger und Durst quälten uns entsetzlich. Wir ritten dem Nile zu. »Sieh«, sagte ich zum Führer, »endlich erscheint er! Ich sehe ein großes Dorf und viele Palmen, eile, eile, uns dahin zu bringen, dort finden wir Wasser, eile, eile!« »O Herr, der Strom ist noch weit! Du siehst das Meer des Teufels!« antwortete der Mann. Die Erscheinung wiederholte sich unzählige Male, – es war immer nur Täuschung der geschwächten Sinne. Zuletzt sahen wir Alle die mannigfaltigen Bilder: sie waren nur Erzeugnisse der Phantasie, entsprachen aber genau den Wünschen zu Gunsten unseres leeren Magens und der lechzenden Zunge. Alle Begriffe vereinigen sich, wenn man in jener fürchterlichen Hitze dursten muß, in dem einzigen Worte »Wasser«; außer diesem Worte giebt es Nichts. Man muß, um die Hast zu begreifen, mit der sich eine, auch frische und gesunde Karawane aus der Wüste zum Flusse stürzt, die Qualen des Durstes kennen gelernt haben; man muß selbst halb verschmachtet sein, um an die Bilder der Fata-Morgana zu glauben. Wenn inmitten der Wüste der Lebensthau versiecht ist, dann bringt die Phantasie die lieblichsten Traumbilder vor die geschwächten Sinne; ist man aber vollkommen gesund und gegen jeden Mangel geschützt, dann verschwinden alle Bilder der Spiegelung, und nur das wirklich Vorhandene bleibt zurück.

Die Fata-Morgana ist am Besten einer großen Ueberschwemmung zu vergleichen, aus welcher die gegenwärtigen Objekte, seien sie lebend oder todt, wie vom Wasser getragen herausschauen. Sie spiegeln sich auch, wie im Wasser, verkehrt nach unten zu ab. Lebende und sich bewegende Gegenstände erscheinen, weil sie auf der wogenden Fläche zu schweben scheinen, riesig groß und nehmen erst bei größerer Annäherung mehr und mehr ihre natürliche Gestalt an. Die spiegelnde Fläche selbst scheint eine Höhe oder Tiefe von sechs bis acht Fuß zu haben und ähnelt in ihrer Farbe getrübtem, von der Sonne nicht beschienenem Wasser. Gewöhnlich beginnt die Erscheinung um neun Uhr Vormittags, ist um Mittag am ausgeprägtesten und endet gegen drei Uhr Nachmittags, um welche Zeit sie, wie Nebel an verschiedenen Stellen zerreißend, lichter wird und zuletzt ganz verschwindet. Das ist das Phänomen, mit unverschleiertem Sinn, bei kräftigem, gesundem Körper betrachtet. [...]

In allen Wüsten, welche mindestens dem Namen nach unter der Herrschaft des Khedive von Aegypten stehen,

spielen die Beduinen heutzutage bei weitem nicht mehr die
Rolle wie in früheren Zeiten oder gegenwärtig noch in Arabien und in den Ländern Nordwestafrikas. Zwischen ihnen
und der ägyptischen Regierung sind bindende Verträge abgeschlossen worden, welche jene verpflichten, Karawanen
unangefochten durch ihr Gebiet ziehen zu lassen. Rauban-
fälle inmitten der Wüste zählen daher zu den seltensten Ereignissen, und ein Zusammentreffen mit Beduinen erregt
auch aus dem Grunde wenig Besorgnisse, als die Söhne der
Wüste in der Regel die Besitzer der gemieteten Kamele
sind; gleichwohl lieben es die an den alten Gewohnheiten
hängenden wirklichen Herren der Wüste wenigstens den
Schein einer gewissen Oberherrlichkeit zu wahren, und es
ist wohlgethan, vor Antritt der Wüstenreise freies Geleit
von irgend einem angesehenen Häuptlinge zu fordern. Im
Besitze eines solchen gestaltet sich ein Zusammentreffen des
Reisenden mit den Söhnen der Wüste ungefähr folgender-
maßen.

Aus der Reiterschar hervor sprengt einer der sonnenver-
brannten Männer und wendet sich an den Führer oder den
Ausrüster der Karawane.

»Heil mit dir, Fremder!«

»Mit dir das Heil Gottes, seine Gnade und seine Barmherzigkeit, o Häuptling!«

»Wohin ziehet ihr Männer?«

»Nach Belled-Aali, o Scheich.«

»Zieht ihr im Geleite?«

»Wir ziehen im Geleite Seiner Herrlichkeit des Khedive.«

»In keinem anderen?«

»Auch Scheich Soliman, Mahammed Cheir Allah, Ibn Sidi Ibrahim Aulad Aali hat uns Geleit und Frieden gegeben.«

»So seid willkommen und gesegnet!«

»Der Segenspendende begnadige dich und deinen Vater, o Häuptling!«

»Habt ihr Bedürfnisse? Meine Manen werden euch spenden. Im Wadi Ghitere stehen unsere Zelte, und ihr seid in ihnen willkommen, wenn ihr Rast suchen wollt. Wenn nicht, so möge Allah euch glücklichen Weg verleihen.«

»Er wird mit uns sein; denn er ist gnädig.«

»Und Führer auf allen guten Wegen.«

»Amen, o Häuptling!«

Und dahin fliegt die Schar; Reiter und Rosse verwachsen wieder in eins; die leichten Hufe der Tiere scheinen den Boden kaum zu berühren; die weißen Burnusse flattern im Winde, und in der Seele lebendig werden die Worte des Dichters:

»Beduin', du selbst auf deinem Rosse,
Bist ein phantastisches Gedicht.«

Solche Bilder zaubert die Wüste vor das empfängliche Auge. Je mehr man mit ihr vertraut wird, um so gestaltsamer treten sie vor die Seele, um so wirksamer mildern und schwächen sie Mühsal und Beschwerde. Dessenungeachtet bringen doch erst die letzten Stunden der Wüstenreise die höchsten Wonnen. Wenn das erste Palmendorf des bebauten Landes, wenn das Silberband des heiligen Stromes wiederum vor dem Auge liegt, sind diese Stunden gekommen. Menschen und Tiere eilen, als ob die ersehnte Wirklichkeit nur ein Traumbild sei und im Nebel zerrinnen könne. Deutlicher und schärfer aber tritt das Reiseziel hervor; man glaubt niemals frischere Farben gesehen zu haben; man meint, daß es nirgendwo grünere Bäume und kühleres Wasser geben könne. Mit letzter Kraft streben die Kamele vorwärts, ihren ungeduldigen Reitern noch viel zu langsam. Da klingen diesen freundliche Grüße entgegen. Das Dorf am Nile ist erreicht. Aus allen Hütten hervor drängen sich, die Wanderer zu bewillkommnen, Männer und Frauen, Greise und Kinder. Jeder beeifert sich, hilfreiche Hand, labende Erquickung zu bieten. Zuerst spendet man Wasser, frisch im Strome geschöpftes, köstliches Wasser; dann bringt man herbei, was man gerade besitzt, um Leib und Seele zu laben. Um das errichtete Lager bewegen sich neugierige Menschen, frageeifrige Männer und Frauen, tanzlustige Mädchen und Jünglinge. Tambura und Tarabuka, Zither und Trommel des Landes, laden zum Reigen; tanzende Mädchen erfreuen Fremde und Einheimische. Selbst das Kreischen der Schöpfräder am Strome, vormals tausendfach verwünscht, wird heute zur klangvollen Weise. Der Abend bringt neue Genüsse. Auf federndem, kühlem Ruhebette behaglich gelagert, trinkt der Abendländer mit dem Eingeborenen um die Wette den Nektar des Landes, Palmwein oder Meriesa, und Zither- und Trommelschall, taktmäßiges Stampfen und Händeklatschen der tanzenden Jünglinge und Mädchen begleiten das überaus köstliche Trinkgelage. Endlich fordert die weiterschreitende Nacht ihre Rechte. Tambura und Tarabuka verstummen, der Reigen endet. Einer der erquickten, ge- oder übersättigten Reisenden nach dem anderen sucht die Ruhe. Nur ein einziger von ihnen, ein Sohn Khahiras, der Mutter der Welt, vermochte noch immer nicht

Schlaf zu finden. Vom verglimmenden Lagerfeuer her tönt zitternd die einfache Weise seines Liedes.

Aber auch dieser Klang erstirbt, und nur noch die Wellen des Stromes murmeln und flüstern.

El Khartoum

Khartoum, Sudan 5. Januar bis 25. Februar 1848   Für seine Reformpläne brauchte Muhammad Ali viel Geld. Im Süden lockten Gold und die Kontrolle der Karawanen aus West- und Zentralafrika. Durch grausame Feldzüge in den Jahren 1819 bis 1822 zerschlugen seine Söhne Ibrahim und Ismael mit 4000 Mann die schwachen, zerfallenden Königreiche und Sultanate von Darfur, Kordofan, Sinnar und Nubien und unterwarfen das riesige Gebiet des Sudan, das »Land der Schwarzen«, noch heute eines der größten Länder Afrikas. Zeitweilig erfasste den gesamten Sudan die Auflehnung gegen die neuen Herrscher, deren Rachefeldzüge das Land verwüsteten. Mehr als die Hälfte der Bevölkerung wurde getötet oder versklavt. Noch 25 Jahre später sah Brehm die Spuren des Krieges; weite, ehemals fruchtbare Landstriche waren verödet und menschenleer.

Nach der Eroberung des Sudans verlegten die ägyptischen Besatzungstruppen 1824 ihr Hauptquartier von Omdurman über den Fluss hinweg in ein kleines Fischerdorf auf einem Landstreifen am Zusammenfluss der beiden Nilarme, der von den einheimischen Arabern El Khartoum, Elefantenrüssel, genannt wurde. Eine kluge Wahl, denn Khartoum liegt mitten im Sudan, hier kamen die Karawanen Richtung Kairo an, und man konnte mit Booten sowohl auf dem Weißen wie dem Blauen Nil in den Süden gelangen. In wenigen Jahren wuchs der Sitz des Generalgouverneurs zu einer Stadt mit mehr als 30000 Einwohnern, dicht gedrängt in Hütten aus luftgetrockneten Lehmziegeln. Von hier aus plünderten die Ägypter den Sudan aus. Ohne Unterlass trieb die Garnison von über 10000 Ägyptern und Nubiern Steuern ein; entweder mit der Peitsche oder durch blutige Überfälle, bei denen das Vieh und der Inhalt der dörflichen Kornkammern kassiert wurden.

Der englische Reisende, Jäger und Forscher Samuel Baker, der zehn Jahre später zusammen mit seiner Frau den Albert-See entdeckte, bemerkte zu Khartoum kurz und bündig: »Ein jämmerlicherer, schmutzigerer und ungesünderer Ort ist kaum vorstellbar.« Ein zumeist brüllend heißes Loch mit Temperaturen bis zu 50 °C, die gelegentlich aber auch auf 10 °C stürzen, und nur zwei Jahreszeiten: Dürre und Regenzeit. Die Regenzeit von Juli bis Oktober verwandelte die Umgebung in riesige Sümpfe, Nilschwemmen drangen in die Stadt, und der Regen durchweichte die Lehmbauten, die von Schlangen, Skorpionen und vielfältigen Insektenarten bewohnt wurden. Im März/April Samums, »Giftwinde«, Vorboten der Regenzeit: »Sie trocknen und zerstäuben die noch grünenden Bäume, zerspalten und zerklüften die dürstende Erde und beunruhigen die lebenden Wesen.« Und wenn der Habub tobte, war der Himmel über Khartoum vom Flugsand schwarz wie zur Nacht, sodass man nicht die Hände vor Augen sehen konnte. Malaria, Dysenterie (Ruhr), Cholera und Fieber aller Art rafften Einheimische und zuvorderst Europäer dahin: »Man hat berechnet, dass achtzig Prozent aller Europäer, welche gezwungen sind, mehrere Jahre nacheinander in Charthum zu leben, während dieser Zeit sterben.« Zwei von Brehms Reisegefährten in Afrika, Dr. Vierthaler und der österreichische Konsul Reitz, starben bereits im ersten Jahr ihres Aufenthalts.

Doch Khartoum hatte auch etwas unerhört Reizvolles, Bestrickendes. Jede Karawane, jedes Schiff brachte neue Entdeckungen, nie gesehene Pflanzen, Tiere und Menschen. Es war der letzte Punkt am Rande der Zivilisation, dahinter gab es keine alten Kulturstätten mehr, dahinter kam nur noch eine unermessliche Wildnis, eine Terra incognita, deren zahllose, noch weitgehend unbekannte Schätze und Monstrositäten einen Abglanz in die Stadt sandten. Brehm schreibt: »Khartoum ist der letzte Pulsschlag der Zivilisation und die letzte Stadt, in welcher er [der Reisende], wenn auch zu hohen Preisen, das ihm unumgänglich Notwendige kaufen kann. Von hier an hört der Handel mit europäischen Waren auf; der Tauschhandel beginnt; kein Basar mehr öffnet seine warenbergenden Hallen. Nur Durrahkörner, Elfenbein und Sklaven, Gummi und andere Pflanzenstoffe sind noch feil; jetzt erst beginnen die Reisen der Entbehrungen und Entsagungen. Südlich Khartoums kann der Europäer nicht mehr als zivilisierter Reisender: Er muss als Halbwilder die Steppen und Wälder durchziehen.«

Die letzte Stadt am Ufer der bekannten Welt barg auch menschliches Strandgut, gewissenlose Glücksritter und verbrecherischen Abschaum aus den Ländern des Osmanischen Reiches und Europas. Brehm wurde hin- und hergerissen zwischen dem Wunsch nach abendländischer Gesellschaft und dem Abscheu vor dem Treiben seiner Landsleute. Die nahmen sich gerne schöne Gallamädchen aus Äthiopien als Sklavinnen und hielten sich selten an die Regeln, die Ägypter und Türken in solchen Fällen beachteten. Eine löbliche Ausnahme war Dr. Alfred Penney, seit 1850 Militärarzt der ägyptischen Truppen im Sudan und mit einer Äthiopierin verheiratet. Nach 1856 unternahm er mehrere Forschungsfahrten und erkundete das Gebiet zwischen Gondokoro, dem heutigen Juba, und dem Albert-See.

Gehandelt wurde in Khartoum mit Ebenholz, Gummiarabikum, Indigo, Kaffee aus Abessinien, Tabak aus Sinnar, Gold, Leopardenfellen, Straußenfedern, Getreide, Vieh und Kunsthandwerk. Vor allem aber teilte sich Khartoum mit Sansibar die Hauptmasse des Sklaven- und Elfenbeinhandels Ostafrikas. Südlich des Äquators zogen die Karawanen zum Indischen Ozean, die im Norden sämtlich den Weißen und Blauen Nil entlang nach Khartoum. Elfenbein brachte viel Geld ein, denn es wurde bei den südlichen und westlichen Stämmen auf altbewährte Weise eingetauscht: gegen Glasperlen. Beim Elfenbeinhandel wurden in Khartoum jährlich um die 40 000 englische Pfund umgesetzt, nach heutigem Geld viele, viele Millionen Euro. Das meiste Geld aber brachten die Sklaven.

Der Sklavenhandel war grausam, niederträchtig und perfekt organisiert. Vom Generalgouverneur abwärts war praktisch jeder Beamte darin verwickelt, denn die gewaltige Armee Ägyptens und das Osmanische Reich brauchten ständigen Nachschub an Menschen. Nicht nur die Besatzungstruppen, deren Vorgehen Brehm beschreibt, gingen auf Menschenjagd. Die Araber betrieben sie schon seit Jahrhunderten. Und jeder mittellose Abenteurer konnte Händler werden, indem er in Khartoum Geld aufnahm, für das er zwischen 30 und 80 Prozent Zinsen entrichten musste. Ein solcher Händler fuhr per Schiff mit einem Haufen Bewaffneter den Weißen oder Blauen Nil hinauf, ging an Land, verbündete sich mit einem dort ansässigen Häuptling und überfiel mit ihm zusammen die Nachbardörfer. Die Dörfer wurden niedergebrannt, die für den Handel unbrauchbaren Menschen ermordet.

Die Gewinne auf dem Sklavenmarkt Khartoums waren enorm. Auch nach Abzug von Unkosten und Kreditrückzahlung nebst Wucherzinsen blieb eine satte Summe. Und im nächsten Jahr ging es ja wieder los und der Profit wuchs und wuchs. Die Händler hatten die Gebiete untereinander aufgeteilt und sorgten dafür, dass sie sich gegenseitig nicht in die Quere kamen. Gejagt wurden bevorzugt Frauen, sie brachten doppelt so viel wie Männer. Noch einmal mehr als das Doppelte wie Frauen brachten Eunuchen für die türkischen Harems; in den Provinzen gab es Spezialisten, »welche das schändliche Gewerbe der Knabenverstümmelung betreiben und jene Operation vornehmen, die nur in fünfundsiebzig von hundert Fällen einen glücklichen Ausgang wahrscheinlich macht«.

Die weißen Forscher standen mit den Sklavenhändlern immer wieder vor einem Problem: Alle lehnten sie Sklaverei aus tiefstem Herzen ab, und die sie begleitende Angst und Gewalt erschwerten ihre Reisen ungemein. Aber wenn sie in unbekanntem Land mit wahrlich wilden Einwohnern und mörderischem Klima unterwegs waren, halfen ihnen die Sklavenkarawanen oft in äußerster Not, ja retteten sie nicht selten vor dem sicheren Tod. Außerdem jagten die Sklavenhändler tief in unerforschten Gebieten, kannten sich aus, hatten wertvolle Informationen. Ohne einen gewissen Pragmatismus konnte man gleich wieder umkehren.

[**Fremdenleben in Khartoum**] Hart an der Grenze der osmanischen Besitzungen in Central-Afrika finden wir noch einmal eine Vereinigung der Repräsentanten verschiedener Nationen, wie wir sie in den Hauptstädten dieses ausgedehnten, sich über drei Erdtheile erstreckenden Reiches beobachtet haben. Charthum, die südlichst gelegene Stadt von Bedeutung der unter türkischem Scepter stehenden Länder, verleugnet ihr türkisches Gepräge nicht. Die Bekenner dreier Religionen leben hier eben so friedlich neben einander, als jetzt – früher freilich nicht – in der übrigen Türkei. Ja, gerade im fernen Sudahn fallen die Schranken, welche sie überall trennen, mehr und mehr. Hier sieht der Christ nicht, wie in Egypten oder Syrien, verachtungsvoll auf den Türken herab oder umgekehrt, denn Beide fühlen es, dass sie so recht eigentlich in der Fremde leben, wo ein Mensch des andern mehr als irgendwo bedarf. Hier unterscheidet Beide nur noch die Sprache; die Sitten sind die der stärksten Partei. Sie sind sogar geneigt, dem sonst tief verachteten Egypter eine fast gleiche Stellung neben sich einzuräumen; nur die im Lande Gebornen bleiben von ihrem Verein ausgeschlossen.

Die Europäer, Türken und Egypter sind die Fremden, von deren Leben und Treiben ich jetzt sprechen will; die andern Fremden im Sudahn, als die Abyssinier, Araber, Nubier und die verschiedenen Negerstämme, unterscheiden sich wenig oder nicht von den Sudahnesen, deren Sitten und Gebräuche sie, seitdem sie im Lande heimisch geworden sind, angenommen haben.

Ich beginne mit unseren Landsleuten. Es ist nicht der engherzige Begriff, den wir in Deutschland mit dem Worte Landsmann zu verbinden gewohnt sind, welchen ich hier angewendet wissen will. Schon in Egpyten erweitern sich die Grenzen des Vaterlandes in jenem engen Sinne, schon in Egypten ist der Deutsche froh, wenn er den Deutschen fand und fragt nicht, ob sein Landsmann dem Süden oder Norden, den Ostseeprovinzen oder Rheinländern angehört. Nun komme man erst nach Charthum! Da bedarf es weder eines Empfehlungsschreibens noch einer längeren Bekanntschaft, um in den Kreis der dort lebenden Europäer einzutreten; die Worte: »Meine Herrn, ich bin ein Europäer,« genügen, wenn sie in einer Sprache gesagt werden, welche Einer der Anwesenden versteht, den Neuangekommenen in jedes europäische Haus zu führen. Die Umgangssprachen der Europäer in Charthum sind Französisch und Italienisch; wer nur einige Worte einer dieser Sprachen sprechen kann, ist als Landsmann beglaubigt. Erst nach längerer Unterhaltung wird gefragt: »Mein Herr, welcher Nation gehören Sie an?« [...]

Der Europäer Charthum's erscheint dem Neuangekommenen als ein höchst liebenswürdiger Mensch. Er macht ihm die glänzendsten, freundlichsten Anerbietungen, ist gastfrei und zuvorkommend, – aber bald bemerkt man, daß das, was ihn leitete, nur berechnender Egoismus war. Die fröhliche Abendgesellschaft ist bei Tage nicht wieder zu erkennen. Wenn wir einen tieferen Blick in das Innere eines europäischen Hauses werfen, lernen wir den Europäer erst beurtheilen. Wir sehen die innere Zerrissenheit des uns so fest scheinenden Verbandes, wir entdecken die Gesetzlosigkeit, in welcher er lebt, wir bemerken, dass er der Abschaum seiner Nation ist; wir werden mit Entsetzen gewahr, daß die ganze europäische Gesellschaft fast ohne Ausnahme aus Schurken, Betrügern, Gaunern, Mördern zusammengesetzt ist.

Man wird mir diese harten Worte nicht glauben wollen, weil jetzt ein europäischer Konsul in Charthum Gericht hält und der Anarchie, in welcher die Franken lebten, mit aller Kraft zu steuern versucht; – wohl, das geschieht jetzt, aber – man muß, um meinen Worten unbedingten Glauben zu schenken, in einer ihrer Abendgesellschaften gewesen sein,

wenn der übermäßig genossene Branntwein ihrer Zunge
Band gelöst und sie ihrer Klugheit vergessen gemacht hat.
Dann hört man, wie sie sich ihre Schandthaten gegenseitig
vorwerfen; dann erfährt man, daß der Apotheker Lumello
mit Hülfe eines französischen Arztes mehrere Personen ver-
giftete, daß der Sardinier Rollet einen Sklaven so schlagen
ließ, daß der Unglückliche seinen Geist aufgab; daß der erst
vor Kurzem vor den Thron eines höheren Richters geru-
fene Nikola Ulivi neben unzähligen Betrügereien, Diebe-
reien und einer offenkundigen Mordthat seine eigene, leib-
liche Tochter so lange quälte, bis diese verzweifelnd in den
türkischen Gerichtssaal ging, um gegen einen Vater, welcher
der Tochter Gewalt anthun wollte, Schutz zu suchen; dann
erzählen sie, ohne nur daran zu denken, daß sie ihre Verbrechen mittheilen, wie viele Sklavinnen sie schon überdrüssig
bekommen, wie oft Einer oder der Andere von ihnen glücklicher Vater in »seinem Harehm, in welchem sich vier bis
fünf bildschöne Abyssinierinnen befinden,« geworden ist,
wie Einer diese oder jene Sklavin verkaufte, wenn sie ihm
vielleicht auch schon ein Kind gebar u. d. m.

Der Sklavenhandel ist in ihren Augen ein ganz unschuldi-
ges Gewerbe. Es ist eine Schmach des europäischen Namens, den sie führen, daß sie die von ihren Regierungen
lange vergeblich bekämpften türkischen Mißbräuche ohne
Bedenken annehmen. Die Vielweiberei und der Sklavenhandel finden in Charthum lebhafte Vertheidiger; das
Rechtsgefühl der Europäer des Ost-Sudahn ist so tief gesun-
ken, daß es darin keinen Anstoß nimmt. Was ihren Begier-
den zusagt, was ihren Wünschen schmeichelt, erscheint ihnen recht und billig. Nikola Ulivi, welcher in der Ausübung

aller Laster immer voranging, soll im Sklavenhandel doch noch von einem Franzosen, Bessieux, übertroffen worden sein. Dieser trieb das einträgliche Geschäft im Großen, spedirte unter französischer Flagge ganze Schiffsladungen »der Waare« nach Kairo und – bewarb sich später um die Stelle eines französischen Konsularagenten für Central-Afrika.

Man will die Beobachtung gemacht haben, daß die Sklaven bessere und zuverlässigere Diener seien, als die freien Leute und versucht damit den abscheulichen Menschenhandel zu entschuldigen; man behauptet sogar, daß man im Sudahn gezwungen sei, Sklaven zu halten, weil die eigenthümlichen Landesverhältnisse unmittelbar dazu führten: Beides ist ungegründet. Ich habe stets nur freie Leute in meinen Diensten gehabt und bin mit ihren Leistungen und Eigenschaften stets zufriedener gewesen, als die anderen charthumer Landsleute mit denen ihrer Sklaven. Und wenn die Entschuldigungsgründe wirklich wahr wären und den Einkauf von Sklaven rechtfertigten, den Verkauf derselben können sie nicht vertheidigen. [...]

In Hinsicht auf Kleidung, Essen und Trinken leben die Europäer ganz auf dem Fuße der Türken. Nur sind sie weit ausschweifender als die Letzteren, welche auch in Charthum noch immer Zucht und Sitte vor Augen haben. Die Vielweiberei, welcher jene treulosen Bekenner des Christenthums ohne Ausnahme huldigen, hat bezüglich der Frauen auch das Absperrungssystem der Türken bei ihnen in Aufnahme gebracht. Nikola's schöne Sklavinnen blieben dem Auge der übrigen Europäer ebenso unzugänglich, als die Schönheiten eines türkischen Harehms. Selbst die Tochter Ulivi's, die blasse, mondenscheinige Genoveva, welche ich später in Kairo sah, durfte das Frauengemach ihres Vaters nicht verlassen. Ueberhaupt haben die Europäer viele türkische Gebräuche und – es läßt sich nicht verkennen – darunter auch einige gute angenommen. Aber dafür haben sie so vielen Tugenden ihrer Landsleute entsagt, daß sie sich nicht gebessert haben. Sie sind ihrem Vaterlande verloren, sie handeln nie für etwas Gemeinnütziges, nur für ihr eigenes Interesse. Von ihnen ist keine wissenschaftliche Beobachtung zu erwarten; ihr Streben geht dahin, sich ihren Unterhalt zu sichern und sich das Leben so angenehm als möglich zu machen. Edle Genüsse kennen sie nicht mehr, deshalb berauschen sie sich in gemeinen. Wenn wir bei ihnen wirklich einmal Sinn für etwas Erhabenes finden, dann müssen wir ihn als den letzten Hauch des von ihrer Heimath mitgenommenen besseren Lebens ansehen. Ihr Leben in Charthum ist das eines aus allen Banden der Geselligkeit, Freundschaft und Liebe herausgerissenen Menschen; es ist grenzenlos elend! Wohl mögen sie das manchmal fühlen, wohl mögen sie sich manchmal zurücksehnen in die blühenden Lande der Heimath, – sie sind unauflöslich an ihre jetzige Existenz gekettet. Im Vaterlande würden sie, die aller heimischen Sitten Entwöhnten, sich auch nicht mehr wohl befinden. Und darum bleiben sie in der freudlosen Fremde und leben ihre Tage dahin. Und wenn dann das Fieber Einen von ihnen überwältigt, dann verscharren ihn die Uebrigen im Sand der Steppe und wenden sich nach seiner Wohnung, um sich dort bei klingenden Gläsern in seine Habe zu theilen. Kein Freund betrauert den Todten, keine Thräne fließt um ihn. Der, welcher lebend keine Achtung verdiente und besaß, erwirbt sie sich auch nach seinem Tode nicht.

Sein Name ist nach wenig Jahren verschollen. Das ist das Leben der Europäer in Charthum! [...] Wohl mag auch der in Charthum erst neuangekommene, fremde Neger sich zurückwünschen in die Heimath, in seine undurchwandelten Wälder; – sein Heimweh will niemand fühlen! Auch er ist Fremdling in dem von den Türken unterworfenen Gebiet, aber von seinem Fremdenleben kann ich hier nicht sprechen.

[Sklavenjagd] Der Kampf der Völkerschaften des Sudahn mit der türkisch-egyptischen Regierung ist beendet, mit den Sklaven währt er noch heute fort; mit ihnen wird er noch so lange dauern, als der freigeborne Mensch sein heiligstes Gut zu vertheidigen im Stande ist, so lange noch kräftiger Mannesmuth mit Todesverachtung gegen List und Schändlichkeit, Habgier und Beknechtungssucht in die Schranken treten kann. Ich verstehe unter den Sklaven alle diejenigen freien Völker, denen die türkische Regierung auf ewig den Krieg erklärt hat, weil sie die Kraft ihrer Männer oder die Schönheit ihrer Frauen im Dienste der Knechtschaft verwenden will; weil sie Beide nicht höher achtet, als der gebildete Mensch die Thiere seiner Heerden; weil sie Menschen findet, welche Menschen kaufen. Das unglückliche Loos, als verkäufliche Waare betrachtet zu werden, trifft die Völkerstämme Abyssiniens: die Galla oder Gallas, Schoa, Makahte, Amhahra, und die verschiedenen Negerstämme aus den südlichen Ländern des weißen und blauen Flußes, aus Takhale, Dahr-Fuhr und anderen westlich oder südwestlich von Kordofahn gelegenen Ländern, als die Schilluk, Dinkha, Takhalaui, Dahr-Fuhri, Scheibuhni, Kihk, Ruëhr und an-

Sklavenhändler, ihren Verlust rächend, Illustration aus »The Last Journals of David Livingstone ...« (1875)

dere. Die ersteren werden unter dem Namen Gabeschi, die letzteren unter der gemeinschaftlichen Benennung Aabihd, d. h. Sklaven in den Handel gebracht. Der Krieg mit ihnen heißt Rhassua oder Rasswe. [...]

Wenden wir uns, bevor wir mit der Rhassua in die Urwälder eindringen, rückwärts und betreten wir einen Sklavenmarkt in Egypten. Der Reisende, welcher heutzutage dieses Landes Hauptstadt betritt, fragt zuerst mit nach dem Sklavenmarkte. Gesättigt und erhoben von all' dem Großartigen, das er in wenigen Tagen gesehen, befriedigt von dem Anschauen eines der Wunder der Welt: den Pyramiden, noch staunend über die Pracht der Gräber der Chalifen, ernst gestimmt von der Stadt der Todten, schwelgend im

Genusse eines ewig heitern, unbewölkten Himmels, betäubt vom uralten und immer neuen Gewühl und Getön in den Straßen der Stadt der Sarazenen, wendet er sich nach dem Sklavenmarkte, um auch hier seiner Neugier zu genügen. Glücklich hat er sich durch das Menschengewimmel der Märkte hindurch gedrängt und gelangt in ödere, stillere Straßen. Vor einem alten Gebäude hält sein Führer. Er befindet sich vor der »Wekahle el Aabihd« (dem Sklaven-Verkaufshause). Ein wirres Gemisch von Höfen, Ställen, Zimmern und Räumen breitet sich vor ihm aus. Schon am Eingange sieht er »die Waare« vor sich. Auf schlechten, aus Palmenfasern geflochtenen Matten sitzen die dunkeln Kinder des Südens, dürftig bekleidet, um den Fremden oder dem Käufer zur Schau zu dienen. Der Djellahbi raucht, auf einem Ankharehb liegend, ruhig seine Pfeife und ladet den Angekommenen ein, »el Farchaht« (die jungen Thiere) zu besichtigen. Ist dieser ein Kauflustiger, dann erhebt jener sich wohl auch, um ihn zum Aufenthaltsorte des Sklaven zu begleiten; unbekümmert um Alter oder Geschlecht gebietet er diesem, die Zähne zu zeigen, um danach, wie in Deutschland bei einem zu verkaufenden Pferde, einen Schluß auf das Alter und die Brauchbarkeit des Individuums ziehen zu können, verschiedene Stellungen und Biegungen des Körpers vorzunehmen, um die Gelenkigkeit desselben kundzugeben und schließlich sich zu entkleiden, um Untersuchungen gefühlloser und wollüstiger Barbaren auszuhalten: Untersuchungen, die selbst das Schamgefühl eines Wilden auf das Tiefste empören müssen. Scheinbar gefühllos starren die Sklaven den Käufer an; ohne eine Miene zu verziehen, gehorchen sie den Befehlen des Djellahbi; sie lassen Alles über sich ergehen, wandern aus einer Hand in die andere, ohne ein Gefühl des Schmerzes kundzugeben. Und dennoch ist ihr bloßer Anblick für den fühlenden Europäer schauderhaft! Er sieht einen Menschen vor sich, der einem Vieh ähnelt und wie ein Vieh behandelt wird. Indignirt wendet er sich ab und verläßt die Wekahle, – er hat einen Markt verlassen, auf dem der Sklave, im Vergleich zu denen des innern Afrika, mild, menschlich behandelt wird; er hat die wenigen Hellstrahlen des Nachtgemäldes gesehen. Erst im Sudahn sieht er die Sklaverei in ihrer ganzen Abscheulichkeit, denn dort begegnet er der Sklavenjagd. [...]

Eine Sklavenjagd ist der vollkommenste Guerillakrieg. Von beiden Seiten suchen sich die Kämpfenden an List und Grausamkeit zu überbieten. Ich will versuchen, sie nach den Mittheilungen eines mir befreundeten, wahrheitsliebenden türkischen Majors zu schildern.

Die Rhassua ist versammelt; Geschütze und Waffen sind im besten Stande, Bespannungs- und Lastthiere vollzählig, die Soldaten selbst frohen Muths. Kamele tragen das Gepäck der Krieger und kleine Kisten mit Munition; die Soldaten ziehen leicht dahin. Man erreicht die Grenze des den Türken unterjochten Landes und betritt das Gebiet der freien Schwarzen, die noch von keiner Art entweihten Urwälder. Die Kolonnen theilen sich und machen sich mühsam durch das Gehänge der Schlingpflanzen, durch das Dickicht der niederen Mimosen Bahn. Dichter und dichter werden die Urwälder. Kein Feind zeigt sich; die zufällig aufgefundenen Dörfer sind leer; man begnügt sich, sie anzuzünden. Das Heer zieht weiter in den Wald hinein; die Beschwerden mehren sich. Ungewohnt des ihm fremden Klimas stürzt das Kamel, sei es, wie man annimmt, in Folge der Stiche von tausend kleinen Fliegen, sei es in Folge der ihm nicht zusagenden Kräuter; südlich des dreizehnten Grades gedeiht es nicht mehr. Man vertheilt seine Last unter die Soldaten. Langsamer bewegen sich ihre Reihen. Tagelang schon marschiren sie, noch immer haben sie keinen Feind erblickt. Aber dunkle Gestalten sind ihrem Zuge gefolgt. Von Baum zu Baum schleichend, sich hinter jedem Stamme verbergend, beobachten schwarze Männer jede ihrer Bewegungen, zählen oder schätzen ihre Streitkräfte und benachrichtigen ihre Stammgenossen mit dem Resultate ihrer Erfahrungen. Endlich werden sie von jenen entdeckt, jedoch einzelne Schüsse genügen, die Neger zu vertreiben.

Unbekannt in dem Urwalde schleppt sich die Reihe der durch Beschwerden aller Art schon geschwächten Krieger durch das Urdickicht des Waldes. Bereits sind die Geschütze nothgedrungen zurückgelassen worden. Müde und matt erreichen die Krieger einen freien, zum Lager passenden Platz. Nach kurzer Ruhe beginnt ein reges Leben. Die Aexte fällen die Mimose, deren stachelige Aeste, zur undurchdringlichen Serieba vereinigt, das Lager schützen; ein kleiner Raum beherbergt die zusammengedrängten Bataillone. Dunkel senkt sich die Nacht auf den Wald hernieder. Geprüfte egyptische Soldaten halten, paarweise vereint, die Wache. Tiefe Stille; die Nacht ist anfangs still und dunkel im Urwalde, erst später erschallen seine nächtlichen Stimmen. In der Ferne hört man das grunzende Gebrüll des Panthers, der milchweise Uhu ruft seinen Namen, sein »Buhm« klingt schauerlich im Walde wieder; fast verhallend tönt das melodische, glockenreine Gezirp gewisser Grillenarten zum Lager herüber; in einem entfernten Sumpfe quaken die Frösche; tiefer im Walde heult die Hyäne. Dichte Schwärme summender Musquitos, Hunderte von Fledermäusen umschwirren die Häupter der auf ihre Gewehre gelehnten Wachen.

»Hörst du nicht, mein Bruder? Raschelte es nicht dort im Gebüsch? Siehst du nicht jene dunkle Gestalt?«

»Wohl, es wird der Marafih[1] sein, den wir hörten; schieße nicht nach ihm, wer weiß, ob es nicht einer jener Verfluchten, ein Zauberer – aus billahi min el scheïtahn, ja rabbi![2] – ist, welcher die Gestalt des Marafih angenommen hat.«

»Verflucht sei der Wald und seine Bewohner! Mein Bruder, mir dunkelt's vor den Augen, ich bin müde, müde! Ah ja rabbi!«

Der ermüdete Soldat kann sich trotz des gegenseitigen, immer erneuten, ermunternden Zurufs der übrigen Wachen des Schlafes kaum erwehren, er schlummert nicht, aber sein Auge ist trübe vor Müdigkeit. Er sieht nicht jene sich in der Schwärze der Nacht leise, wie schleichende Katzen herannahenden, dem Auge kaum wahrnehmbaren schwarzen Männer, und doch kriechen sie schon dicht vor ihm auf dem Bauche, unhörbar an den Wall heran. Endlich bemerkt er sie.

»Allah hu akbar! Esmaa ja achui, hauen aaleïna ja rabbi, el aabi-ht[3]!« Weiter sagt er Nichts: eine Lanze hat ihm die Brust durchbohrt. Vor der Serieba erheben sich Tausende schwarzer Männer, ein heulender, langgedehnter, gellender

---

[1] Marafih ist der im Sudahn gebräuchliche Name der gefleckten Hyäne.
[2] »Schütze mich Gott vor dem Gespenst (dem Teufel)! o schütze mich, Herr!«
[3] Gott ist der Größte! Höre, mein Bruder! Hilf uns, o Herr! Die Ne–ger!

Schlachtruf erschallt, das Grunzen des Panthers, das Geheul der Hyäne, der Todesruf des Uhus erklingt aus dem Munde der Neger; mit dem Schlachtgebrüll durchzischt die kräftig geschleuderte, tödtende Lanze die Luft. Wo sie auch hinfällt im Lager, sie fällt in die dichtesten Rotten der bedrängten Soldaten; das Blitzen einzelner Gewehre zeigt diesen, daß sich unter den Angreifern auch der Feuerwaffen kundige Männer befinden. Jetzt entladen Hunderte von Soldaten ihre Feuerwaffen, eine oder zwei leichte Kanonen donnern gegen den Feind – die Kugeln schaden wenig oder nicht. Längst schon sind die Angreifer wieder geborgen. Dicke Bäume, Erdwände, Erhöhungen des Bodens und die Nacht schützen sie. Die Kugeln der Soldaten pfeifen durch die Aeste der Mimosen, ohne mehr zu nützen, als den Feind von einem neuen Angriffe abzuschrecken.

Der heranbrechende Morgen endet den Kampf. Sein Licht beleuchtet das kleine Schlachtfeld. Viele der Soldaten haben keine Bewegung gemacht; der Tod hat sie im Schlafe ereilt. Mit den Lanzen sind sie fest an die Erde geheftet, die Stiele derselben starren in die Luft hinaus. Andere sind unter den fürchterlichsten Krämpfen verschieden: ein vergifteter Pfeil hat sie getroffen; Andere liegen im Todeskampfe. Von den Schwarzen sieht man auf der Wahlstatt keinen Todten; die Lebenden nahmen die Leichen ihrer Brüder mit sich hinweg, um sie nach ihrer Weise zu beerdigen oder den Wellen des geheiligten Stromes zu übergeben.

Unter solchen Umständen thut der Führer der Rhassua wohl daran, den Rückzug anzutreten. Seine Negersoldaten werden durch Mißgeschick im Kriege zu leicht Empörungen geneigt und gehen, obgleich man die Vorsicht gebrauchte, sie nur gegen Feinde zu führen, mit denen sie auf Tod und Leben zu kämpfen von Kindheit an gewöhnt sind, gern zu ihren Stammesverwandten über, diesen im Anfange willkommen, später vielleicht eine unnütze, von Neuem gehaßte Last. Dem des Landes ungewohnten Arnauten droht neben dem furchtbaren Feinde noch ein treuer Gehülfe: das Klima.

Mit dem Sinken der Sonne verdunkeln unschätzbare Schwärme blutsaugender Musquitos die Luft und stören die Ruhe des ohnehin genugsam entkräfteten Fremdlings. Milliarden dieser Quälgeister der Nacht peinigen den Besucher des weißen und oberen blauen Flusses oder des Urwaldes. Sie sind in den sumpfigen Niederungen des Bahhr el abiadt [»Weißer Fluss«/Weißer Nil] so gefürchtet, daß die Kihk und Ruëhr in der Asche schlafen, um vor ihnen geschützt zu sein; sie bohren ihren langen feinen Rüssel durch das dichteste Gewebe bis in die Haut ihres Opfers, färben ihren durchsichtigen Körper hochroth mit dem Blute desselben und verursachen durch ihren Stich schmerzhafte, unausstehlich juckende Beulen.

Den Tag über in steter Bewegung und Aufregung, die Nacht hindurch der nöthigen Ruhe entbehrend, jeder Erquickung nothgedrungen entsagend, ist der weiße Mann nicht fähig, dem in dem höllischen Lande sich seiner unfehlbar bemächtigenden Fieber zu widerstehen. Das Wasser, welches er genießen muß, ist aus den Sümpfen des Waldes oder aus dem langsam dahinschleichenden Flusse geschöpft; sein Brot ist die unverdauliche Kisra [hartes Brot], seine Speise die Lukhme [Durrakornbrei]; nur selten erhält er Fleisch, denn die Neger haben ihre Heerden geborgen. Die giftigen Miasmen der Sümpfe, die Ausdünstungen der Wälder werden ihm gleich gefährlich. Das perniciöse Fieber [Malaria] ergreift ihn. Der Sonne Central-Afrikas preisgegeben, liegt er krank auf bloßer Erde. Glühende Strahlen sendet das leuchtende Gestirn des Tages herab, der Kranke friert wie bei eisiger Kälte; seine Zähne schlagen klappernd zusammen, die Glieder zittern vor grimmigem Frost. Und nun kommt die Hitze des Fiebers über den Obdachlosen. Dieselbe Sonne, die ihn nicht zu erwärmen vermochte, wird ihm zur unerträglichen Qual.

»Bruder, mein Bruder, nur einen Tropfen Wasser!« fleht er mit matter Stimme. Man reicht es ihm, er schlürft es mit Begierde, – und bricht es unter erhöhten Schmerzen wieder von sich. Bald endet Bewußtlosigkeit, Delirium sein Leiden. Heftige Convulsionen erschüttern das morsche Gebäu des Körpers, die Achsel- und Halsdrüsen schwellen an; ein Schrei – da liegt die Leiche!

In den übrigen Soldaten erwacht der Muth der Verzweiflung. Sie verlangen stürmisch, gegen den Feind geführt zu werden; sie fluchen ihm und, alle mahammedanische Resignation vergessend, ihrem fürchterlichen Loose. Mehr Leute, als die Neger morden, würgt die tückische Seuche; über ein Drittheil der Mannschaft fault auf dem Lagerplatze. Der Krieger entgeht nur der einen Todesart, wenn er sich der andern entgegenstürzt; er braucht den Giftpfeil, die Lanze und den Streitkolben sichtbarer Feinde nicht zu fürchten, wenn ihn unsichtbare bedrohen. Mit seinem Bayonnett, mit dem Jatagahn in der Faust stürmt man den Berg hinan, den Dörfern der Schwarzen entgegen. Hinter jedem Baumstamme lehnt ein kampfgerüsteter Mann; der sichere

Pfeil entgleitet geräuschlos seinen Händen. Hier nützen die Feuerwaffen wenig oder nichts. Der Krieger kämpft Mann gegen Mann mit dem Feinde. Oft werden die Gewehre der schwarzen Soldaten, welche ihre Furcht vor dem Pulver nicht überwinden konnten und mit abgewandtem Gesichte feuern, plan- und zwecklos gebraucht; weder Taktik noch Kanonen helfen im Urwalde; der nach den Regeln europäischer Kriegskunst eingeschulte Soldat unterliegt im Einzelkampfe dem kühnen Schwarzen.

Wohl diesem, wenn er den Feind zwingt, sich zurückzuziehen, aber wehe ihm, wenn ihm dieß nicht gelingt! Dann wird das Dorf der Neger umzingelt und genommen. Tigern gleich stürzen sich die Soldaten auf ihre Beute. Greise, Kranke und zu Sklaven unbrauchbare Feinde werden von den jetzt keine Menschlichkeit mehr kennenden Soldaten ohne Weiteres niedergestochen, die Frauen geschändet. Den wüthenden Grimm der Männer hat man zu bändigen gewußt. Man hat sie längst entwaffnet und in die Scheba[1] gesteckt. Sie versuchen, sich darin zu erwürgen; man wehrt es ihnen. Vor ihren Augen schlachtet man Weib und Kind, Vater und Mutter; selbst die unschuldigen Hausthiere werden erbarmungslos niedergestochen. [...]

Nun werden die Gefangenen gemustert und alle Unbrauchbaren niedergemacht. Nachdem der Sieger auch so viel Vieh, als er finden konnte, zusammengetrieben hat, tritt er den Rückzug an. Von Soldaten eingeschlossen, bewegt

---

[1] Die Scheba ist eine roh zugearbeitete Holzgabel, in welche der Hals des Gefangenen gesteckt wird. Vorn ist die Gabel durch ein fest aufgenageltes Querholz verschlossen, am hinteren Ende besitzt sie einen langen Stiel.

sich der Zug der Gefangenen, mehr gestoßen und gepeinigt, als eine Heerde Vieh. Der Kommandirende ruft Halt. Alles wendet die Blicke nach dem brennenden Dorfe. Ob dort ein Schwerverwundeter erst in den Flammen seinen Tod findet; ob dort ein gemartertes Weib mit den Zähnen in die Erde beißt, um ihre Schmerzen zu betäuben, ob sie, unfähig zum Gehen, die vernichtende Feuersbrunst näher und näher kommen sieht und sich bei ihr die Todesangst zum Todeskampfe gesellt; ob inmitten einer vom Feuer ergriffenen Hütte ein verlassenes Kind um Hülfe schreit – den Sieger kümmert das wenig. So geht es mit noch mehreren Dörfern, bis man Sklaven genug hat oder dem Klima und dem immer und immer die Soldaten umschleichenden Feinde nicht mehr widerstehen kann. Sengend und brennend, mordend und plündernd ziehen die Soldaten nach Charthum zurück.

Der Zug geht langsam. Die schmerzgepeinigten Männer, welche noch Wunden vom Schlachtfelde her tragen, deren Hälse die Scheba wund reibt, die armen, halb verdurstenden und verhungernden Weiber, die schwachen Kinder sind nicht im Stande, schnell zu gehen.

Ich habe einen Transport Dinkha-Neger in Charthum ankommen sehen. Der Anblick war schauderhaft. Keine Feder kann ihn beschreiben, keine Worte drücken ihn aus. Mir hat er wochenlang wie ein Bild des Schreckens vor der Seele gestanden. [...]

Das ist die Sklavenjagd, welche die Regierung öffentlich betreibt. Es ist kein Wunder, daß sie auch Privatleute ausüben. Zwischen Obeïd [Hauptstadt Kordofans] und dem weißen Flusse wohnen die Kababiesch, ein räuberischer Nomadenstamm, dem Namen nach von den Türken ebenfalls unterjocht. Zwanzig bis dreißig dieser Nomaden besteigen ihre schnellfüßigen, ausdauernden Pferde und jagen dem Gebirge zu. Ehe die muthigen Gebirgsbewohner es ahnen, ist ein Dorf überfallen, zehn bis zwölf Kinder werden geraubt, bevor noch der Neger zu den Waffen greifen konnte, ist die Räuberhorde wieder verschwunden. Sklavenhändler erscheinen nun im Lager der Nomaden, kaufen die Kinder und bringen sie nach Obeïd. Die Knaben werden entweder Soldaten oder, wie die Mädchen, Dienstleute, Sklaven in den Häusern der Vornehmen und Reichen. Wohl ihnen, wenn sie in die Hände milder Türken oder Egypter fielen; wehe ihnen, wenn ihr unglückliches Loos sie in die Hände eines Nubiers, Kordofahnesen oder – eines Europäers warf! Die aus der Haut des Hippopotamus geschnittene Peitsche zerfleischte ihren Rücken, ehe sie noch Jünglinge wurden. [...]

Der Neger, den Alle, welche den weißen Fluß bereisten, als gutmüthigen, arglosen Menschen schildern, wird im Kriege mit den Türken zum Tiger. Es ist nicht zu verwundern, wenn der rohe, ungebildete Bewohner des Urwaldes, um dem beim Erscheinen des Feindes ihm bevorstehenden furchtbaren Loose zu entgehen, des Menschen heiligstes Gut, die Freiheit, mit einem Muthe vertheidigt, der ihn der Civilisation und Bildung würdig machen könnte; aber es ist ebenfalls nicht zu verwundern, wenn er sich blutig rächt an den Feinden, welche sengend und brennend in sein Land einfallen, wenn er aus Rache ihre Besitzungen plündert, Reisende des feindlichen Volkes und zuletzt alle Weißen verfolgt und tödtet und dem ganzen Volke seiner Peiniger offenen und heimlichen Krieg erklärt hat. Man beurtheilt die schauderhafte Sitte der Abyssinier, jeden gefangenen Feind zu entmannen, milder, wenn man weiß, daß den Schritten dieses Feindes Schrecken und Fluch, Elend und Verzweiflung nachfolgen. Der Haß der dunkeln Völkerschaften ist gerecht; die ausgesuchte Grausamkeit, mit welcher der in ihre Hände fallende Weiße hingeschlachtet wird, ist nur die Ausübung einer furchtbar begründeten Rache. Die Sklavenjagd ist es, welche dem Forscher den Weg in's Innere Afrika's verschließt.

Durchs wilde Kordofan

25. Februar bis 28. Juni 1848   Die zwei Monate in Khartoum waren für Brehm einigermaßen ertragreich gewesen. Unermüdlich hatte er Stadt und Umgebung durchstreift, Handel und Ackerbau erkundet. Auf zahlreichen kleinen Jagdausflügen erlegte er Vögel, präparierte sie anschließend, vermaß und katalogisierte. Außerdem hatte er sich, wie später immer mal wieder, im Hof einen kleinen Zoo eingerichtet: Affen, Gazellen, Hyänen, zwei Strauße und ein Marabu, der mit seinem gewaltigen Schnabel für Ordnung sorgte. Brehm war nun 19 Jahre alt, voll Taten- und Forscherdrang, lernte Arabisch und seine Jägeruniform hatte er schon lange gegen arabische Kleidung eingetauscht. Doch es traten erste Unstimmigkeiten mit seinem Expeditionsleiter und Reisegefährten auf. Brehm hatte einen heftigen Malariaanfall erlitten, und Müller, der gerne auf die Jagd gehen wollte, warf ihm vor, sich vor der Arbeit zu drücken. »Mich empörte die Undankbarkeit, ich hatte selbst fieberschwach noch gearbeitet. Zum ersten Male fühlte ich damals, dass die Bemühungen eines Naturforschers selten gebührend anerkannt werden. Hätte nicht die Wissenschaft ihre unwiderstehlichen Reize, ... ich hätte von jener Stunde an keine Beobachtung mehr gemacht, kein Tier mehr gesammelt.« In einem Brief an den Vater, in dem er später im Jahr über die Reise nach Kordofan berichtet, schreibt Brehm: »Die Sammlungen waren nur mir überlassen, indem der Baron bald da-, bald dorthin ging und mir die Geschäfte völlig übergab.«

Ein weiteres Licht auf Müllers Charakter warf es, dass er in Briefen nach Deutschland tollkühne Taten ankündigte. In einem Brief vom 28. Februar 1848 schreibt Vater Brehm an Alfred: »Mit nicht zu beschreibenden Gefühlen haben wir die Nachricht erfahren, dass Ihr entschlossen seid, von Abessinien aus quer durch Afrika nach der Goldküste zu reisen. Ich ehr den Eifer des Herrn Barons und auch Deinen Mut; aber seit dieser Nachricht ist aller Mut und alle Freudigkeit aus unserm Herzen verschwunden.« Er erschrak zu Recht. Der Weg von den damals noch unbekannten Quellen des Nils zur fernen Atlantikküste führte auf Tausenden von Kilometern durch namenloses, unerforschtes Terrain. Da lag auf den Blättern der Kartografen ein Gitternetz aus Längen- und Breitengraden auf weißem Grund. Mit enormen finanziellen Mitteln versehen brachte 28 Jahre später ein Mann von ganz anderer Statur diese Reise zuwege: Henry Morton Stanley. Mit einem zerlegbaren Boot, der »Lady Alice«, drang er bis zum Lualaba jenseits des Tanganjikasees vor (das dauerte schon einmal zwei Jahre), erkundete den Fluss, gelangte dabei bis zum Kongo und fuhr ihn bis zum Atlantik hinunter. Eine schier unglaubliche Tat. Also, kurz gesagt: Der Baron schwadronierte. Er tat es noch manches Jahr.

Schon die Reise durch Kordofan hatte Müller schlecht vorbereitet. Er war ungenügend über die anstehenden Probleme informiert, hatte die heißeste Jahreszeit gewählt und die Expedition mangelhaft ausgerüstet. Ohne Vorrat an Medikamenten, vor allem Chinin, hatten sich Brehm und Müller ständig mit Krankheiten herumzuplagen; schwerstes »klimatisches Fieber« (Malaria), Koliken, Erbrechen, Durchfall. Außerdem waren die Stämme und Völker durch die fortgesetzten Überfälle der türkischen Truppen aufgebracht und misstrauisch. Wenn hier jemand nach dem Weg fragte, so gab man ihm besser keine oder eine unbestimmte Antwort; schließlich wollte man dem Fremden bei seinem sicher unseligen Tun nicht auch noch behilflich sein. Bat der Reisende um Nahrung oder Lasttiere, so hörte er meistens, es gebe keine Kamele, keine Esel und zu essen hätten sie auch nichts. Die Bewohner des Landes rechneten nicht damit, dafür bezahlt zu werden; das Begehren konnte genauso gut Raub, Zwangsarbeit und Schlimmeres einleiten. Dass jemand mit besten Absichten die Natur erforschen wollte, ging verständlicherweise über ihren Horizont.

Brehm und Müller hatten in Khartoum eine interessante und hilfreiche Bekanntschaft gemacht, die sie in Berührung mit der großen Geschichte der Erforschung der Nils brachte. John Petherick (1813–1882) war ein gelernter Bergbauingenieur aus Wales, der 1845 in die Dienste von Ägyptens Machthaber Muhammad Ali getreten war, um in Oberägypten, Nubien, an der Küste des Roten Meers und in Kordofan nach Kohle- und Erzvorkommen zu suchen. Erfolglos übrigens. 1848 quittierte er den Posten, wurde britischer Konsularagent für den Sudan. Er verließ Khartoum und ging als Händler für Gummiarabikum nach El-Obeid, der Hauptstadt Kordofans, nach Brehms Worten »die unerträglichste, langweiligste Stadt von ganz Nordostafrika«. Brehm und Müller schlossen sich bis dahin seiner Karawane an. Ab 1853 unternahm Petherick, der auch ein kundiger Na-

Kranichgeier und Uräusschlange

cherte Grundlagen jeder Disziplin und für die ersehnte Systematik Daten, Daten, Daten.

Die verschaffte sich Brehm, natürlich hauptsächlich über die Tierwelt. Darüber hinaus entfaltete er ein ganz eigentümliches Talent: die Zusammenschau des Beobachteten. Er sah die Tiere nicht nur als zu erjagende Exemplare ihrer Spezies, sondern versuchte alles über sie zu erfahren. Dazu gehörte ihr gesamter Lebensraum mitsamt den Pflanzen, der Landschaft, den Jahreszeiten und den darin wohnenden Menschen. Das ergab mehr als die Summe der erhobenen Fakten, das fügte sich Brehm zum umfassenden, lebendigen Bild. Was hundert Jahre nach seinem Tod die Wissenschaft unter dem Begriff »Biotop« erst wieder zu erfassen begann, war für ihn die natürliche Sichtweise.

[Die Steppe] Bevor ich meine Leser nach Kordofahn geleite, muß ich sie erst einen Blick auf denjenigen Landstrich, in welchem wir uns von nun an bewegen werden, werfen lassen. Die »Chala« Nord-Ost-Afrika's ist weder die Prairie Südamerika's, noch die Steppe des südlichen Rußlands: sie ist das Bindeglied zwischen Wüste und Urwald; sie steht zwischen beiden mitten inne. Wir wollen sie Steppe nennen, weil dieses Wort dem Begriff am Besten entsprechen dürfte. Sie zieht sich wie ein breiter Gürtel durch Afrika hindurch und geht nach Süden zu unmittelbar in die Urwälder, nach Norden zu in die Wüste über. Diese Uebergänge erfolgen aber so mählig, daß man oft nicht sagen kann, ob man sich in der Steppe oder der Wüste, der Chala oder dem Urwalde befindet.

Der Reisende gelangt mit dem siebenzehnten Grade n. Br. in das Gebiet der Steppe. Er sieht eine Ebene vor sich, deren Ende sein Auge nicht erreicht. Hier und da erhebt sich ein Hügel aus ihr, hier und da wohl auch ein niederer Bergrücken; niemals sind die Berge so schroff und todt als in der Wüste. [...] Dieser mildere Charakter macht sich aber noch weit mehr bei dem Pflanzenreiche und am Meisten bei dem Thierreiche bemerklich. Daß die im Bereich der tropischen Regen liegende Steppe eine reichere Vegetation erzeugt, als die unter weigen Sonnenstrahl glühende Wüste, ist erklärlich, und daß die Fauna mit der Flora stetig zunimmt, eine anerkannte, natürliche Thatsache, auf welche ich nicht hinzuweisen brauche. Im Gegensatz zur Wüste beginnt die Steppe bereits zu malen, d. h. sie formt und zeichnet ihre Thiere und Pflanzen auf das Mannigfaltigste, während wir bei der Wüste fanden, daß diese allen ihren Geschöpfen mit geringer Ausnahme das gleiche Gewand ertheilt. In der Chala erstarkt das Gras zu sechs bis acht Fuß hohen Stängeln, wird reich an Arten und Exemplaren, die Gebüsche treten dichter zusammen, die Bäume erreichen eine beträchtliche Höhe, viele Geschöpfe tragen schon hier ein prangendes, farbenprächtiges Kleid. [...] Das sind ungefähr die ersten Eindrücke, welche die Chala auf den sie Betretenden macht. Aber sie ändern sich mit den Jahreszeiten. Während die Steppe zur Zeit der Regen einem blühenden Garten gleicht, ist sie zur Zeit der Dürre oder in den Monaten Februar bis Mai oder Juni ein wirklich grauenerregender Ort. Die »Chuahr«[1] sind versiecht, die Bäume blätterlos, die Gräser dürr geworden. Wohin das Auge schaut, begegnet es einer verbrannten, gleichfarbig strohgelben Fläche, über welcher der Südwind Staubwolken herumwirbelt. Große Strecken des Graswaldes sind von weidenden Viehheerden niedergetreten worden und ähneln einer vom Hagel zerschlagenen Flur. Alles Frische, Lebendige, Schöne ist verschwunden, das Verwelkte, Todte, Lästige blieb zurück.

---

[1] Plural von »Chohr«, Regenstrom.

Der Chamasihn hat den Gesträuchen ihren Blatt- und Blü-
thenschmuck geraubt, aber die Dornen starren noch in die
trübe, nebelige, stauberfüllte Luft hinaus. Die munteren Gazellen haben sich in die Niederungen zurückgezogen, aber
giftzähnige Schlangen, gefährliche Skorpionen, ekelhafte
Taranteln, Spinnen und anderes Ungeziefer treibt sich lustig
auf denselben Plätzen, auf denen jene ästen, herum. Des in-
nerafrikanischen Sommers volle Gluth liegt auf der weiten
Ebene. Müde und matt schleppen sich die Säugethiere von
einer Stelle zur anderen, für sie herrscht eine böse Zeit, nur
das giftige Gewürm und die unschuldigen, in allen Farben
glänzenden Eidechsen befinden sich jetzt wohl. Der Mensch
glaubt verschmachten, verenden zu müssen in dieser Oede.

Allein das Ende der furchtbaren Zeit ist nahe. Im Süden
zeigen sich dunkle, regenkündende Wolkenschichten.
Nachts leuchten aus ihnen zuckende Blitze auf. Der Donner
rollt in weiter Ferne. Allnächtlich wiederholt sich das glück-
verheißende Schauspiel. Die gewitterschwangeren Wolken
werden mächtiger und schwerer, ein Regenguß steht bevor.
Jetzt eilt der Eingeborne auf seinem flüchtigen Hedjihn hinaus in die Steppe und zündet den Graswald an. Der Sturm
jagt das gefräßige Element mit seiner eignen Schnelle über
die Ebene dahin. Meilenweit röthet ein Feuermeer den
nächtlichen Himmel; zur Tageszeit lagert dichter Rauch
über der brennenden Fläche. Mit immer gesteigerter Eile
verbreiten sich die Flammen, alles dürr Gewordene giebt ihnen neue Nahrung. Schreckerfüllt fliehen die Thiere der
Wildniß, denen der Brand naht. Die Antilopen laufen mit
dem Sturm und die Wette, die Schlangen eilen, so schnell es
ihnen ihr fußloßer Leib gestatten will, davon. Doch näher

und näher kommt ihnen das Verderben. Sie spähen ängstlich nach schützenden Erdlöchern, der Giftzahn muß deren Bewohner beseitigen. Unzählige sterben den Flammentod, mit ihnen zugleich Tausende von Scorpionen, Taranteln und anderem ähnlichen Gethier. Die fliegenden Insekten erheben sich, um der allgemeinen Vernichtung zu entrinnen: sie harrt ihrer in der Höhe. Hunderte von Bienenfressern lauern dort auf sie. Sie wissen, daß das Feuer alles Fliegende auftreibt und sind geschäftig, die ihnen entsprechende Beute zu machen. Vor der Feuerlinie sieht man auch andere geflügelte Räuber. Dort treiben sich drei Arten schlangenvertilgender Vögel herum, der Sekretär, der Gaukler und der Schlangenbussard; ersterer verfolgt die bedrohten Reptilien laufend, die beiden andern fliegend.

Alle übrigen Thiere zeigen unverkennbar eine große Angst. Wenn ja einmal ein Erdeichhörnchen neugierig aus seinem sicheren Bau hervorsieht, bein Anblick der Flammen eilt es gewiß in den tiefsten Kessel desselben zurück. Das Wild flüchtet mit allen Kräften, der beutegierige Leopard denkt nicht daran, eine der Gazellen, unter denen er dahinjagt, anzugreifen, der schnellläufige Gepard vergißt seine Mordlust. Unmuthig schaut der Löwe nach seinem kühlen Ruheorte zurück, von dem ihn das Feuer vertrieb, er brüllt vor Grimm laut auf, dann aber sucht auch er sein Heil in der Flucht. So reinigt der Nomade sein Weideland.

Mit dem Aufhören des Sturmes ersterben die Flammen. Die Steppe ist rasirt, fruchtbare Asche liegt überall auf dem sandigen Boden, hier und da glimmt noch ein starker Ast oder dürr gewordener Baumstamm. Und nun senden die dunklen Wolken ihre Güsse herab. Schon nach wenig Tagen überkleidet saftiges Gras die vor Kurzem noch so öde, verbrannte Fläche. Der Eingeborne zieht mit seinen Heerden hinaus in das üppige Weideland, der Nomade wandert von einer Hochebene zur anderen. Neue Gewittergüsse befördern das Wachsthum. In den Niederungen bilden sich Seen, die Chuahr enthalten Wasser. Alle Bäume schlagen aus, der Frühling ist gekommen, bald herrscht er überall.

Den Kronen der Mimosen entströmen balsamische Wohlgerüche, ihren Aesten und Zweigen entquillt das anfangs krystallhelle, später immer kunkler werdende arabische Gummi, die Quelle des Unterhalts für tausend Menschen. Die dickhäutige Adansonie kleidet sich in ihren höchsten Schmuck, die Rankengewächse blühen und bringen Früchte. Vor wenig Wochen waren die Rinder der Nomaden nur Skelette, die Fetthöcker der dürren Kamele waren aufgezehrt: jetzt glänzen die Heerden und die Kamele werden täglich feister. Mit frischen Kräften kehrt Lebens- und Liebeslust zu den Thieren zurück. Der Antilopenbock schreitet mit stolz erhobenem Gehörn durch seinen Halmenwald, der »Edlihm« kämpft mit seinen Genossen um die »Ribehda«[1], der »Makhar« [Nubiertrappe] ruft seinen Namen laut den Nebenbuhlern zu. Des Nachts verläßt die jetzt Junge säugende Löwin ihr Lager, um sich und jenen Beute zu erjagen, mit dem behenden Gepard schleicht der Leopard dem liebestollen Gazellenbock nach. Gesellschaften des schöngezeichneten wilden Esels (ob Equus zebra oder E. Burchelli ist noch unentschieden) und kleine Trupps

---

[1] Edlihm ist der arabische Name des männlichen, Ribehda der des weiblichen Straußes.

der panthergefleckten Giraffe durchstreifen das Land, das »Rind der Steppe« (Antilope leucoryx) [Oryx-Antilope] äst behaglich mit seinem unlängst gebornen Kalb. In den Mimosenbüschen tragen die Finken zu ihren kunstlosen Häusern zusammen, der Lappenkiebitz scharrt sich in einem Grasbusch eine Vertiefung, um da seine Eier hineinzulegen; die Regenteiche bezieht die Sporengans mit einem Heere verschiedener reiherartigen Vögel, unter denen die ächten Reiher wohl sehen wollen, ob die Erzählung der Eingebornen, nach welcher die Regenteiche große Fische beherbergen, auch wahr ist. Hoch in den Lüften schweben die Raubadler, über ihnen kreisen die Geier in ungemessener Höhe, der Steppenweih gleitet geräuschlos über das wogende Halmenmeer dahin. Allüberall offenbart sich des Frühlings Macht und Leben.

Doch auch diese Herrlichkeit hat ihre dunklen Schattenseiten. Unter den unzählbaren Schaaren der Insekten sind die lästigen am Häufigsten. Wo Wasser ist, erscheinen die Musquitos zur Qual der Menschen, die »Fliegen«[1] zur Qual der Thiere. Das Wild, unter dessen Oberhaut sich gefräßige Maden eingenistet haben, rennt wie toll von einer Stelle zur andern, um seine ungeheuren Schmerzen zu betäuben, der Mensch stöhnt unter der Marter, welche ihm kaum sichtbare Peiniger bereiten. Zu diesen höllischen Gesellen kommen die Krankheiten der Regenzeit. Mit dem verdunstenden Wasser entströmen dem Erdreiche Miasmen, welche das Fieber gar bald in das bewegliche Haus des Nomaden

---

[1] Die »Fliege« (el Tubahn) ist ein den Heerden jener Länder äußerst schädliches Thier, von dem ich weiter unten sprechen will.

bringen. Ueber dem Hirten und seiner Heerde kreisen, unheilweissagend, die Geier; ihnen gilt es gleich, mit ihrem scharfen Schnabel einem Schafe den Leib aufzureißen oder Menschengebein zu benagen: daß ihnen Nahrung werden wird, scheinen sie zu wissen.

Noch andere Feinde bedrohen Menschen und Thier. Mit Sonnenuntergang hat der Nomade seine Heerden in der sicheren Serieba [befestigte Ansiedlung] eingehördet. Dunkel senkt sich die Nacht auf das geräuschvolle Lager herab. Die Schafe blöcken nach ihren Jungen; die Rinder, welche bereits gemolken wurden, haben sich niedergethan. Eine Meute wachsamer Hunde hält die Wacht. Mit einem Male läutet sie hell auf, im Nu ist sie versammelt und stürmt in einer Richtung in die Nacht hinaus. Man hört den Lärm eines kurzen Kampfes, wüthende, bellende Laute und grimmiges, heißeres Gebrüll – sodann Triumphgeläut – eine Hyäne umschlich das Lager, mußte aber vor den muthigen Wächtern der Heerden nach kurzer Gegenwehr die Flucht ergreifen. Einem Leoparden würde es nicht besser gegangen sein. Urplötzlich scheint die Erde zu beben – in nächster Nähe brüllt ein Löwe. Dreimal – so sagen die Eingebornen – kündet er mit donnernder Stimme seine Ankunft, dann nähert er sich der Serieba. In dieser offenbart sich die größte Bestürzung. Die Schafe rennen gegen die Dornenhecken, die Ziegen schreien laut, die Rinder rotten sich mit lautem Angstgestöhn zu wirren Haufen zusammen, das Kamel sucht, weil es gern entfliehen möchte, alle Fesseln zu zersprengen. Und die muthigen Hunde, welche Leoparden und Hyäne bekämpften, heulen laut und kläglich und flüchten sich zu ihrem Herrn. Dieser aber wagt sich nicht hinaus in die Nacht; er wagt es nicht, nur mit seiner Lanze bewaffnet, einem so mächtigen Feinde gegenüberzutreten und läßt es geschehen, daß er mit einem gewaltigen Satze die oft zehn Fuß hohe Dornenmauer überspringt und sich ein Opfer auswählt. Ein Schlag seiner furchtbaren Pranken betäubt ein zweijähriges Rind, das kräftige Gebiß zermalmt die Wirbelknochen des Halses und damit den Lebensnerv des widerstandsunfähigen Thieres. Dumpf grollend liegt der Räuber auf seiner Beute, die großen Augen funkeln hell vor Siegeslust und Raubbegier. Dann tritt er seinen Rückweg an. Er muß zurück über die hohe Umzäumung und will auch seine Beute mit sich nehmen. All' seine ungeheure Kraft ist erforderlich, mit dem Rind im Rachen den Rücksprung auszuführen. Aber er gelingt[1] und nun schleppt er die schwere Last mit Leichtigkeit seinem, vielleicht eine Meile entfernten Lager zu. Alles Lebende am Lager athmet freier auf, es schien durch die Furcht gebannt zu sein. Der Hirt ergiebt sich gefaßt in sein Schicksal, er weiß, daß der Löwe seiner Heerde immer auf dem Fuße folgt, mag er sich wenden wohin er will. Der Verlust, den er durch den König der Wildniß erleidet, ist ebenso groß als die Steuer, welche er in untadelhaften Viehstücken dem Könige des Landes geben muß. Zwei Könige fordern Tribut von ihm, er muß beiden

---

[1] Ich bin erst durch vielseitige Versicherungen der Eingebornen und eigene Anschauung überzeugt worden, daß der Löwe wirklich ein derartiges Kraftstück auszuführen vermag. Man hat mir am blauen Flusse eine Serieba von mindestens acht Fuß Höhe gezeigt, über welche ein Löwe mit einem Rind im Rachen gesprungen war. Wenn sich meine Leser ein Bild des Löwen der Wälder Ost-Sudahn's machen wollen, bitte ich sie, die halberwachsenen, halbverkrüppelten Exemplare, welche man in Menagerieen sieht, nicht zum Maaßstabe zu nehmen.

gerecht werden; beider Forderungen sind unabwendbar. Er ist froh, wenn ihn der Himmel noch vor größerem Unheil bewahrt.

[Überleben in Kordofan, Torrah, 28. Februar bis 9. März 1848] Am 28. Februar landeten wir in der Gegend des anderthalb deutsche Meilen landeinwärts liegenden Dorfes Torrah und schlugen, bis zur Ankunft der erforderlichen Lastthiere, unsere Zelte auf. Der Naturforscher braucht im Innern eines fremden Erdtheils nie über Langeweile zu klagen. Während Mr. Petherik sehnlich die Weiterreise herbeiwünschte, bot uns der nahe Wald so viele Unterhaltung, daß wir gern noch einige Tage hier geblieben wären. Leider endigte das klimatische Fieber schon am folgenden Tage meine Jagdfreuden. Ich kam krank von einem Ausfluge zurück und fühlte bald den peinigenden Frost jener unseligen Krankheit. Der Baron öffnete mir eine Ader, weil wir, von den Rathschlägen eines einfältigen italienischen Arztes bethört, damals noch Blutentziehungen für zweckmäßig hielten, doch wollte der Anfall nicht weichen. Die mittlerweile angekommenen und schon beladenen Kamele standen zur Abreise bereit; ich mußte mich im vollsten Fieber auf eins von ihnen packen lassen, um nur nach Torrah zu gelangen. Zu schwach, um mich aufrecht erhalten zu können, versuchte ich mich in einer halb sitzenden, halb liegenden Stellung an einer der Kisten, mit denen das Thier noch überdem beladen war, festzuhalten und litt dabei fürchterlich. Jeder Schritt des Thieres wurde mir zur Qual. Die schaukelnde Bewegung verursachte mir Erbrechen, die Anstrengungen, welche ich, um nicht herabzufallen, machen mußte, lähm-

ten vollends meine ohnehin schon geschwächten Kräfte. Nach drei wie auf der Folter verbrachten Stunden kam ich todesmatt im Dorfe an und brach kraftlos in dem ersten Tokhul desselben zusammen.

Ich unterlasse, um nicht zu ermüden, die Aufzählung der Reihe von Krankheiten, welche uns – auch der Baron bekam schon am folgenden Tage das sogleich mit Delirium beginnende klimatische Fieber – von nun an unablässig quälten, und schicke voraus, daß wir während der vier Monate unseres Aufenthaltes in dem Steppenlande Kordofahn das Fieber in seinen verschiedenen Gestalten und Arten gar nicht los werden konnten. Mehr als dreißig Tage mußten wir auf elendem Schmerzenslager zubringen; dreifach schwer wurden uns die Beschwerden, denen jeder Reisende in diesem Lande ausgesetzt ist, dreifach schwer alle Entbehrungen, welche er zu ertragen hat. [...]

[Haschaba, 11. bis 22. März 1848] Haschahba wird von Madjanihn, einem Zweig des großen Nomadenstammes der Hassanïe, bewohnt. [...] Auch in ihrer Kleidung unterscheiden sich die Madjanihn nicht von den Hassanïe. Die kleinen Mädchen tragen, wie überall im Sudahn, den Rahhad und wissen recht wohl, wie hübsch er sie kleidet. Unter den erwachsenen Mädchen – d. h. unter denen, welche das zwölfte oder dreizehnte Lebensjahr erreicht haben – findet man idealisch schöne Gestalten, mit oft recht ansprechenden Gesichtszügen. Sie verzieren sich Kopf und Hals mit Bernsteinstücken, farbigen Steinen, z. B. Carniol, Glasperlen und dergleichen; die Arme schmücken sie mit Messing-, Horn-, Elfenbein- oder Eisenringen; bei den Reichen findet man auch wohl silberne Spangen. Die Frauen sind ohne Ausnahme sehr eitel, versuchen sich auf alle Weise zu putzen und erachten es für eine Schande, nicht stark betalgtes Haar zu haben. Sie altern schnell und werden dann ebenso häßlich, als sie früher schön waren. Ihnen wird fast alle Arbeit aufgebürdet, die Männer thun Wenig oder Nichts; ihre einzige Beschäftigung besteht darin, Holz herbeizuschaffen, Wasser zu schöpfen und das Vieh zu hüten; den übrigen Theil des Tages verbringen sie in träger Ruhe im Tokhul.

Die Madjahnin lieben Gesang und Tanz. Herr Petherik schaute den schönen, üppigen Tänzerinnen gar gern zu, ermunterte sie durch reichlichen Bakhschiesch und versammelte dadurch tagtäglich die Mädchen des Dorfes vor seinem Tokhul zur Fanthasie. Ihr Tanz ist von dem der Rhauasiaht oder Fellahhiaht[1] Egyptens verschieden. Sie bilden einen weiten Halbkreis, singen und klatschen mit den Händen; ein Mädchen tritt aus dem Kreis heraus und beginnt zu tanzen. Sie geht mit taktmäßigem Schritt und mit zurückgebeugtem Oberkörper auf den Gefeierten zu, entblößt sich vor ihm mit ausgesuchter Gefallsucht nach und nach den bisher von der Ferbah verhüllten Busen und schleudert, sich vorbeugend, die fettgetränkten Haare ihm in's Gesicht. Dann geht sie mit schmachtenden Blicken langsam zurück, eine Andere tritt an ihre Stelle und verfährt ebenso, die Uebrigen folgen, bis Alle getanzt haben. Wir Europäer finden die Berührung der Haarzöpfe für unnöthig, aber man muß die leuchtenden Blicke eines kordo-

---

[1] Plural von Rhauasïe und Fellahhe, Tänzerinnen und Fellahmädchen.

fahnesischen Jünglings, welcher an dem Tanze Theil nahm und mit dem Haarfett der Schönen beglückt wurde, gesehen haben, um begreifen zu können, welch' eine hohe Auszeichnung diese fatale Zärtlichkeit ist oder sein soll. Stolz steht er da, betrachtet liebeerglüht die Tänzerin und reibt das seinem Gesichte mitgetheilte Fett freudig in seine Haut ein. Beide Geschlechter sind sinnlichen Genüssen in hohem Grade ergeben, doch bleiben die Frauen hinsichtlich ihrer ehelichen Treue in engeren Grenzen als die eigentlichen Hassaníe. Vollkommen unwahr ist die von einem Reisenden mitgetheilte Erzählung, daß die Frauen kordofahnesischer Dörfer dem Fremden auflauern und ihn mit einer angedrohten Bastonade zur Annahme ihrer Gunstbezeugungen zwingen sollten.

[25. /26. Mai 1848] Ich hatte bis drei Uhr Nachmittags einen Fieberanfall gehabt und war so schwach, daß ich mich kaum im Sattel erhalten konnte. Mein hochbepacktes Kamel ging den anderen beiden langsam voraus und schritt bedächtig zwischen den verschiedenen Serieahb[1] des Bezirkes Tarharni, in denen wir uns fast verirrt hatten, dahin. Plötzlich machte der durch irgend Etwas erschreckte Hedjihn einige tolle Sprünge und warf mich, weil ich mich nicht darauf vorgesehen hatte, sammt dem Sattel ab. Man fing das erboste Thier; ich sattelte es von Neuem und fiel wegen meiner Schwäche zum zweiten Male. Ich ritt nun recht mißgestimmt weiter. Die Nacht überraschte uns ganz in der Nähe der letzten Tokhahl Obeïd's; meine grenzen-

---

[1] Plural von Serieba.

lose Mattigkeit erlaubte mir die Weiterreise nicht; wir mußten uns nach kurzem Ritte in der weiten Steppe lagern. Nach Aufgang des Mondes verließen wir unseren Lagerplatz und zogen dem Djebel Kurbatsch zu. Bei anbrechendem Morgen hatten wir ihn noch nicht erreicht und irrten rathlos in der Steppe herum. Ein dichter, den Sonnenstrahlen undurchdringlicher Nebel deckte die Ebene. Wir waren vom Wege abgekommen und konnten, weil auch unser Kompaß sich zufällig unter dem übrigen, mit der Karawane vorausgegangenen Gepäck befand, uns nicht einmal mehr nach den Himmelsgegenden orientiren. Da sahen wir zwei Holz einsammelnde Neger und baten sie, uns den Weg zu zeigen; sie weigerten sich, es zu thun. Noth kennt kein Gebot. Wir hätten, wenn wir ohne Führer weiter geritten wären, inmitten der Steppe verhungern oder verdursten können. Deshalb zwangen wir einen der Neger, unser Führer zu sein, bedrohten ihn, wenn er uns absichtlich auf einen falschen Weg bringen würde, mit dem Tode, und versprachen ihm im entgegengesetzten Fall einen reichlichen Bakhschiesch. Sein Kamerad bat uns vergebens um die Freigebung des in unseren Dienst Gepreßten und entfernte sich dann unter lauten Schmähungen. Der Erstere brachte uns nach mehrstündigem scharfen Ritte wirklich auf den Rücken des »Peitschenberges«[1] und von dort auf eine sehr begangene Straße. Er wurde nun entlassen und beschenkt, zog es aber vor, noch bis zu dem nächsten Dorfe mit uns zu gehen, um dort sein Kapital sogleich in Meriesa anzulegen. [...]

---

[1] Djebel el Kurbatsch.

Es war fast Mittag geworden, als wir in der kleinen Hilla[1] Tomaht anlangten. Die Sonne lag, nachdem sie die Dünste des Morgens zertheilt hatte, mit ihrer ganzen Kraft auf der staubigen Ebene. Wir waren durstig und sehr müde. Man bot uns brühwarmes Schlauchwasser, welches unsern Durst nur noch vermehrte. Um so mehr hofften wir durch den uns fehlenden Schlaf erquickt zu werden und betraten deshalb sogleich eine kleine Rekuba, wo wir auf elastischem Ankharehb auch alsbald die gewünschte Ruhe fanden. Ein wüthendes Geheul schreckte uns vom Schlafe auf. Ich schaute verwundert nach der Thür der Hütte und sah durch sie einen halbnackten, schwarzen Kerl hereinkommen und mit einem langen, gezogenen Schwerte auf mich zustürzen, wobei er den vor der Hütte Brüllenden zurief: »Kommt, hier sind sie, die Hunde, kommt und schlagt sie nieder!« Mit einem furchtbaren Kolbenschlage warf ich den wüthenden zurück, dann erweckte ich den im Innern des mit der Rekuba verbundenen Tokhul schlafenden Baron und unseren Diener Aali. Wir griffen zu unseren Waffen und drohten jeden Eindringling niederzuschießen. Da glaubte Aali, von Jenen gehört zu haben, daß sie uns die Hütte über unserem Haupte anzünden wollten. Jetzt waren wir genöthigt, diese zu verlassen, wurden aber im selben Augenblick von ungefähr funfzehn Negern, welche auf uns einstürmten und uns ihre Lanzen in einer Entfernung von weniger als einem halben Fuß auf die Brust setzten, umringt. Die Uebermacht der

---

[1] Unter Hilla versteht man in Kordofahn ein kleines Dorf mit wenigen Hütten, – einen Weiler. – Die Egypter gebrauchen dafür das Wort Kaffr. Ein größeres Dorf wird in beiden Ländern Belled genannt; ein Städtchen heißt Bander, eine Stadt Medihne, eine Hauptstadt Massr.

Schwarzen war so groß, daß, wie ich sofort einsah, jeder Vertheidigungsversuch unseren sicheren Untergang zur Folge gehabt haben würde. Aber ich hatte alle Mühe, davon auch den Baron, welcher beide Pistolen gespannt vor sich hinhielt und schießen wollte, zu überzeugen. Wir wären, selbst wenn wir sechs oder acht von ihnen getödtet hätten, noch immer verloren gewesen. Jedem von uns standen vier oder fünf Schwarze so nahe gegenüber, daß sie uns ihre Lanzen mit einer einzigen Armbewegung in die Brust stoßen konnten. Es war jedenfalls das Klügste in unserer Lage, uns, bei all' der im Innern tobenden Wuth und Rachelust, auf's Bitten zu legen, aber das thierische Gebrüll der Neger verschlang unsere Worte. Wir zogen uns, um einigermaßen geschützt zu sein, nach der Thür der Rekuba zurück.

Die Hülfe kam von einer Seite, von welcher wir sie nicht erwarten konnten. Ein Araber, mit milchweißem Barte, eilte, ohne zu wissen, um Was es sich handle, zu unserer Rettung herbei. Die Schwarzen schienen ihn zu kennen. Er trieb sie, welche sich vor den toddrohenden Röhren unserer Gewehre nicht gefürchtet hatten, mit der Peitsche zurück und brachte Ruhe in den tobenden Haufen. Von ihm erst erfuhren wir die Ursache des wüthenden Anfalls der rasenden Schwarzen. Wir waren für Sklavenräuber gehalten worden.

Jener Neger, welcher uns um die Freilassung seines Gefährten gebeten hatte, war zu seinem Herrn, einem wohlhabenden Schech, gelaufen und hatte diesem mitgetheilt, daß zwei Türken – für solche wurden wir gehalten – einen seiner Sklaven gewaltsam entführt hätten. Der Schech versammelte sogleich die Schaar seiner Sklaven, begeisterte sie durch reichlich gespendete Meriesa, bewaffnete sie und gebot ihnen, die »weißen Hunde« zu verfolgen und zu tödten, jedenfalls aber zur Herausgabe seines Eigenthums zu zwingen. Halb berauscht war die den Spuren unserer Kamele gefolgte Rotte in der Hilla angekommen, hatte unseren Aufenthalt erkundet und uns in der Meinung, daß wir den geraubten Neger in unserer Rekuba gefangen hielten, überfallen. Unser Befreier durchsuchte die Hütte, fand aber den Sklaven nicht in ihr, sondern berauscht in einer anderen, wo er während des ungeheuren Tumults ruhig geschlafen hatte.

Nachdem sich die Sache aufgeklärt und unsere Unschuld sich herausgestellt hatte, baten uns die nüchtern gewordenen Feinde demüthig um Verzeihung und um einen Bakhschiesch, damit auch sie Meriesa trinken könnten. Wir trieben sie zurück und nahmen jetzt einen drohenden Ton an. Sie bestiegen deshalb bald ihre Kamele, nahmen unseren Wegweiser in ihre Mitte und ritten eilig davon. Jetzt schienen sie unsere Rache oder unsere weittragenden Feuerwaffen zu fürchten; sie ritten, so schnell ihre Kamele laufen wollten. Auch wir waren herzlich froh, von ihrer Gesellschaft befreit zu sein, und brachen nach kurzer Erholung von dem ausgestandenen Schrecken zur Weiterreise auf. In einem einzeln stehenden Tokhul, dessen Besitzer den Baron schon einmal beherbergt hatten, blieben wir über Nacht und genossen der Gastfreundschaft guter Kordofahnesen in ihrer vollsten Ausdehnung.

[Juni 1848] Am 23. Juni zogen wir in der Frühe weiter und über eine staubige, baumleere Ebene dem Bahhr el abiadt

[Blauer Nil] zu, auf welchem das scharfe Auge unserer Diener schwellende Segel bemerken wollte. Wir hatten den Anblick einer große Hitze kündenden, aber prachtvollen Fata Morgana und trieben, derselben uns zu entziehen, die Kamele zu rascherem Laufe an. Ich bekam leider wieder einen Fieberanfall und litt auf dem Kamele mehr als je. Die Hitze wurde gegen Mittag fürchterlich. Mit ihr nahm das Fieber in solcher Stärke zu, daß ich, um den Qualen unter der glühenden Sonne zu entgehen und auf Augenblicke der Kühlung zu genießen, bei jedem Baume abstieg. Flehentlich beschwor ich den Baron und die Bedienten, mir einige Tropfen Wasser zu übergeben, »denn weiter bedürfe ich ja doch Nichts mehr« und mich dann meinem Schicksale zu überlassen; nur solle man mich nicht fort und fort auf jene Folter, den Sattel, zurücktreiben. Ich erinnere mich nicht, mich jemals unglücklicher gefühlt zu haben. Wenn mich der Baron oder der alte ehrliche Giterendo von Neuem zum Reiten zwangen, glaubte ich meine ärgsten Feinde vor mir zu sehen und doch thaten gerade sie Alles, was in ihren Kräften stand, um mir meinen qualvollen Zustand zu erleichtern. Diesen beschreiben zu können, scheint mir unmöglich zu sein. Der Aermste der Armen Europa's findet unter ähnlichen Umständen wenigstens ein kühlendes Plätzchen, einen Ort, wo er sich ruhig hinlegen kann. Ich war der Hitze der afrikanischen Tropensonne ausgesetzt, während das fieberglühende Blut mir alle Adern zersprengen zu wollen schien; ich hing, kaum meiner selbst bewußt, auf dem Rücken des Kamels, mußte meine ohnehin unsäglich geschwächten Kräfte noch zu sammeln streben, um nicht aus dem hohen Sattel zu stürzen, und der Fieberfrost, welcher derselben gluthhauchenden Sonne Hohn zu sprechen schien, durchschüttelte mich! Für einen solchen Zustand, für die Qualen eines Fieberanfalls auf dem Kamele während der Mittagshitze in einer von der scheitelrecht stehenden Sonne durchglühten Einöde des inneren Afrika's giebt es keine Worte.

Endlich, nach fünf martervollen Stunden, kamen wir zu einigen Hütten. Hier erst konnte ich mich ausgestreckt hinlegen, hier erst konnte ich auf Erleichterung meiner Schmerzen hoffen. Mein Zustand ließ gar nicht an eine Weiterreise denken. Der Baron versuchte, von den Bewohnern der Tokhahl Hühner zu erhalten, um für mich eine kräftige Suppe kochen zu lassen; man verweigerte ihm, eins von den vielen, welche um die Wohnungen herumliefen, zu geben. In solchen Fällen gab es nur ein Mittel, um zum Ziele zu gelangen: Gewalt. Das erste beste Huhn wurde zusammengeschossen, gerupft und gekocht. Dann kam der Besitzer und bat um Bezahlung des Thieres, welche er auch regelmäßig von uns erhielt. [...]

Gegen Mittag begrüßten wir die Ufer des Bahr el abiadt mit freudigem Jubel. Hinter uns lag ein Land, dessen höllischem Klima wir sicher binnen Kurzem unterlegen wären, hätten wir nicht an schleunigen Rückzug gedacht. Vieles Böse, manche trübe Stunde war überstanden. Erquickt und erheitert, ließen wir unsere Blicke auf dem schon hoch gestiegenen Spiegel des Stromes haften. Das Plätschern seiner Wellen war uns Himmelsmusik. Zum ersten Male nach vier Monaten schwelgten wir wieder im Genusse guten Trinkwassers, welches uns der reiche Strom so freigebig spendete. Frohen Muthes schlugen wir unser Zelt im Schatten einer riesigen Mimose auf und sahen den possierlichen Affen zu, welche in Schaaren nach dem Flusse eilten und unterwegs ihre Gaukeleien und lachenerregenden Künste gratis zum Besten gaben.

Am 26. Juni mietheten wir eine von Eleïs zurückkehrende Barke, welche uns für heute nach dem am andern Ufer liegenden Dorfe Mendjere brachte. Am Ufer fanden wir gegen vierzig im Auftrage der Regierung Barken zimmernde Arbeiter beschäftigt. Die Arbeiten, welche die Schwarzen mit ihren unter aller Kritik schlechten Werkzeugen zu Stande brachten, erregten billig unsere Verwunderung. Man hatte einige Tokhahl zu Schmieden, andere für Schiffszimmerleute, andere wieder für Seiler eingerichtet. Ueberall herrschte eine rege Thätigkeit. Schon der Name des Dorfes – Mendjere bedeutet die Werfte – zeigt an, daß es nur durch die hier in dem jetzt gelichteten, früher aber fast undurchdringlichen Urwalde vereinigten Arbeiter entstand.

Wir verließen Mendjere in der Frühe des anderen Tages. Ein ziemlich heftiger Südwind trieb unser Schifflein so rasch den Strom hinab, daß wir schon am 28. Juni das Minaret der Hauptstadt Ost-Sudahn's aus dem Meere der Fata Morgana auftauchen sahen. Der Bahhr el abiadt war bedeckt mit Vögeln aller Art, welche mächtig zur Jagd einluden. Aber mächtiger noch war die Sehnsucht nach dem jetzt in jeder Beziehung wohlthätigen Charthum. Schon der Gedanke, wieder einmal unter Europäern sein zu können, nachdem wir so lange des Umgangs civilisirter Menschen entbehrt hatten, war uns erfreulich genug.

Ein schwerer Gewittersturm war im Anzuge, als wir das Rahs el Charthum umfuhren. Der Baron suchte dem Regen zu entgehen und verließ schon von hier aus das Schiff; ich stieg erst eine halbe Stunde später, nachdem die Matrosen die Dahabïe an der nordöstlichen Häuserreihe der Stadt befestigt hatten, an's Land und trat mit Beginn des herabstürzenden, wolkenbruchartigen Regens in den Diwahn unsers Freundes Penney. –

Mit steigendem Interesse vernahmen wir den aus einem Pack französischer Zeitungen vor wenig Stunden hier bekannt gewordenen Zustand der Dinge in Europa.

Flussfahrt nach Kairo

29. August bis 28. Oktober   Nach Khartoum zurückgekehrt, erfuhren die Reisenden von den Ereignissen in Europa: Infolge der Februarrevolution war in Frankreich König Louis Philippe abgesetzt und die Republik eingeführt worden; die Märzrevolution in Deutschland, Österreich und Italien hatte, vorläufig, den Sieg der freiheitlichen Kräfte gebracht; Metternich war nach England geflüchtet, die Österreicher wurden aus Mailand und Venedig vertrieben, in Frankfurt trat die Nationalversammlung zusammen. Doch die Unruhen dauerten an und weiteten sich aus. In einem Brief an die Eltern schreibt Brehm: »Ich komme deshalb nicht nach Deutschland, sondern bleibe hier und bilde mich zum Naturforscher aus. Es konnte ja auch gar nicht anders kommen, als dass ich Naturforscher werden sollte, denn ebenso unmöglich es wäre, auf einen Eichenstamm eine Tanne zu pfropfen, ebenso unmöglich ist es, aus einem Sohn des Pfarrers Brehm in Renthendorf etwas anderes als einen Naturforscher zu machen.«

Es klärte sich nun, warum das Geld von John von Müllers Großvater, der die Expedition finanzierte, ausgeblieben war. Der gute Mann war gestorben, und Müller musste nach Deutschland zurück, um Erbschaftsangelegenheiten zu regeln; immerhin belief sich der Nachlass auf drei Millionen Gulden. Man sortierte die reiche Ausbeute der bisherigen Reise und nach weiteren zwei Monaten Khartoum – Brehm und Müller wurden währenddessen das Fieber nicht los – reichte es. »Ägypten erschien uns jetzt als ein Paradies, das zu erreichen wir voller Sehnsucht waren.« Außerdem langte das Geld gerade noch für die Rückkehr nach Kairo. Halid Pascha, der Generalgouverneur, verschaffte ihnen, ihrem Gepäck und den lebenden Tieren Platz auf zwei Booten, die Bauholz geladen hatten. Am 29. August 1848 wurden die Segel gesetzt.

Sie besuchten die Ruinen und kleinen schmalen Pyramiden von Nuri und Meroë, der Hauptstadt des Reiches Kusch (6. Jh. v. Chr. – 4. Jh. n. Chr.), die 80 Jahre zuvor entdeckt worden war. Nach dem Aufenthalt im Sudan betrachtete Brehm nun die Kulturstätten aufgeschlossener, ja, erstaunte selbst darüber, wie sein während der Hinreise geäußertes, abschätziges Urteil über die Monumente von Theben, Karnak und Abu Simbel nun einem gewissen Wohlwollen wich. Mehr allerdings auch nicht.

Über Assuan, Luxor ging es weiter nach Monfalut. Viele Reisende des 19. Jahrhunderts besuchten die in der Nähe liegenden Krokodilhöhlen (übrigens auch Karl Mays Orientheld Kara Ben Nemsi). Dort lagen Tausende von einbalsamierten Krokodilen aller Größen nebst Krokodileiermumien. Brehm und Müller nahmen sich ein paar handliche, gut erhaltene Krokodilsmumien mit; wozu auch immer. Brehm zumindest konnte Krokodile nicht ausstehen. Mehr als einmal erlebte er im Sudan, wie sie Dorfkinder erbeuteten, und auch im »Tierleben« legte er seiner Abneigung keine Zügel an: »Nächst den lebenden frisst das Krokodil alle toten Tiere, welche den Fluss hinabschwimmen. Ich bin durch dasselbe mehrere Male wertvoller Vögel, welche nach dem Schusse in den Strom stürzten, beraubt und dann jedes Mal von Neuem an den Racheschwur erinnert worden, welchen ich gelegentlich eines Zusammentreffens mit ihm, welches unheilvoll für mich hätte werden können, geleistet und, soviel in meinen Kräften stand, auch gehalten habe. Jede von meiner Hand abgesendete Büchsenkugel, welche während meiner zweiten Reise im Sudan die Panzerhaut eines dieser Ungetüme durchbohrt hat, war nur ein Werkzeug meiner Rache.«

Vor Assuan und den Krokodilhöhlen lag aber noch der zweite Nilkatarakt bei Wadi Halfa, ungleich jäher und gefährlicher als die anderen. Ihn auf dem Boot zu durchfahren, dieses Abenteuer ließen sich die beiden jungen Männer nicht nehmen. Man sagt, sie seien die ersten Europäer gewesen, die es bestanden.

[Durch die Stomschnellen, Wadi Halfa, 5. Oktober 1848] Mit Sonnenaufgang wurde es lebendig auf dem kleinen Deck des Schiffleins. Ernste, des Stromes kundige Reïsihn, muntere, gliederkräfte Matrosen erschienen und boten uns ihre Hilfe an. Unser Schiffsführer wählte die besten und stärksten. Zuletzt kam auf Verlangen auch Bellahl, unser alter Reïs, um den jungen Männern mit Rath zur Seite zu stehen. Alle Ruder hatten mehr als doppelte Mannschaft, am Steuer standen drei Barkenführer. Am Lande lockerte ein Matrose mit dem gewaltigen Holzhammer den Haftpfahl, um das die Barke am Ufer festhaltende Seil losmachen zu können. Er war fertig.

»Männer und Söhne Nubiens, betet die Fathcha,« befahl Bellahl. Und der Chor der Versammelten sprach mit lauter Stimme die Worte der »das Buch« (den Khorahn) »eröffnenden« Sure.

»Behüte uns, o Herr, vor dem von Dir gesteinigten Teufel!«

»Im Namen des Allbarmherzigen!«

»Lob und Preis dem Weltenherrn, dem Allerbarmer, der da herrschet am Tage des Gerichts. Dir wollen wir dienen, zu Dir wollen wir flehen, auf daß Du uns führest den rechten Weg, den Weg Derer, die Deiner Gnade sich freuen, und nicht den Weg Derer, über welche Du zürnest, und nicht den Weg der Irrenden! Amen!«

Dann sagte Bellahl: »Eschhetu inu la il laha il Allah!« und alles Volk antwortete: »Wu neschhetu inu Mahammed rassuhl Allah[1]!« Die Ruder fielen mit gleichmäßigem Schlage in's Wasser.

Das war der Allen verständliche, kurze Gottesdienst vor dem Beginn einer gefährlichen Fahrt. Er war des Volkes, welches ihn hielt, würdig. Die Worte und Werke der Religion sind den Mahammedanern keine Formeln, sie sind ihnen tief gefühlte Wahrheit. Denn wir Alle beteten, daß Allah sie nicht den Weg der Irrenden führen möge, da beteten sie zugleich, daß Gott ihnen auch heute den rechten Weg zeigen wolle. Auch uns hatte das Gebet der Andersgläubigen tief ergriffen. Nicht Furcht vor der Gefahr bemächtigte sich unser, wohl aber Ehrfurcht vor der Religiosität eines

---

[1] Zu deutsch: »Bezeuget, daß es nur einen Gott giebt!« »Und wir bezeugen, daß Mahammed sein Gesandter ist!«

noch halb wilden Volkes, welches nie die Handhabe eines Werkzeuges ergreift, nie ein Werk beginnt, ohne dabei auszurufen: »Im Namen des Allbarmherzigen!« so wie es ihm sein Prophet vor Jahrhunderten geboten. Die Religion regelt und leitet die Handlungen des Mahammedaners, sie regelt sein ganzes Leben.

Durch ein enges Felsenthor wälzen sich ungeheure Wogen. Wir treiben mit einer gewissen Beklemmung darauf zu. Urplötzlich stürzen Alle zu Boden, das Schiff ist mit einem entsetzlichen Stoße auf die Felsen gefahren. Aber nur ein leichter Leck ist die Folge dieses allen Muth lähmenden Ereignisses. Auch sind überall Felsen in der Nähe, auf welche man sich wohl zur Noth retten kann. Warum also fürchten?

Ruhiger und gefaßter machen wir uns auf die Durchfahrt jenes Thores, in das wir in der nächsten Sekunde eintreten müssen, bereit. Wir stehen wenigstens zwölf Fuß über dem Niveau des anderen Endes dieses Wassersturzes, aber nur einen Augenblick, denn schon erfaßt uns die Gewalt des Stromes. Uns zu beiden Seiten steigen schroffe Felsen fast senkrecht in die Höhe, sie sind von uns kaum acht Fuß entfernt, alle Ruder müssen eingezogen werden. Wie, wenn der Strom unser Schiff an diesen Steinmassen zerschellte, wer vermöchte an ihnen emporzuklimmen? Niemand! Wir wären rettungslos verloren. Aber nur Muth! Die verderblich scheinenden Wogen selbst erretten uns. Sie umfassen, umklammern das Schiff und fort mit sich nehmen sie es in rasender Eile. Wie ein Pfeil vom Bogen jagt es zwischen den Felsmauern hindurch. Da, Allah! gerade vor uns am Ende des Falles erhebt ein mächtiger Felsblock sein trotziges Haupt über die ihn mit machtloser Wuth umtobende Fluth, welche, statt ihn zu zertrümmern, nur dazu beiträgt, ihn furchtbarer zu machen. Hoch auf an ihm spritzt der Gischt, ohnmächtig rieseln die Fluthen zurück, sie sind die Silberlocken dieses Riesenhauptes – und darauf zu stürzt unser Schiff! »Im Namen Gottes, rudert, rudert, ihr Männer, ihr tapferen, ihr gewaltigen, ihr kühnen Männer, rudert, rudert!« stöhnt der Reïs. Vor uns her schwebt, schwankt, taumelt unsere zweite Barke, sie biegt links ab – ein Jubelruf ihrer Matrosen – sie ist in Sicherheit! »Ihr nach, euren Brüdern nach, ihr Männer, ihr tüchtigen Männer!« bittet, schmeichelt, befiehlt der Reïs. Es ist unmöglich. Wir fallen, zwar ohne aufzustoßen, ab, aber auf die andere Seite. Uns folgt eine der Regierung gehörige Dahabïe. Sie ist zu lang, um schnell genug dem Steuer gehorchen zu können; jetzt biegt sich ihr Schnabel nach links, das Wasser ist zu gewaltig – ein furchterregender Krach – dort sitzt sie auf dem Felsen! Der Riese hat sein Opfer. Er trägt es stolz auf seinem Haupte, vergebens strebt das Häuflein der Matrosen, es ihm zu entreißen, er hält es fest. Der Reïs ringt die Hände, er ruft, er fleht zu uns herüber um Hülfe, – wir verstehen von Allem, was er sagt, kein Wort; wir gehören dem Strome, ihm Hülfe zu bringen vermögen wir nicht. Doch wird er sein Schiff wohl noch losmachen können; es gehört ja der Regierung. Schon stürzt ein kühner, gewandter Schiffer in die schäumenden Wogen; von Felsen zu Felsen schwimmend, wird er das Land erreichen und den in Abke versammelten Matrosen Nachricht bringen. Diese werden die Dahabïe gewiß flott machen, wenn auch mit unsäglichen Anstrengungen. Im Innern derselben scheint man beschäftigt, den Leck zu verstopfen.

Stromschnellen des Nils

Aber wo befinden wir uns? Warum spähen die Reïsihn so ängstlich zwischen den Felsen umher? Es scheint auch uns, als ob es hier keinen Ausweg gäbe. Wir sind verirrt, wir befinden uns inmitten eines Labyrinths! Eine entkräftigende Angst bemächtigt sich der Mannschaft. Keiner der Matrosen, keiner der Schiffsführer weiß, wo wir sind. Einige

Matrosen werfen die letzte Hülle von sich, sie wollen das Ufer schwimmend zu erreichen suchen; an Rettung des Schiffes denkt Niemand mehr, den Rudern fehlen die Arbeiter, dem Steuer die Leiter. Die Barke jagt noch immer zwischen den Felsen hindurch, aber nach allen Seiten strömt Wasser ab, unser Fahrwasser muß immer seichter werden. In dieser allgemeinen Noth übertönt die Stimme des siebenzigjährigen Bellahl, des »Abu el Reïsihn,« des Vaters der Schiffsführer, das Stimmengewirr des jammernden Schiffsvolkes, das Brausen des Katarakts: »An die Ruder, ihr Helden[1]! Seid ihr denn toll, ihr Kinder der Heiden? Arbeitet, arbeitet, ihr Hunde, ihr Knaben, ihr Männer, ihr Tapferen, ihr Braven! Maschallah! Allah kerihm! ja Allah amahl«[2]! Er selbst handhabt das Steuer. Da fließt nach links ein starker Arm ab, in ihn lenkt Bellahl die Barke, verfolgt den Lauf des Stromzweiges mit sicherer Hand und erreicht freies Fahrwasser. Die Gefahr ist überstanden, unsere Gewehrsalven begrüßen das am Horizonte auftauchende Palmendorf Wadi-Halfa. Die Araber fallen auf ihr Angesicht und beten wie vor der Abfahrt die Fathcha: »Lob und Preis Dir dem Weltenherrn!«

Eine halbe Stunde später landen wir in Wadi-Halfa. Wie belohnend ist uns das Gefühl, ein solches Wagniß glücklich überstanden zu haben! Und dennoch möchte auch ich den Katarakt von Wadi-Halfa, nachdem er mir einmal

---

[1] Ein sehr beliebter arabischer, jungen Männern schmeichelhafter Ausdruck.
[2] Bei ähnlichen Gelegenheiten folgen Schimpf und Schmeicheleien rasch aufeinander. Die letzten arabischen Worte bedeuten: »Gott ist gnädig« und »Bei Gott, macht!«

seine Schrecken enthüllt, zum zweiten Male nicht passiren. –

Es ist allmählig Abend geworden. Die Matrosen haben
ein Schaf erhalten, sitzen und liegen am Ufer unter den Palmen herum und starren in das Feuer, an welchem es gebra-
ten wird. Der liebliche Abend scheint auch sie zu ergreifen.
Schon ertönt die Tambuhra, die Melodie wird lauter und
lauter. Es ordnen sich Gruppen zum Tanze. Noch spät in die
Nacht hinein erschallt ihr Jauchzen und Händeklatschen. Einer von ihnen hat Meriesa aufgefunden, jetzt sind sie glücklich. Es treibt sie zu singen. Ein junger Nubier ist lange in
Egypten gewesen und hat dort eines jener schönen Lieder
erlernt. Das trägt er vor. Alle lauschen mit größter Aufmerksamkeit.

Ein langes Jahr in Unterägypten

Oktober 1848 bis November 1849   Am 28. Oktober 1848 langten
sie endlich in Kairo an. Nach einem Erholungsurlaub in
Unterägypten ging Baron Müller Mitte Januar 1849 mit den
Sammlungen und zwei schwarzen Bediensteten nach Europa ab: »Ich hatte mir vorgenommen, im Pharaonenlande
zurückzubleiben, und sollte nach Wunsch und auf Rechnung des Baron Müller eine zweite Reise ins Innere mit den
dazu nötigen Begleitern und Gehilfen antreten ... Es tat mir
wehe, mich von dem Baron trennen zu müssen. Ich hatte
mit ihm Deutschland verlassen und Nordostafrika bis zu
den Negerländern bereist, Freud und Leid zwei Jahre lang
mit ihm geteilt; wir hatten zusammen viel Schönes erlebt,
viel Schweres ertragen, in einem Zelte gelebt, unter einer

Decke geschlafen und mit einem Becher aus dem Brunnen der Wüste Wasser geschöpft. Obgleich er manchmal ungerecht gegen mich gewesen war, hatten wir doch im Ganzen wie Brüder zusammengelebt. Jetzt trennten sich unsere Wege: Er eilte der lieben, teuren Heimat zu, ich sollte mich nach dem fernen Süden wenden. Ich drückte ihn noch einmal ans Herz, sagte ihm noch einmal Lebewohl – wir schieden.«

Über ein Jahr lang sollte es dauern, bis Brehm auf die zweite Reise in den Sudan gehen sollte. Erst einmal gab es viel zu tun. Nicht zuletzt hatte er das Forschen und Sammeln gemäß den strengen Anforderungen seines Vaters zu betreiben. Der hatte schon in einem Brief vom 13. 9. 1847 gemahnt: »Sei recht fleißig, damit Du bald im Präparieren eine große Fähigkeit erlangst, und sei unermüdet tätig, damit Du recht viele Vögel erlegst.« Das hatte Alfred getreulich befolgt. Die Möglichkeiten, die sich ihm boten, entflammten nun so recht die Leidenschaft des Vogelpastors. Der schrieb am 18. 12. 1848:

»1. Nimm von Pelikanen, was möglich ist ... Diese empfehle ich also ganz besonders.

2. Die Ptetocles [Flughühner] ... Erlege von ihnen, was möglich ist.

3. Die Flamingos ... Hier gibt es noch viel zu tun.

4. Tue, was Du kannst, um Tantalus falcinellus [Sichelschnäbler] ... zu erhalten.

5. Siehe ja zu, dass Du noch mehr Stücke von Aquila minuta et pennata [Zwergadler] und Vultur auricularis [Ohrengeier] erhältst. Auch wirst Du Vultur kolbii [Sperbergeier] ... erbeuten, so viel Du kannst.

5.[sic!] Cursorius isabellinus [Wüstenrennvogel], Alauda bifasciata, Alauda isabellina [zwei Lerchenarten] empfehle ich Dir ganz besonders ...

6. empfehle ich Dir ganz besonders Glareola [Brachschwalben] ...

7. Nimm die Schwalben recht mit ...

6.[sic!] Lege Dich recht auf die Sänger ...«

Es folgten dringliche Wünsche nach Ammern, Stelzen, Steinschmätzern, Watvögeln, Seeschwalben, Reihern, Hühnervögeln, auf Sing- und Greifvögel sei nochmals deutlich hingewiesen und bitte Sperlinge in großen Mengen. Und überhaupt von allem! Und das reichlich!

Die Forderungen hatten, neben der Leidenschaft, handfeste Hintergründe: Zum einen mussten aus einer möglichst großen Anzahl derselben Art Typenexemplare ausgewählt werden, welche die Art unverwechselbar bestimmbar machten. Und dann brauchte man viele Beispiele, um neue Thesen verifizieren oder falsifizieren zu können. So war es doch zum Beispiel erstaunlich, dass, je nach Heimat einer Vogelart, die Färbung unterschiedlich sein konnte; lebte eine Lerchenart in der Wüste, so konnte sie hell, fast farblos sein (isabellen), lebte sie in Wäldern und Gegenden mit dunklen Böden, so waren dunkle Muster ausgeprägt. Offensichtlich gab es da ein Wechselspiel zwischen den Eigenschaften einer Art und den jeweils herrschenden Umweltbedingungen. Darüber korrespondierten Vater und Sohn Brehm, zehn Jahre bevor Darwin seine Idee von der natürlichen Auslese publizierte.

Der Briefwechsel bedeutete dem jungen Brehm viel, denn er war in diesem langen Jahr oft einsam. Zwar hatte er gute Kontakte zum österreichischen Konsul Constantin Reitz, einem Dichter namens Bogumil Goltz und zu Reisenden wie dem Naturforscher Eduard Rüppell und dem westfälischen Baron Adolf von Wrede, der sich eigentlich der nächsten Expedition anschließen wollte. Doch die Herren waren entweder zu würdevoll, zu alt oder zu versoffen. Eine wirkliche

Freundschaft, deren er bedurft hätte, entstand zu keinem von ihnen. Wie tief hingegen empfand er die Verbindung zum Vater: »Seien Sie überzeugt, dass ich im Geiste fortwährend bei Ihnen bin und mit größter Sehnsucht den Augenblick herbeiwünsche, wo ich Ihnen ans Herz sinken kann! Gott erhalte Sie! Dies das Gebet Ihres Sie unaussprechlich liebenden Sohnes Alfred.« Bald darauf gestattete der Vater das Du.

Außer in Kairo hielt sich Alfred Brehm 1849 vor allem in Alexandria, im Nildelta und am dortigen Mansalasee auf. Diese riesige Lagune zwischen Damiette und Port Said ist im Winter ein Hauptanziehungspunkt für viele Zugvögel aus Europa, ihre Zwischenstation auf dem weiteren Weg nach Süden. Es gab Vögel in unglaublichen Massen, und zuzeiten sah Brehm die Wasserfläche weithin von Vögeln bedeckt. Hier beobachtete er fast alle deutschen Entenarten, Säbelschnäbler, Schlammläufer, Ufer- und Wasserläufer, in benachbarten Sümpfen mannigfaltige Reiher, in den Reisfeldern Schnepfen; dazu einheimische Arten: Pelikane, Löffler, Ibisse, Flamingos, Fischadler, Seeadler, Kaiseradler, Falken, Sperber, Milane, Weihen und und und. Hier fand Brehm auch das Material für seine erste Veröffentlichung »Der Winter in Ägypten, in ornithologischer Hinsicht«, die in jenem Jahr in der ornithologischen Zeitschrift »Naumannia« erschien und ihm (»berühmt durch unermüdliche ornithologische Studien«) die Mitgliedschaft in der »Leopoldina« einbrachte, der ältesten naturforschenden Gesellschaft Deutschlands. Der Aufsatz enthält bereits alle Elemente, mit denen Brehm später das Publikum gewann. Farbige Beschreibung des Aussehens und Lebens der Vögel, ein Hinweis auf antike Klassiker (Flamingozungen bei Gelagen des Lukullus), ein arabisches Märchen, das Eigenheiten des Regenpfeifers illustriert (warum er Tag und Nacht schreit).

Der Eisvogel (Alcedo ispidaa)

Nachdem sich die Vögel weiter nach Süden verzogen hat-
ten, durchstreifte Brehm mit Kamelen und Booten kreuz
und quer das Nildelta, lebte in Damiette, Alexandria und
Kairo. »Ich war im Lande der Ägypter heimisch geworden.
Die arabische Sprache wurde mir geläufiger und das Volk
durch sie zugänglicher ... Ich durchwanderte mit meinem
Lehrer Stadt und Land, besuchte mit ihm die arabischen
Kaffeehäuser, lauschte dort dem Märchenerzähler, nahm an
Festaufzügen teil ... Mein Lehrer brachte mich mit allen
Schichten der Bevölkerung in Berührung.« Inzwischen hatte
er einen Ferman mit riesigem königlichem Siegel erhalten.
Dieser Geleitbrief des Vizekönigs stellte Brehm nebst Reisegefährten unter allerhöchsten Schutz, jedermann hatte ihn
nun zu unterstützen. Außer der arabischen Sprache in Wort
und Schrift lernte Brehm nun auch angemessenes Auftreten. Seinen Diener Ali, einen aus türkischen Diensten entlas-

senen Soldaten, kleidete er prächtig ein, staffierte ihn mit zwei Pistolen im Gürtel aus und verlieh ihm aus eigener Herrlichkeit den Titel Arha. Bisher war Brehm selbst zu Ämtern und Würdenträgern gegangen und hatte mit den arroganten türkischen Beamten seine liebe Not gehabt. Nun sprach zunächst einmal Ali-Arha im Namen seines großmächtigen Herrn Chalil-Effendi vor. Das wirkte Wunder und es öffneten sich alle Türen. Brehm war endgültig im Morgenland zu Hause.

Derweil berichtete John von Müller im April 1849 der Kaiserlichen Akademie der Wissenschaften in Wien über die unternommenen Reisen und kündigte seine »Dritte wissenschaftliche Expedition nach Zentralafrika« an. Sie hatte das Ziel, die Quellen des Weißen Nils zu erforschen und dann Afrika bis zum Atlantik zu durchqueren. Müller sandte Brehm das Aprilheft der Sitzungsberichte der Akademie zu, das den Plan offiziell verkündete, und bat um einen Kostenvoranschlag. Der wurde fix erstellt und bezifferte die benötigte Summe auf 5600 preußische Talern bzw. 85000 Piaster. Eine Relation damaligen Geldes zum Euro herzustellen, gestaltet sich schwierig. Geht man vom Silbergehalt des Preußischen Talers aus (16,7 g), so kommt man angesichts aktueller Schwankungen am Silbermarkt für 5600 Taler auf einen Gegenwert von 32000 bis 36000 Euro. Von der Kaufkraft her gesehen – ein Feld mit noch mehr Unwägbarkeiten – könnte grob von einem doppelt so hohen Betrag, also etwa 70000 Euro ausgegangen werden. In jedem Falle: viel Geld! So viel aber auch wieder nicht. Denn Expeditionen waren extrem teuer. Bei einem Vortrag wies Brehm 1857 einmal auf den Aufwand hin, der, abgesehen von all den wissenschaftlichen Geräten, schon bei der Ausrüstung betrieben werden musste: »Hier sehen Sie unter anderem Äxte, Beile, Hämmer, Sägen, Rodehacken, Meißel, Bohrer, Hobel, Holzschrauben, Nägel, Drahtstifte, Drahtrollen, Feilen, Draht und Kneifzangen, Lötkolben, Blechtafeln, Glasscheiben, Zollstäbe, Winkelmaße ... Ich finde es sehr natürlich, dass Sie im Stillen die Frage sich und mir vorlegen werden: ›Aber um Gottes willen, warum muss denn der Reisende in Afrika das alles bei sich führen?‹ – Darauf kann ich Ihnen mit gutem Gewissen antworten: weil er es nicht oder nur zu enorm hohen Preisen finden kann, wenn er es braucht, und dass er es braucht, daran dürfen Sie nicht zweifeln.« Angesichts der Summen, mit denen spätere britische Unternehmungen ausgestattet waren, nehmen sich die Kosten, die Brehm für Müller errechnete, geradezu lächerlich aus.

Vorerst musste Brehm auf das zugesagte Geld und die angekündigten Expeditionsteilnehmer aus Europa noch warten.

[Märchenhaftes Kairo] Das lebendigste Straßengewühl der gewaltigsten Städte Europas, der Marktlärm Londons, das Wogen in den Straßen von Paris, das Getreibe auf dem Markusplatz in Venedig oder in den Hauptstraßen Neapels, das Leben in Sevilla oder Granada, das alles ist Schaum und leeres, totes Wesen gegen das Leben in Kairo. Drei Erdteile reichen sich hier die Hand, die Erzeugnisse von allen geben sich hier ein Stelldichein; Völkerschaften des Nordens und Südens, des Ostens und Westens begegnen sich hier. Der bärtige Türke und der zierliche Inder, der sonnengebräunte Beduine und der dunkle Neger aus dem tiefsten Innern des Landes, der verbrannte Bewohner des Atlas, der Tscherkesse, der glattgelockte Europäer in seiner häßlichen Kleidung und der ehrwürdig erscheinende Morgenländer: sie alle mischen und drängen ohne Ende sich durcheinander.

Ein ewig neuer, alles verschlingender Knäuel von bunten Gestalten füllt alle Straßen. Die freien Plätze sind mit düsteren Warenhallen und Moscheen umzäumt, deren Kuppeln wie die Kronen der Wunderstadt erscheinen, dann schlanke, drei-, vielfach gegürtete Türme. Manche Straßen sind überdeckt mit Matten, Tüchern und Brettern, durch die nur hier und da ein blendender Lichtstrahl herabfallen kann; doch selten erreicht er den Boden. Auch hier herrscht ein heimliches Halbdunkel. In den engen Straßen springen die Häuser mit jedem Stockwerk weiter vor und treten schon in der Mitte ihrer Höhe so nahe zusammen, daß man von dem Erker des einen nach dem des anderen Hauses reichen kann. Unten sind solche Straßen auch nicht breiter, als daß sie einem beladenen Kamel den Durchgang gestatten.

Da hindurch wogt und treibt das Leben Kairos, das rege, warme, frische Leben dieser wunderbaren Stadt: Fußgänger, Reiter hoch zu Roß oder Esel, Araber, die auf den Rücken des beladenen Kamels geklebt zu sein scheinen, halbnackte Fellahs und in die malerische Tracht des Morgenlandes gehüllte Kaufleute, zerlumpte Soldaten, dicht verschleierte, in seidenen Taft versteckte Damen, alle Völkerschaften, die ich oben nannte, und noch unzählige andre, die allerverschiedenartigsten Bekenner zu den Religionen der Christen, Juden, Mohammedaner und Heiden. Leichte, mit zwei bis drei Pferden bespannte Kutschen brechen sich Bahn durch das Gedränge; ein hochzeitlicher Zug mit großartigem Gepränge, ein stolz auf feurigem Roß sitzender, mit Gold und Edelsteinen überreich verzierter Knabe, der unter die Zahl der Gläubigen aufgenommen werden soll, zieht langsam seinen Festweg dahin; reich gekleidete Reiter nehmen die

Hälfte der Straße ein; es drängen und stoßen sich Lastträger, Zuckerbäcker, Blinde, Bettler, spitzbübisch aussehende Heuchler des Morgenlandes, ehrwürdige Geistliche und Koranverständige, Wasserträger, die ein mit langem blechernen Ausguß versehenes Gefäß auf den Schultern tragen, Hausierer, fliegende Kaffeeköche, Zuckerrohrverkäufer und hunderterlei andre mehr. Alles wogt und lebt, fährt an den Augen vorüber wie Schattengestalten; das ewig Neue verdrängt das vor wenig Minuten Gewesene.

Ein Wirrsal von Tönen und Geräuschen erfüllt das Ohr. Zwanzig verschiedene Sprachen werden laut. »Wahre dich, Herr! wahre deinen Fuß, dein Haupt, deine Linke, deine Rechte! wahre deinen Esel, dein Pferd! wahre dich Fremder, den ich treffen werde! hüte dich, Bruder, daß du mir ausweichst!« so rufen die Lastträger, die Eseltreiber ohne Unterlaß, um den Fußgänger, den Reiter zu warnen vor den in tollem Jagen dahinstürmenden Tieren. Grüße und Verwünschungen, Gesang und Geschrei, Trommelschlag, nervenzerreißende Töne aus Blaswerkzeugen, schreiende Esel, wiehernde Pferde, knarrende und kreischende Karrenräder: das alles vereint bewirkt einen ungeheuern, die Ohren marternden, die eigne Stimme verschlingenden Lärm. Tausend Ohren und Augen brauchte man, um alles zu beachten! – »Herbei, herbei! Gelobt sei Gott und sein Prophet! Der Tag sei gesegnet. Kommt herbei und trinkt von dem köstlichsten Wasser der Erde!« So ruft ein Wasserträger, dem ein Mildherziger seinen ganzen Vorrat abgekauft hat, um allen Durstigen unentgeltlich zu trinken zu geben. »Herbei! mein Schlauch ist gefüllt. Groß ist die Glut der Sonne, auf Erden größer aber die Barmherzigkeit des Erhabenen, der den

Strom fließen läßt ohne Ende, die durstige und verschmachtende Seele zu tränken. Aus seiner Hand strömt die Fülle, aus seiner Hand quillt der Segen. Euch, ihr Gläubigen, gibt er seine Gnade; euch öffnet er das Herz eines Barmherzigen. So kommt herbei und preist den Gebenden, der euch seine Gabe durch einen edlen Geber gibt. Der Spendende spendet durch mich euch köstliche Spende. Herbei, herbei, ihr Moslems, preist Allah und seinen Gesandten! Es ist nur ein Gott und Mohammed ist sein Prophet ...« – »Zu mir, zu mir!« so ruft ein andrer, »zu mir ihr Söhne der Maheruset, ihr Söhne der Begnadigten, zu mir und lauscht meinen Worten! Wisset, ihr Gläubigen, daß in den ältesten Zeiten, die da lange schon vergangen und verschwunden sind, wie wir alle verschwinden nach dem Ratschluß des Allweisen, wisset, daß da lebte im fernen Indien ein Mann unter den Gläubigen seines Volkes, der reich und glücklich war durch die Gnade Gottes ...« Ein Märchenerzähler ist es, der so spricht. Eben beginnt er eines seiner farbenprächtigen, herrlichen Bilder aufzurollen, und der schlichte Mann webt da hinein köstliche Blüten mit der Rede seines Mundes; die grau bebarteten Lippen gewinnen anmutige Schönheit, so groß ist die Zaubermacht seiner Rede. Verstummt ist der Lärm um ihn her. Eine ruhige Stille ist entstanden. Die Dichtung hat sich einen ihrer Tempel aufgebaut inmitten des Lärmens und Treibens. Namentlich Kaffeehäuser versammeln regelmäßig die lauschende Menge um den märchenkundigen Mann. Und wahrlich, aufmerksamere, begeistertere und andächtigere Zuhörer kann man in der Welt nirgends wieder finden. Dazwischen kreist dann der duftende Kaffee, und der würzige Geruch des köstlichsten Tabaks der

Erde kräuselt in blauen Wolken zum reinen Himmel empor.

Doch weiter! In das Gewühl der Basare und Kaufhallen muß man sich wagen, um einen ganz eignen Abschnitt des Straßenlebens von Kairo kennenzulernen. Der Basar Kairos ist nach dem in Konstantinopel der größte und ausgedehnteste im ganzen türkischen Reiche. Er nimmt die Mitte der Stadt ein. Alle besonderen Handelsstoffe haben auch hier besondere Straßen. Der Reiz des Fremdartigen trägt wesentlich dazu bei, Geist und Sinn hier anzuziehen und zu fesseln; aber auch wirklich wird das Auge hier befriedigt, wie kaum wo anders. In der einen Straße verkauft man nur Waffen, in der andern bloß Kleidungsstücke; die Schuhmacher, die Seidenweber, die Pfeifenmacher und Tabaksverkäufer: sie alle legen ihre Erzeugnisse in besonderen Straßen aus. Hier findet man bloß wohlriechende Öle, Arzneimittel, Kräuter, dort hört man das Geräusch der verschiedenen Werkzeuge. In jener Straße hausen die Drechsler und drehen und arbeiten mit Hand und Fuß, fertigen gleich auf der Stelle das Verlangte, und der Kaufgast sitzt ruhig daneben, raucht seine Pfeife und trinkt das ihm von dem Handwerker gebotene Täßchen Kaffee. In jenem Gäßchen haben sich die Kupferschmiede angesiedelt; hier erschallt das Geräusch des Mörsers, in dem irgendein Kraut oder Mineral zu Pulver zerstoßen wird; dort klappern die Webstühle der Seidenhändler. Die ehrsame Zunft der Schneider, die auch hier etwas Absonderliches hat, arbeitet in jener Straße; die Schuhmacher, aus denen auch hierzulande die besten Volksdichter hervorgehen, in einer anderen Abteilung des Marktes.

Ohne Ende eilt die Menge der Käufer durch das Straßen-
netz der Basare, je nach der Breite derselben zu Esel und zu
Pferde, vom höchsten Pascha bis zum niedrigsten Fellah.
Frauen mit ihrem sarazenischen Gefolge, vollkommen ein-
gehüllt in dunkle Seide, drängen sich fast unbescheiden
durch die Menge. Dazu kommen die Trödler und Wasser-
verkäufer, die spitzbübischen Pfaffen, die mit heuchlerischer
Miene umherbetteln und dabei die Tücke im Auge nicht
verbergen können, die wirklich Bedürftigen, die Greise, die
Krüppel, jung und alt, vornehm und gering, reich und arm,
hoch und niedrig, Mann und Weib: sie alle bilden einen
dem Auge nicht entwirrbaren Knäuel, der sich fortwährend
um die Schätze drängt, die aus allen Erdteilen hier zur Schau
ausgelegt sind: Kleider, Schuhe, Teppiche, rote Filzmützen
mit Quasten, Kaffeegeschirr, Uhren, Ringe, feine Leinwand,
Weihrauch und Myrrhen, Rosenöl und andere wohlriechende Produkte des Pflanzenreichs, alle nur denkbaren einheimischen Gerätschaften und Erzeugnisse der Gewerbe,
Sklaven und kostbare Pferde, Kamele, Maultiere und Esel,
Gemüse und Tabak, Gefäße und Mattengeflechte aus Pal-
menblättern und hundert und tausend andere Dinge, mit
oder ohne Namen – in unsrer Sprache wenigstens. [...]

Kairo ist immer märchenhaft und wunderbar, am aller-
wunderbarsten aber doch zur Nachtzeit im Fastenmonat
Ramadan, dem neunten des islamischen Mondjahres. Dann
zieht die ganze Stadt ein Festkleid der eigentümlichsten Art
an; der Gläubige macht die Nacht zum Tage und den Tag
zur Nacht. Die Stille und Ruhe, die sonst während der Dun-
kelheit herrscht in den Straßen, die Stille, die bloß unterbro-
chen wird durch den gegenseitigen Zuruf der Wächter und

das Geheul und Gebell der Gassenhunde, ist gänzlich geflohen, denn in der Nacht erst beginnt das Leben.

Mohammed selbst, der Prophet und Gesandte Gottes, – Heil über ihn! – ordnete den Monat der Fasten an, und noch heutigestags wird dieser Monat ebenso streng gefeiert als vor Jahrhunderten. Wenn sich des Neumondes Sichel zeigt, donnern die Kanonen der Zitadelle ihren hallenden Gruß, und in allen Gassen und Straßen knattern Gewehre wider. Feuersprühende Raketen entsteigen den öffentlichen Plätzen, um die Türme legen sich Kränze von blendendem Licht. Auf seines Propheten Befehl enthält sich der Gläubige des Essens, Trinkens, Rauchens; der Fromme tut noch mehr, er übt ein Werk der »Sunna«, d. h. er kasteit seinen Leib, ohne daß es ihm geboten wird. Man muß bedenken, daß der Monat Ramadan ebensogut in die heißesten Monate des Jahres fallen kann wie in die kältesten, da das mohammedanische Jahr ein Mondjahr ist, kein Sonnenjahr. Im Sommer aber ist es eine wahre Marter, den ganzen langen Tag zu fasten und keinen Tropfen Wasser über die Lippen zu bringen. Es ist deshalb kein Wunder, daß bei Tag sich jeder, der es vermag, still in seinem Hause aufhält und dasselbe erst verläßt, wenn sich der Abend naht. Wer an einem Nachmittage des Ramadan durch die Straßen Kairos reitet, findet sie tot und menschenleer. Nur hier und da zeigen sich Vorbereitungen zum Leben: ein Wasserträger schleppt seine Schläuche herbei, Zuckerbäcker und Kaffeesieder ordnen ihre Geräte.

Ehe noch der Muezzin oder Gebetsausrufer der im Westen sinkenden Sonne seinen Scheidegruß zusingt, ehe er noch mit volltöniger Stimme die Gläubigen zum Gebet des

Mohreb auffordert, ermuntern und erheitern sich die dursti-
gen Gemüter. Die Kaffeehäuser werden geöffnet. Auf dem
Herde des Kaffeebereiters flammt ein helles Feuer und
bringt das in großen Kannen bereitgehaltene Wasser zum
Sieden. Mühsam schleppen sich einige Gestalten wankenden
Schritts zum Kaffeehause, ermattet sinken sie auf die Pal-
menholzsessel vor der Tür desselben. Sie haben Tabak und
Tschibuk mitgebracht. Einige bestellen sich beim Kahwedji
Nargilehs (Wasserpfeifen). Gefüllte Wasserkühlgefäße stehen neben ihren Stühlen: aller Augen richten sich nach dem
schlanken Minarett; einige sehen nach ihren Taschenuhren:
»Lissa?« (noch nicht?) fragen die übrigen. »Lissa!« Noch
nicht; es fehlen noch drei Minuten. Da plötzlich ertönt der
längst sehnsüchtig erwartete Ruf vom Turme: »La il laha il
Allah, Mohammed rassuhl Allah!« Ein Kanonenschuß don-
nert über die Stadt dahin; der Tag ist zu Ende.

Man hört nur: »Allah!« Das einzige Wort sagt alles. Es ist
der Preis des Höchsten, es ist der Dank, daß er seine Sonne
zur Ruhe gehen ließ: es ist die Freude, daß das schwere
Werk des Fastens für heute überstanden; es ist der erste Anfang alles zu hoffenden Genusses für die kommende Nacht.
Jetzt herrscht eine Totenstille vor dem Kaffeehause. Alle
sind beschäftigt, den Augenblick zu genießen. Einige dürs-
ten mehr nach den Pfeifen als nach dem Wasser, und blasen
dicke Wolken vom Rauche des gepriesenen Krautes von
sich: andre trinken gierig aus dem Wassergefäß. Alle erwarten mit Sehnsucht den Kaffee. Dieser ist unter der Leitung
des Wirtes bereits fertig geworden und wird in kleinen
Schalen umhergereicht. Dann geht alles nach Hause, um zu
essen und dann zu beten.

Mittlerweile ist die Nacht völlig hereingebrochen. Unzählige Lämpchen flammen an den Galerien der schlanken Minaretts. Der Basar und alle Kaffeehäuser werden erleuchtet; der Kaufmann setzt sich in seine Bude, der Handwerker fängt an zu arbeiten, der Regierungsbeamte öffnet den Diwan. Alle Schreiber der Regierung sind in voller Tätigkeit. Der Geschäftstag ist angebrochen, während der Kalendertag zu Ende ging.

Und nun beginnt das eigentümliche Leben der Nacht. Die Basare vereinen das verständige Alter und die tobende Jugend; in den Kaffeehäusern sitzen Märchenerzähler, tanzen Rhauasiaht, treiben Gaukler oder Marionettenspieler ihr Wesen. Zuckerbäcker drängen sich, laut ihre Ware preisend, mit ihren wandelbaren Verkaufstischen durch die Menge; Garköche rühmen die Erzeugnisse ihrer Kunst. [...]

Scherbettverkäufer [Sorbetverkäufer] klingeln mit metallenen Schalen. Keine Polizeiwache stört das fröhliche Treiben des Volks, bis tief in die Nacht hinein durchwogt ein nicht endender Menschenschwarm die Straßen. Gegen Morgen wird es stiller. Einer nach dem andern geht und sucht seine Wohnung auf. Zwei Stunden vor Sonnenaufgang hört man wieder einen Kanonenschuß. Er fordert die Gläubigen auf, sich noch vor anbrechendem Morgen mit Speise und Trank zu erquicken, damit sie das schwere Glaubenswerk ohne Murren zu beendigen imstande sind. Mit dem Grauen des Morgens ertönt vom Minarett die Mahnung zum Frühgebet. Der Gläubige spricht den »Fedjer«, dann geht er zur Ruhe und schläft bis tief in den Tag hinein.

Am letzten Tage des Ramadan sammeln sich die Gewerke um die Zeit des Nachmittaggebets zu einem Festzuge durch die Straßen. Mehrere Fahnen Soldaten ziehen ihm mit klingendem Spiele voran. Im Westen schimmert der blasse Neumond. Die Sonne neigt sich zum Untergange, es ertönt die Stimme des Muezzin. Eine rote Fahne steigt an dem Minarett empor, und donnerne Geschützsalven beschließen den Monat der Fasten: das schwere Glaubenswerk ist beendet.

Um das Leben in Kairo genügend kennenzulernen, ist es notwendig, inmitten eines der arabischen Viertel seine Wohnung zu nehmen. Die altarabischen Häuser in jenen Vierteln sind gar reizvoll für den, der die Schönheit nicht in dem glatten, neuzeitlichen Stile sucht. Von außen freilich verspricht ein altsarazenisches Haus nicht viel. Es steht in einer dunkeln, krummen und engen Straße der Stadt und nähert sich nach oben dem ihm gegenüberstehenden so sehr, daß die Sonnenstrahlen nicht den Weg nach unten finden können. Von der Straße aus tritt man durch die auf Anklopfen sich öffnende Tür ins Innere des Hauses, klatscht in die Hände und ruft laut: »Tastuhr!« (nehmet euch in acht!), um die etwa schleierlos umherschleichenden Frauen zu verscheuchen.

Die breiten, hohen Fenster sind durch enge Holzgitter verschlossen, hinter denen wohl die Augen der Schönen die Straße beobachten können, von außen aber nicht der Schatten einer Gestalt wahrzunehmen ist. Von der Hausflur aus führt eine Stiege nach oben, zunächst nach dem Diwan oder Empfangszimmer des Hausherrn, das ein geräumiges, halbdunkles, hohes Zimmer ist. Durch die vergitterten Fenster fällt ein gebrochenes, für jenen Himmelsstrich höchst angenehmes Licht. Im Gitterwerk entdeckt und liest man Schriftzüge, fromme Segenssprüche oder Bittwünsche an den Höchsten. Kleinere Fenster, aus buntfarbigem Glase zusammengesetzt, lassen die Beleuchtung noch eigentümlicher erscheinen, die auf den mit Gips bekleideten und mit Arabesken geschmückten Wänden zurückstrahlt. Der Fußboden ist mit poliertem Kalk oder mit Marmor gepflastert, Strohmatten und persische Teppiche decken ihn. Den der Tür gegenüberstehenden Raum nimmt der Diwan ein, der von einer Ecke des Zimmers zur andern läuft. Hier, auf den schwellenden Polstern, ruht der Hausherr während des größten Teils des Tages, hier ordnet er seine Geschäfte, hier empfängt er seinen Zuspruch. Die unzugänglicheren Teile des Hauses liegen verborgen: in ihnen walten und weben, herrschen und gebieten die Frauen.

In dem Harem, zu deutsch das Unantastbare, des Hauses dringen zu wollen, ist ein Sakrilegium, dessen kein Fremder ungestraft sich schuldig machen würde. Ich kann deshalb auch nur von seltenen, verstohlenen Blicken berichten, die man zuweilen von dem platten Dache aus auf die Dächer der Nachbarhäuser tun darf, und dann gar oft Gestalten wandeln sehen kann, die eher Mohammeds Paradies als der liebenden Muttererde anzugehören scheinen. Ich versichere, daß manche dieser Frauengestalten mir Gesichtszüge gezeigt haben, wie wir sie uns kaum träumen lassen. Und so hingerissen und übermannt war ich manchmal von dem morgenländischen Zauber solcher Frauenschönheit, daß ich im stillen mit Freiligrath ausgerufen habe:

»Liebt mich einmal ein Weib,
O Gott, so gleich' es diesem Bilde!«

Bei Allah und seinem Propheten! Kairo hat Frauenblumen, wie sie in wenig andern Städten blühen. In Kairo begreift man, warum der Märchenerzähler, wenn er Frauen schildert, dazu die glühendsten, farbenprächtigsten Bilder der Natur ablauscht; denn seine Herrin ist das Wunder ihrer Zeit, die Tochter der Schönheit, die Herrin der Milde, die Königin, die mit den Sonnen ihrer Augen herrscht und mit den Rosen ihres Mundes gebietet. [...]

Doch das Interesse am Gewühl der Straßen zieht uns herab von der kühlen, luftigen Terrasse nach einem der größeren Plätze, um dort so schnell als möglich ein Reittier zu erwerben, ohne dessen Hilfe es fast unmöglich ist, durch Kairo sich zu bewegen.

Da stehen sie, die vortrefflichen Tiere, die allen Spott zuschanden machen, den wir auf die Esel zu häufen gewohnt sind, ebenso reich an Vorzügen, als ihre nordischen Verwandten an Untugenden. Ausdauernd, fleißig, äußerst genügsam, brav, stark und rasch, ist der Esel unstreitig das brauchbarste Tier in ganz Ägypten. Ohne zu ermüden, läuft er stundenlang, auch bei der größten Hitze, mit einem Menschen auf dem Rücken, gegen den er fast zu verschwinden scheint, in einem kurzen, so angenehmen Galopp, daß man wohl schwerlich ein bequemeres Reittier finden kann.

Der Araber liebt sein Grauroß aber auch ungemein, er verschneidet sein Haar äußerst sorgsam und kurz am ganzen Körper, so daß das Tier durchaus nicht so struppig erscheint, wie wir es zu sehen gewohnt sind. Nur an den Schenkeln läßt man das Haar länger stehen, schneidet dort aber besondere Schnörkel und Figuren ein. Der Sattel dieser Mietesel ist von ganz eigentümlicher Gestalt, mit zwei Steigbügeln, an deren inneren Seiten sich zugleich die Sporen befinden, und einem einfachen Zaum, vom Treiber nach Kräften aufgeputzt. Diese Treiber selbst gehören unbedingt zu den anziehendsten Menschen der Hauptstadt. [...]

Hat man längere Zeit in Ägypten gelebt und ist der arabischen Sprache kundig, lernt man diese Buben erst recht kennen. Ihre Redensarten, ihre Ansichten, vor allem aber die den Tieren gespendeten Lobeserhebungen sind äußerst ergötzlich. »Siehe, Herr, diesen Dampfer von einem Esel, die andern dort werden unter dir zusammenbrechen, denn du bist ein starker Mann! dem meinigen aber ist es ein Spaß, mit dir dahinzujagen wie eine Gazelle, wie der Falke mit seiner Beute, wie der Löwe mit dem Ochsen im Maul. Das ist ein europäischer Esel, ich lasse nur Franken darauf reiten; Kocheriner, lauf und schimpfe mich nicht Lügner! Kannst du glauben, daß es ein vortrefflicheres Tier geben könnte, als Masaut (den Glücklichen), meinen Esel? Und ich bin Ali, der Sohn Ibrahims; was sind die andern gegen mich? Söhne von Narren, Enkel und Urenkel von Törichten. Allah hat das Herz meines Vaters groß gemacht und meiner Mutter Gnade gegeben, und ich bin der Sohn von beiden. Hier ist mein Esel, komm, besteige ihn!« Unter dem Zusammenausreiten versteht der Treiber, daß man reitet und er zu Fuß hinterdrein trabt. [...]

Einer dieser Burschen soll uns hierauf zur Zitadelle geleiten, die, auf einem Ausläufer des Gebirges thronend, die unbezwungene und siegreiche Hauptstadt bezwingt und beherrscht. Mitten durch das Strömen der Menge, durch das Geräusch, durch den Wohlduft, durch allen Zauber Kairos hindurch führt der Weg. Durch heimliche, kühle Straßen geht es und über sonnige, von altehrwürdigen Gebäuden umstandene Plätze hinweg, an Moscheen vorüber, welche die ganze Pracht des arabischen Künstlergedankens in tausendfacher Weise verkörpern, und dann endlich empor, aufwärts zu der Festung.

Innerhalb ihrer Mauern durchirrt der Fremdling mit beängstigtem Herzen und zögerndem Fuß Ruinen und Neubauten, Schutthaufen und Prachtpaläste; hier sieht er Felsenbrunnen, die bis zum Nilspiegel herabreichen, und Minaretts, die sich in den Wolken zu verlieren scheinen und wie ungeheure Leuchter um das Heiligtum der Kuppel gestellt sind; hier glaubt er den Klagelaut umgebrachter Frauen und das Wuttröcheln meuchlings gemordeter Memelucken-häuptlinge zu vernehmen; hier meint er selbst, in den Tönen des Sot geisterhafte Klänge zu hören.

Aber diese Mauern sollen nicht unsre Seele gefangen nehmen – in die Ferne soll sie schweifen. Treten wir auf einen der Strebepfeiler über die Festungsmauer hinaus und schauen wir auf das sich unten ausbreitende Gemälde, bis die Seele trunken geworden ist und Gedichte uns im Herzen keimen, zu denen wir leider nicht die Reime finden können.

Gerade unter uns, vor uns und neben uns breitet sich die Stadt aus mit ihren 400 Moscheen und wohl 600 schlanken, zwei- oder mehrfach gegürteten Türmen, eine wirre, gestaltenreiche Häusermasse, lebendig, tausendfarbig im Lichte der Nachmittagssonne schimmernd, von ihren Vorstädten umlagert wie eine gütige Mutter von lieblichen Kindern. Ein grüner Saum von Palmenkronen schließt sie ein, hier und da taucht auch ein frischer Palmenhain aus dem wirren Häusermeer selbst auf. Darauf folgt ein weites, in der Fülle des wasserreichen Südens schwelgendes Land, vom Grün aller nur denkbaren Schattierungen zu einem Wunderteppich zusammengewebt, von dem sich nur Häuser und Mauern, wüste Plätze und silberne Wasseradern wie eingestickte Bilder abtrennen.

»Vom Süden führt die Wasserleitung des Nils Fluten in das Land, und majestätisch treibt der geheimnisvolle, zur Gottheit erhobene Strom seine Wogen der Insel Roda entgegen, die wie ein grünes Bollwerk oder wie eine schimmernde Opfergabe von Blumen und Früchten der alten Khahira entgegenduftet. Dem paradiesischen Eilande schließen sich die Pflanzungen Ibrahim Paschas in Fostat an. Aber in dem ungeheuren Prachtbilde erscheinen diese grünen Massen nur wie ein Smaragd auf dem flüssigen Silber des segenspendenden Stromes, der, gleichsam einem unbekannten Nichts entquellend, wiederum in Nichts zurückzuwandeln scheint. Doch an seinen vorübereilenden, sich ewig bildenden und ewig verschwindenen Wogen stehen als Gegensatz im fortwährenden Strome der Zeiten, die ans Meer der Ewigkeit münden, die im vollen Sonnenlichte marmorweiß schimmernden Pyramidenmassen, fest wie die Felsen, auf denen sie fußen.« Und hinter ihnen dehnt sich nun wieder ohne Ende die Wüste, vor deren verderbendem Flugsande sie das in aller Farbenpracht glühende Mittelbild schützen sollen und schützen.

Da steht man fest im Anschauen und vergißt des Ortes und der Zeit. Stunde auf Stunde entrollt, die Sonne neigt sich zum Schlafengehen. Goldener werden ihre Strahlen, purpurner färbt sich ihr Duft. Neuer Glanz, neue Farben treten zu den alten, die Stadt kleidet sich in ein wunderbares

Festgewand, die Palmen trennen sich schärfer von dem goldenen Grunde. Wie Abendrot leuchtet der Strom, ein Abglanz des Paradieses legt sich auf Fruchtfeld und Wüste. Funkelnde Lichter werden wach, tiefdunkle Schatten treten um so schärfer hervor. Allgemach senkt sich der Abend auf die Tiefe. Häuser und Kuppeln und Türme verschleiern sich langsam und leise. Schon berührt der untere Rand der Sonnenscheibe den Wüstensand. Nur die Zinnen des Gebirges und die höchsten Spitzen der Minaretts funkeln und glänzen noch im vollen Sonnenlichte: die vergoldeten Halbmonde schimmern über den Türmen wie ihr Urbild am Himmel. Tiefer senkt sich die Sonne, mehr und mehr verschwimmt von der Ferne.

Jetzt ist sie versunken, und im selben Augenblick ertönt von oben herab der Gesang des Muezzins. Wie eine Stimme aus der Höhe erklingen die Worte, die zum Gebet mahnen – auch im Herzen des Hörers klingen sie wieder. Mag er beten in welcher Sprache und in welcher Weise er will, mögen ihm Worte zu Gebeten werden, oder mag ihm das Erschaute wie ein großes goldenes Buch erscheinen, in dem er Gebete liest, ohne es zu wissen: die Stimmung seiner Seele ist die, welche ein Gebet hervorruft. Und wenn dann der Gesang des Mahners schon lange verklungen, wenn das Licht der Dämmerung, der Glanz dem Nebel wich, wenn der Strom seine Dünste entsendet wie Rauch, wenn die Palmen mit dem Hauche der Nacht zu flüstern beginnen und die Menschenkinder da unten stiller werden und ihren Häusern zuwandeln: da klingt und wogt es noch immer im Herzen wie Musik, und Klang und Farbe verschmelzen ineinander, daß man sich nimmer zu trennen weiß. Aber wie in den bewahrenden Porphyr der ägyptischen Tempel der Meißel Bilder eingrub, unvergänglich für alle Zeiten, so hat sich die zaubervolle Wunderstadt fest eingeprägt in der Seele, und noch nach Jahren erklingt ihr der Name wie eine tonreiche Weise, erscheint ihr das wunderbare Bild klar und fest, wie die Pyramiden, die Sinnbilder des Gedankens: »Auch schon hiernieden kann und darf es Unwandelbares geben!«

[Vogelzug und Vogelleben in der Fremde] In weit entlegene, südliche Länder wandern die Vögel. Ich bin ihnen nachgezogen, ich habe manchen von ihnen wieder gefunden, aber doch nur manchen. Wir, die an die Scholle Gebannten, wir bedenken freilich nicht, daß die gefiederten Bewohner der Erde keine Entfernungen kennen; wir wollen es uns nicht eingestehen, daß der Wanderer der Lüfte Länder und Meere, die wir in Wochen nicht zu durchreisen vermögen, in Stunden und Tagen durcheilt. Was wir Reisen nennen, erscheint ihnen, den Behenden, Flüchtigen, vielleicht nur als lustige Wanderung. Aber doch will es uns dünken, als ob viele Zugvögel das, was sie in der weiten Ferne suchen, in größerer Nähe finden könnten. Der Zug der Vögel ist uns noch in mannigfacher Hinsicht dunkel und bleibt es, selbst nachdem uns das Land, das den einen oder andern während des Winters beherbergt, bekannt geworden ist. Ich habe viele Vögel in ihrem Winterquartier beobachtet, aber noch ist mir eins nicht klar geworden: jenes Etwas, das die Zugvögel dazu bewegt, so ungeheure Wegstrecken zu durchwandern, ehe sie Ruhe finden; jenes Etwas, das sie treibt, Orte zu verlassen, die ihnen jahraus, jahrein, nach

menschlichem Ermessen wenigstens, alles zu ihrem Wohlbefinden Erforderliche bieten.

»Die Vögel verlassen unsre Gegenden«, sagt der vogel-
kundige Altmeister Naumann in seinem ausgezeichneten
Werke, »um der eintretenden Kälte und dem Mangel an
Nahrung auszuweichen, sie fliegen gemächlich in wärmere
Länder, haben während ihres Zuges also immer dieselbe
Temperatur der Luft und dieselben Nahrungsmittel in
Überfluß bis zu dem Orte ihres Winteraufenthalts und
kommen, sowie jene Ursachen sich allmählich verlieren,
ebenso wieder von da zurück ... So wie sie von der ihnen folgenden Kälte nach und nach von uns fortgetrieben werden,
so muß sie im Gegenteil eine größere Wärme, als ihnen angenehm ist, zum Rückzuge bestimmen usw.«

Meine Beobachtungen haben in mir Zweifel an der
Wahrheit dieser Ansichten erregt. Der Mangel an hinrei-
chender Nahrung und Wärme kann es nicht allein sein, der
die Vögel zum Wandern treibt. Es muß noch andere Be-
weggründe dazu geben. Sagt doch Naumann, fast sich selbst
widersprechend:

»Der Trieb, in wärmere Länder zu ziehen, ist dem Vogel
angeboren, und die Eltern haben nicht nötig, ihren Kindern
erst den Weg zu zeigen. Jung aus dem Neste genommene
und aufgezogene, in einer geräumigen Kammer frei herum-
fliegend unterhaltene Vögel beweisen dies hinlänglich. Sie
schwärmen während ihrer Zugzeit des Nachts so gut in ihrem Gefängnisse umher, als wenn man alte ihrer Art darin-
nen unterhält.«

Ja, dieser ihnen angeborene Trieb zu wandern, diese
Sehnsucht, ferne Länder zu besuchen, dieses nur in seltenen

Fällen geschwächte Streben, ihre Heimat zu gewissen Zeiten zu verlassen und wieder dahin zurückzukehren, in einem wunderbaren Ahnungsvermögen der Vögel von dem, was kommen wird, begründet. Das ist die Hauptursache des Zuges der Vögel. Sonst würden wir nur in kalten Ländern, nicht aber auch in jenen, unter einem ewig heiteren Himmel sich sonnenden Landstrichen einen Vogelzug Vogelzug bemerken. Wie wollten wir es uns sonst erklären, wenn wir unter dem zwölften Grade der nördlichen Breite noch immer jene Reiselust, die wir Ziehen nennen, bemerken; wenn der Pirol, die Schwalbe, der Bienenfresser und andre auch dort nicht Ruhe finden, den Winter zu verbringen? [...]

Es ist für den Naturforscher, der im Süden weilt, ein erhebendes, beseligendes Gefühl, wenn er die nordischen Vögel auf ihrem Wanderzuge ankommen sieht. Es begrüßt sie wie traute Bekannte, denn

»die Vögel sie kennen sein heimatlich Haus«;

ihm ist, als müßten sie ihm Grüße von der entfernten teuren Heimat bringen. Und wie bekannt, wie vertraut tun sie in der Fremde! Der Adler, der bei uns zu Lande sich die höchsten Föhren und Eichen erkor, hat sich bald eine schlanke Palme oder eine hochgewipfelte Sykomore zur Nachtruhe ausersehen; die Saatkrähe scheint auf Ägyptens Feldern so heimisch wie auf denen des Vaterlandes zu sein; die Sänger schlüpfen so geschickt durch die dornigen Mimosen- und dickverästelten Darfasträuche wie daheim durch Weißdorn- und Wacholderbuschhecken. Was kümmern den Mauersegler die schwarzen Bewohner der Städte? Wie um die altersgrauen deutschen Dome und Kirchtürme segelt er um arabische Moscheen und Minaretts. Die Steinschmätzer tummeln sich in dem Reich der Steine, der unabsehbaren Wüste. Die Pieperarten schwärmen lustig in dem ägyptischen Sumpf; einige Lerchenarten treiben sich auf den nubischen Äckern herum; die Wasservögel plätschern und schnattern auf allen vom Vater Nil gespeisten Kanälen und Brüchen.

Aber doch ist es das rechte Leben nicht. Die Vögel wissen, daß sie in der Fremde sind. Sie halten sich die Zeit ihrer Wanderung über immer in zahlreichen Gesellschaften zusammen, viele Gattungen mausern, alle sind still, kein Sänger läßt seine Lieder erschallen. Nicht ein einziger Wandervogel gründet sich in der Fremde einen zweiten Herd, nicht einer baut ein Nest, nicht einer brütet. Mit Ungeduld scheinen sie die Zeit der Heimkehr zu erwarten. Munter, fröhlich werden sie, wenn sie herannaht. Ein neues Leben scheint sie zu beseelen. Ist es das Gefühl der Liebe, das sie so mächtig ergreift, ist es die Freude, bald heimkehren zu können, das sie durchwogt? Ich weiß es nicht. Aber Kunde muß ihnen geworden sein, daß der Frühling ihrer Heimat naht, daß die Zeit gekommen ist, in der sie zurückwandern, denn wie vermöchte man sonst ihre unverkennbare Lebensfreudigkeit zu erklären. Der fröhliche Star spiegelt sein Glanzgefieder in der Februarsonne Ägyptens, fliegt auf des Büffels Rücken und singt dort »sein heimatlich Lied«; die Lerche steigt trillernd in die Höhe; die Wachtel ruft im dichtbehalmten Weizenfelde wiederholt ihr schallendes »Pickperwick«.

Und wenn dann die Sonne noch höher gegen Norden hinaufsteigt, dann verstummen die lieblichen Gesänge; die Sänger sind fortgezogen und ihrem Vaterlande zugeeilt. Der Weizen Ägyptens neigt seine körnerschweren Ähren der Sichel entgegen, aber die Wachtel weilt nicht mehr in jenem Halmenwalde, sie flog schon längst der lieben Heimat zu. Einsamer und stiller wird es im Süden. Einer der Wanderer nach dem andern tritt seine Rückreise an; nur die in jenen Ländern heimischen Vögel bleiben zurück, bauen sich Nester und brüten. Wenn ihre Jungen groß geworden sind, haben sie alle ihre nordischen Gäste verlassen. Doch schon nach wenigen Monaten erscheint der Vortrab wieder, der Zug beginnt von neuem, schon langen die immer Flüchtigen wieder an, und unsre Blicke folgen ihnen sehnend nach.

»Durch des Äthers lichte Bläue
Eilen sie mit raschem Flug,
Nach des Südens sonn'gen Landen
Wendet sich der muntre Zug.
Vöglein mit dem Glanzgefieder
Wollt ihr wieder mir entfliehen?
Leiht mir eure leichten Schwingen,
Laßt, o laßt mich mit euch ziehn!«

Zum Blauen Nil

Oktober 1849 bis Ende April 1850 — Anfang Oktober 1849 sollten die neuen Expeditionsmitglieder in Ägypten eintreffen, der Zoologe Theodor Heuglin, ein Schulkamerad Müllers, und der Arzt Richard Vierthaler aus Köthen. Brehm fuhr nach Alexandria, um sie zu empfangen, doch sie kamen nicht. Er musste sich weiter gedulden. Endlich, am 24. November, trafen die ersehnten Reisegefährten ein. Heuglin war nicht

dabei, allerdings ein Studienfreund Vierthalers, Alfred
Brehms sechs Jahre älterer Stiefbruder Oskar. Der war für
die Unternehmung bestens qualifiziert: ein Pharmazeut mit
ausgezeichneten Kenntnissen über Pflanzen, Steine und
Insekten; Käfer waren seine Leidenschaft. Alfred hatte sich
bereits ein paar Tausend Nadeln schicken lassen, um
seine Sammlung zu bereichern.

Wieder war Vater Brehm nur schwer zu überreden gewesen,
einen Sohn nach Afrika reisen zu lassen. Überzeugt hatten
ihn schließlich eine persönliche Intervention Dr. Vierthalers,
die Nachricht, Heuglin könne erst später reisen und die Ein-
sicht, dass Alfred durchaus brüderliche Zuneigung benöti-
gen mochte. Baron Müller war zwar mit Vierthaler und Oskar Brehm über Venedig nach Triest gereist, hatte sich dort
allerdings nicht mit eingeschifft. Stattdessen hatte er im Hafen einige prächtige Vollblutpferde in Empfang genommen
und war mit ihnen dann wieder abgereist. Geld hatte er mit-
geschickt. Doch statt der kalkulierten 84 000 Piaster waren
es nur 30 000. Fast so viel hatte Alfred Brehm bereits für die
Vorbereitungen verauslagt. Zwar reiste Vierthaler auf eigene
Rechnung, aber das half wenig; eine verantwortlich ausge-
rüstete Expedition gen Zentralafrika war mit diesem Gelde
nicht zu machen. Baron von Wrede, ein erfahrener Reisender, sagte seine geplante Teilnahme gleich ab, Brehm setzte
sich hin und schrieb dem Baron einen geharnischten Brief.
Dann hieß es wieder warten. Man vertrieb sich die Zeit mit
einem Ausflug zur seit 6 000 Jahren besiedelten Oase Faijum südwestlich von Kairo.

Im Februar 1850 schickte Baron Müller weitere magere 500
Taler und einen merkwürdigen Brief: »Mögen die Gründe,
um die geforderte Summe zu erlangen, sein, wie sie wollen,
ich werde Ihnen vorerst kein weiteres Geld schicken, sondern es ist mein unumstößlicher, unabänderlicher Wille,

dass Sie augenblicklich mit dem, was Sie haben, nach dem Sudan abreisen. Wer Ihnen nicht folgen will, bleibe zurück!« Im Übrigen komme er selbst spätestens am 1. Juli des Jahres mit weiterem Geld nach Khartoum.

Nun gut, am 25. Februar brach man auf. Die Reisegesellschaft bestand im innersten Kreis aus Alfred und Oskar Brehm, Richard Vierthaler, Ali-Arha und August Tischendorf, einem deutschen Bediensteten. An Bord der Nilbarken wurden sie von der Mannschaft versorgt und bekocht, bei späteren Kamelreisen kamen jeweils noch ein Koch und andere Diener, Ortskundige und Kamelführer hinzu. Brehm war nicht recht wohl bei der Sache. Er war der einzige Europäer mit Afrikaerfahrung und übernahm als Expeditionsleiter für die Mitreisenden die ganze Last der Verantwortung. Zunächst aber ging es auf sicherer Route den Nil hinauf. Seit dem vorletzten Jahr hatte der Tourismus auf der klassischen Strecke bis zum 1. Katarakt erheblich zugenommen. Bei Luxor ankerten 15 Ausflugsschiffe. Jenseits von Assuan war von neuen Zeiten nichts zu spüren. Die Reise ins »Land der Schwarzen« hatte nichts von ihrer Mühsal eingebüßt. Bis Wadi Halfa reisten sie auf dem Nil, dann nahmen sie Kamele bis Dongola. Für die 300 Kilometer weite Strecke durch unwegsames Gelände brauchten sie eine volle Woche. Unterwegs kamen sie durch ein Dorf, das einen Toten beweinte, am 27. April erreichten sie Dongola. Die Reisegesellschaft verlebte glückliche Tage bei Gastmählern örtlicher Würdenträger und wissenschaftlichen Freuden bei subtiler und weniger subtiler Jagd: »Wir hatten schöne Käfer erbeutet und auf drei getötete Hunde achtundzwanzig Ohrengeier gelockt, von denen zwölf Stück erlegt wurden; kurz, wir verlebten sehr glückliche Tage unter Fest und Schmaus, Arbeit und Belustigung, Jagd und Beutegewinn. Mit dem Vergnügen, welches nur der Sammler kennt, sahen wir unsere naturhistorischen Schätze von Tag zu Tag anwachsen und waren glücklich, sehr glücklich darüber ...«

[Oskar Brehms Tod] Es war am 8. Mai 1850, Mittwochs vor dem Himmelfahrtsfeste, als wir Beiden, mein Bruder und ich, wie immer uns gegenseitig bei unseren jetzt sehr gehäuften Arbeit unterstützend, zuletzt so ermatteten, daß wir gegen Abend nach einem kühlenden Bade im Nile verlangten. Nahe bei der Stadt liegt eine stille Bucht im Strome, welche nur an ihrem unteren Ende mit demselben vereinigt, zum größten Theile von einer Sandinsel umgeben und vollkommen frei von Krokodilen ist. Zudem ist dort das Wasser auch so ruhig, daß sie einem See gleicht. Dort wollten wir baden. Es gibt wahrhaftig manchmal Augenblicke in Leben, in denen es uns fast scheint, als wolle eine warnende, prophetische Stimme in unserem Innern dem harten Spruche des Schicksals entgegenwirken, als spräche ein guter Genius, den der gütige Gott in unser Herz gelegt. So kam mir heute im Laufe des Nachmittags, ganz ohne Ursache, das Lied in den Sinn: »Morgenroth, Morgenroth, leuchtest mir zum frühen Tod« u.s.w. und die Weise vor mich hinsummend, sang ich dann laut, mich zu meinem Bruder wendend:

»Prahlst Du gleich mit Deinen Wangen,
Die wie Gold und Purpur prangen,
Ach, die Rosen welken all'!«

Doch wir gingen ohne Besorgniß zum Baden. Oskar hatte schon oft in dieser Bucht gebadet, nur war sie weiter oben so seicht, daß das Wasser dort unangenehm warm wurde. Wir suchten eine tiefere Stelle. Da wurde mein Bruder leichenblaß und sagte: »Ach Gott, ich werde doch nicht ertrinken! Mir ist es zu Muthe, als könnte ich eine innere Angst nicht bezwingen. Ich kann nicht schwimmen.«

Nun hätte ich freilich davon abstehen sollen, zu baden, ich hätte wenigstens meinem Bruder abrathen müssen; allein was hätte ich nicht Alles thun können oder was würde ich nicht Alles gethan haben, hätte ich den Verlauf von einer Viertelstunde voraussehen können! Ich ging in's Wasser und untersuchte die Tiefe genau. Dann meldete ich meinem Bruder, daß das Ufer keineswegs sehr abschüssig sei, zeigte ihm, wie weit er ohne Gefahr hineingehen könne und schwamm der Mitte der Bucht zu, wo ich mich in dem kühlen Wasser nach Herzenslust erquickte. Mehrere Male schaute ich mich nach meinem Bruder um und sah ihn immer in einer vollkommenen ungefährlichen Tiefe im Wasser stehen. Schon war ich auf dem Rückwege begriffen, als ich plötzlich einen taubstummen Knaben, welcher bei uns oft Almosen genossen hatte, einen fürchterlichen Schrei ausstoßen hörte und mit Geberden, welche mich das Aergste fürchten ließen, auf das Wasser deuten sah. Ich sah ein, daß ein Unglück geschehen war; die entsezliche, schaudervolle Wahrheit wollte und konnte mein Geist nicht fassen. Mit aller Anstrengung schwimmend, erreichte ich gar bald das Ufer; ich sah es leer. Bruder! Oskar! Oskar! – Keine Antwort! Doch wo sollte er denn hingekommen sein, da standen ja sogar seine Schuhe noch. Ich sah auf einmal das Gräßliche vor Augen. Schon hatte der Taubstumme Leute herbeigezogen; ich versuchte, in die Tiefe zu tauchen, meine

Glieder waren wie gelähmt, – ich konnte nicht! So oft ich in die Tiefe hinabzutauchen suchte, ebenso oft wurde ich wieder emporgeschleudert; ich mußte das Tauchen den bereits herbeigekommenen Nubiern überlassen.

Da saß ich denn am Strande, wie vernichtet an Seele und Leib, meine Glieder zitterten, vor den Augen schoß es wirr durch einander; ich war zu Allem unfähig. Ich machte mir die bittersten Vorwürfe, daß ich Den allein gelassen hatte, den ich jetzt nicht einmal retten konnte; sprechen konnte ich nicht.

Das ganze Ufer war mit Menschen angefüllt, funfzehn bis zwanzig Nubier tauchten unermüdlich im Wasser herum; der Doktor, Aali-Arha, mein deutscher Bedienter, unser Hausherr, Alle, Alle waren bemüht, die Leute aufzumuntern. Man hatte im Nu eine Barke herbeigeschafft und tauchte von dieser ab immer und immer von Neuem in's Wasser; endlich – jetzt hatte man den Körper gefunden, hob ihn auf die Barke und trug ihn nach unserem Zimmer. Auch mich trug man mehr dahin, als ich gehen konnte.

Wir legten den leblosen Körper auf ein Lager und fingen an, ihn mit wollenen Tüchern zu reiben. Der Doktor öffnete zuerst am rechten Arm eine Ader – kein Blut! Dann wiederholte er seine Operation am linken – es fielen nur wenige Tropfen. Er war unermüdet, ordnete an, half selbst mit, kurz, er hat gethan, was ein Mensch, was der geschickteste Arzt thun konnte; er öffnete zuletzt noch die Luftröhre, um Luft in die Lungen zu blasen – – zu spät! Wir beweinten einen Todten. Dr. Vierthaler glaubte, daß ihm ein Schlagfluß das Leben geendet habe.

Am 14. Mai segelten Brehm und
Vierthaler weiter, landeten neun Tage später in Ambukhol
und durchquerten dann die Wüste. Am 12. Juni sahen sie im
Sonnenuntergang das Minarett Khartoums; am nächsten
Tag setzen sie über und erreichten mittags die Stadt.

Seit dem letzten Aufenthalt hatten sich die Dinge in Khartoum geändert. Es gab einen neuen Generalgouverneur für
den Ostsudan, der mit eisernem Besen kehrte. Abd-al-Latief
Pascha (1805–1883) war ein in Griechenland gebürtiger
Türke, der in der Marine Muhammad Alis Karriere gemacht
hatte. Mit harten Maßnahmen bekämpfte er Verbrechen und
Korruption, verbot die Prostitution von Sklavinnen, die Be-
schneidung von Mädchen und das unmäßige Geheule bei
Beerdigungen. Vor allem versuchte er, das zügellose Treiben
der europäischen Händler unter Kontrolle zu bringen und
für Waren wie Gummiarabikum und Elfenbein ein Staats-
monopol einzurichten. Das war ganz im Sinne des ägyptischen Staates, der ja die Handelswege erschlossen hatte
und sicherte, doch die europäischen Konsulate intervenier-
ten massiv zugunsten der Händler. Zwei Jahre später wurde
Latief Pascha abberufen und alle konnten wieder unge-
bremst agieren. Bereits zwei Tage nach der Ankunft empfing
er Brehm, die beiden mochten sich.

Am 28. Juni kam ein Brief von Müller. Der enthielt »so
schwere Beleidigungen, dass ich unmöglich in irgendeinem
Verhältnisse mit diesem Mann bleiben konnte, zumal er
sich von uns losgesagt und uns angekündigt hatte, dass er
vorderhand kein Geld schicken werde. Ob wir dadurch in die
größte Not versetzt würden oder nicht, schien ihm gleichgültig zu sein. Ich schrieb ihm sogleich, dass ich mich von
heute an aller Verbindlichkeiten gegen ihn überhoben fühle,
bis zu seiner Ankunft aber, welche seinem mir schriftlich ge-
gebenen Versprechen gemäß Mitte Juli erfolgen sollte, noch

meine Funktionen versehen würde. Zugleich forderte ich ihn auf, mir die nötigen Gelder zur Heimreise – eine Reise von mehr als sechshundert deutschen Meilen! [4 500 Kilometer] – zu übersenden«.

Wieder heißt es warten. Khartoum zur Regenzeit. Kein Geld. Müller kommt nicht. Ein vornehmer Türke leiht Brehm wenigstens 2 000 Piaster, damit er eine kleine, sechswöchige Jagdreise auf dem Blauen Nil unternehmen kann. »Das klimatische Fieber stand uns in den Wäldern ganz sicher bevor, allein darnach darf der Naturforscher nicht fragen, wenn er etwas leisten will.« Brehm fährt mit Tischendorf, dem neuen nubischen Jäger Tomboldo, Ali-Arha, dem alten Diener Giterendo, der schon in Kordofan dabei war, einem Koch und zwei Abbälgern. Die Regenzeit dauert in jenem Jahr besonders lang. Auf dem Lande grassieren die Fieber, fast alle Reiseteilnehmer werden schwer krank, und an die zwei Wochen lang liegen sie in irgendeinem Dorf darnieder, ohne dass sie genesen. »Am 26. Oktober landeten wir in Khartoum. Ich war kaum imstande, unsere Wohnung zu erreichen, so hatte mich das Fieber geschwächt. Der Doktor [Penney] erschrak über mein Aussehen. Nachmittags bekam ich wieder Fieberanfälle.«

[Zwischenspiel in Khartoum] Unsere Verhältnisse gestalteten sich immer trüber. Von Europa fanden sich weder Briefe, noch Wechsel vor; alle meine Bemühungen, Geld in Charthum aufzunehmen, scheiterten. Zuletzt war ich gezwungen, mich an Nikola Ulivi, ehe dieser seine Reise auf dem weißen Flusse antrat, zu wenden. Ich schickte Contariny als Unterhändler zu ihm und war nicht wenig erstaunt, durch diesen zu erfahren, daß sich Nikola bereit erklärt habe, mir eine nicht unbedeutende Summe vorzustrecken.

Nun ging ich in Begleitung meines treuen Aali-Arha zu ihm in seinen Diwahn. Nikola empfing mich sehr freundlich.

»Sie wünschen von mir Geld zu haben, verehrtester Herr; ich bin gern erbötig, Ihren Wunsch zu erfüllen. Aber ich bin Kaufmann und Sie werden sich nicht wundern, wenn ich Ihnen sage, daß ich nur gegen Zinsen ein Darlehn gewähren kann. Auch glaube ich, daß es für Sie am Zweckmäßigsten wäre, wenn Sie zu Ihrer bevorstehenden Reise meine Barke benutzen wollten, welche ich Ihnen für die Miethsumme von monatlich siebenhundert Piastern überlassen will. Wie viel Piaster haben Sie nöthig?«

Ich nannte die Summe von dreitausend Piastern; Nikola forderte fünf Prozent monatliche Zinsen. Hierzu kann die freilich nur angedeutete, aber, wie ich wohl wußte, unumstößliche Verbindung, seine Barke zu miethen, obgleich diese um ungefähr sechzig Prozent zu theuer war. Ich kochte innerlich; doch schien mir, um Geld zu erhalten, kein anderes Mittel übrig zu bleiben, als mich bezüglich der Barke um zwölfhundert Piaster oder achtzig Thaler preußisch betrügen zu lassen und außerdem für die ganze Summe (also auch für die zweitausend Piaster Barkenmiethe) sechzig Prozent Zinsen zu versprechen. Nikola's Gewinn würde zweihundertachtzig Thaler betragen haben. Und ich ging diese Bedingungen ein – weil ich mußte! Wie der Sinkende nach einem Strohhalme greift, griff auch ich verzweifelnd nach diesem letzten Rettungsanker. Was in meinem Innern vorging, will ich Niemanden beschreiben. Ich sah meinen und unser Aller Untergang vor Augen und fühlte, wie ich durch eine ruchlose Hand tief in den Abgrund geschleudert wurde; aber ich mußte meine Gefühle vor meinem Peiniger verbergen. Wir berechneten die ganze Summe auf eine gewisse Geldsorte, auf die ich einen Wechsel auszustellen versprach. Bei dieser Berechnung versuchte es Nikola, mich abermals um zwanzig Prozent zu betrügen.

Jetzt war ich meiner Entrüstung nicht mehr Herr. Die furchtbare Wuth bemächtigte sich meiner; ich ergriff den Schurken mit starker Hand an seinem langen Barte und prügelte ihn mit meiner Nilpeitsche, so lange ich einen Arm rühren konnte und das dauerte lange Zeit. Aali-Arha hütete mit der gespannten Pistole in der Faust die Thüre des Diwahn, damit der nach Hülfe rufende Ulivi nicht den Beistand seiner Diener erhalten konnte. – Heilige Gerechtigkeit! Verzeihe es mir, wenn ich damals in Deine Rechte eingriff! – Ich danke es noch heute meinem Glücke, daß mein Arm kräftig und stark blieb!

Endlich entwand er sich meinen Händen, entfloh in seinen Harehm und rief mir noch zu: »Maladetto, jetzt sieh, wo Du Geld her bekommst.« Ohne ein Wort zu entgegnen, verließ ich den Diwahn des bestraften Wucherers. –

Nachdem sich mein Zorn gelegt hatte, fing ich an, über unsre Lage nachzudenken. Ich sah keinen Ausweg, unserer Geldnoth ein Ende zu machen. Da kam mir der Gedanke, den Pascha um Geld anzugehen. Ich entwarf eine Bittschrift, stellte ihm meine Verlegenheit vor, schilderte die Schlechtigkeit der Europäer und bat ihn schließlich, mir auf vier Monate fünftausend Piaster zu leihen. Bis dahin hoffte ich vom Hause Geld zu erhalten und meine Schuld tilgen zu können. Nachdem ich die Bittschrift in's Arabische übersetzt hatte, sandte ich sie durch Aali-Arha dem Pascha zu. Noch denselben Tag erhielt ich Antwort. Nach türkischem

Gebrauche hatte der Pascha sogleich auf der Rückseite desselben Papieres, welches ich ihm zugesandt hatte, eine Verordnung an den Schatzmeister der Mudirïe erlassen. Sie enthielt ungefähr folgende Worte:

»Wir haben das Gesuch des Deutschen, Chalihl-Effendi, zu genehmigen beschlossen und befehlen Euch, ihm fünftausend Piaster ohne Zinsen auf vier Monate vorzustrecken. Laßt Euch von ihm einen Empfangsschein geben. Sollte der Herr aber nach Verlauf der vier Monate noch nicht im Stande sein, das ihm geliehene Geld an die Kasse der Regierung zurückzuzahlen, so sendet uns seinen Empfangsschein zu und rechnet uns die Summe von fünftausend Piastern auf unsre Appanagen; wir werden das Weitere dann verordnen.«

Diese wahrhaft königliche Handlungsweise des Pascha bedarf weiter keines Commentars. Ich ging zu ihm, um ihm zu danken. Er empfing mich mit den wie ein Vorwurf klingenden Worten: »Es war Unrecht von Dir, Chalihl-Effendi, daß Du mir Deine Verlegenheit nicht schon früher angezeigt hast; ich würde sie längst beendet haben, denn auch ich bin ja in der Fremde.«

Mit wahrer Freude rüstete ich mich jetzt zur Reise nach dem oberen Laufe des blauen Flusses. Statt der siebenhundert Piaster, welche ich für Nikola Ulivi's Barke geben sollte, bezahlte ich jetzt dreihundert für eine andere, welche durch ein Zelt von Strohmatten für unsre Zwecke gut genug hergerichtet wurde. Unser jetziges Fahrzeug übertraf die Dahabïe Ulivi's an Größe. Schon nach wenigen Tagen waren wir reisefertig; unser Schiffsvolk war williger und dienstfertiger, als das im Solde jenes Gauners stehende.

Der Blaue Nil | Der Blaue Nil ist wesentlich kürzer als sein weißer Bruder, der bei Khartoum seit seinem Abfluss aus dem Viktoriasee bereits mehr als 2000 Kilometer zurückgelegt hat, und das bei einem Gefälle von kaum 600 Meter über die riesige Distanz. Ganz anders der Blaue Nil. In 1800 Metern über dem Meeresspiegel entspringt er im nördlichen Hochland Äthiopiens, und nachdem er den Tanasee verlassen hat, ist sein Weg bis Khartoum »nur« 1300 Kilometer lang, das aber bei einem Gefälle von 1500 Metern.

Sechs Siebtel des gesamten Wasservolumens bringt der Blaue Nil in den vereinigten Fluss ein. Zur Regenzeit ab Juni/Juli bilden seine Wassermassen beim Zusammenfluss bei Khartoum eine regelrechte Wand für den Weißen Nil, bringen sein Fließen zum Stillstand und drängen seine Wasser zurück. An ihm vorbei drückt währenddessen der ungebärdige Blaue Nil Hunderttausende von Tonnen an Kies und fruchtbarem Schlamm gen Ägypten. Es dauert viele Monate, bis die gewaltige Flut nachlässt und der Weiße Nil sich schließlich wieder behaupten kann. Nun kann man bei Khartoum die beiden Flüsse für einige Kilometer ruhig Seite an Seite fließen sehen; der Weiße Nil natürlich nicht weiß, sondern eher von schmutzigem Grau, der Blaue Nil von braungrüner, sumpfiger Farbe, blau nur in seltenen Stunden der Dämmerung.

Nachdem der Blaue Nil das äthiopische Hochland verlassen hat, tritt er, nach einem letzten Katarakt, nördlich von Roseires in die weiten Ebenen des Sudan und durchläuft nun als Strom das alte Königreich von Sinnar, dessen Grenzen einst weit in den Westen reichten, über den Weißen Nil und Kordofan hinaus. Südlicher als Roseires konnte Brehm nicht gelangen, denn die Wasser waren inzwischen stark gefallen, der Fluss nicht mehr schiffbar. Das Anmieten von Lasttieren verbot die schmale Reisekasse. Trotzdem war es, nach eigenem Bekunden, für Brehm die schönste aller Reisen. Denn letztlich galten seine Wünsche und Träume weniger den Quellen des Nils oder der Durchquerung des Kontinents. Hier fand er sein Paradies, in den ausgedehnten Wälder an den Ufern des Blauen Nils, besonders den gewaltigen Urwäldern an der Mündung des Nebenflusses Dinder, auf dem Boot, im Lager und auf seinen Streifzügen. Die ungeheure Menge und Vielfalt der Tiere und Pflanzen. Die Geschichten der Einheimischen und seines alten Jägers Tomboldo. Der Reichtum der Erlebnisse, der Beobachtungen, der Jagdbeute, der Aufzeichnungen: Brehm füllte eine Schatzkiste, in die er später, beim Verfassen des »Tierlebens«, mit beiden Händen greifen konnte.

[Der Urwald Innerafrikas] Ein kleines, leichtes, erst zum Reiseboote umgewandeltes Fahrzeug, wie man es in Chartum, der am Zusammenflusse beider Nilquellenströme gelegenen Hauptstadt des Ost-Sudan, eben findet, trägt uns den Fluten des hochgeschwollenen Asrakh [Blauer Nil] entgegen. Die Gärten der letzten Häuser der Hauptstadt entschwinden, und die Steppe tritt bis an das Ufer des Stromes heran. Hie und da sieht man noch ein Dorf oder einzelne, meist recht freundlich unter Mimosen gelegene, manchmal auch wohl mit Schlingpflanzen, welche sich von gedachten Bäumen herabgesenkt haben, begrünte und umsponnene Hütten, sonst aber ringsum nichts anderes als den wogenden Graswald und die wenigen aus ihm sich erhebenden Bäume und Gesträuche der Steppe. Schon nach kurzer Fahrt aber bemächtigt sich der Wald des Ufers, streckt seine stachelbedeckten oder dornigen Aeste sogar noch über dasselbe hinaus. Fortan fördert die Reise wenig. Der entgegenströmende

Wind verwehrt zu segeln, der Wald zu treideln. Mit dem Bootshaken ziehen die Schiffsleute das Fahrzeug, Fuß um Fuß, Meter um Meter weiter stromaufwärts, und nur, wenn einer von ihnen in der dichten Heckenmauer des Ufersaumes eine Lücke erspäht, auf welcher er fußen kann, stürzt er sich, das Zugseil zwischen den Zähnen, seinen sterblichen Leib Muhsa, dem Schutzheiligen aller Schiffer, empfehlend und um Abwehr der hier häufigen Krokodile flehend, hinab in den Strom, schwimmt stromaufwärts bis zu der ins Auge gefaßten Stelle, schlingt das Seil um einen Baumstamm und läßt seine Genossen das Fahrzeug bis dahin ziehen. So arbeiten die Leute vom frühen Morgen bis zum späten Abende, und wenn der Tag endlich vorüber ist, haben sie den Reisenden vielleicht um eine, höchstens um [...] zwei geographische Meilen [15 km] gefördert. Gleichwohl fliehen die Tage dahin, ohne daß derjenige, welcher zu sehen und zu hören gelernt hat, von Langweile geplagt wird. Dem Naturforscher, wie jedem sinnigen Beobachter überhaupt, bietet jeglicher Tag etwas Neues, dem Sammler reichen Stoff in jeder Beziehung.

Noch ein und das andere Mal stößt man auf Spuren des Menschen. Wer ihnen vom Ufer aus folgt, gelangt auf schmalem, durch dichtes Gebüsch beiderseitig eng begrenztem Wege zu den Wohnstätten eines merkwürdigen Völkchens. Es sind Hassanie, welche hier hausen. Da, wo die Bäume des Waldes weniger dicht stehen, und dieser nicht drei- bis vierfaches Kronendach übereinander aufbaut, sondern aus hochgewipfelten, schattigen Mimosen, Kigelien, Tamarinden- und Affenbrotbäumen zusammengesetzt ist, wurden die allerliebsten zelt- oder budenartigen, von allen übrigen im Sudan üblichen Wohnungen abweichenden Hütten unserer Leute errichtet. »Hassanie« bedeutet: die Nachkommen Hassans, und Hassan: der Schöne; und in der That, nicht umsonst führt der Stamm diesen Namen. Denn die Hassanie sind unbestritten die schönsten Menschen, welche im unteren und mittleren Stromgebiete wohnen, und namentlich die Frauen übertreffen fast alle übrigen Sudaner an Wohlgestalt des Leibes, Regelmäßigkeit der Gesichtsbildung und Helligkeit der Hautfarbe; Männer und Frauen bewahren auch treu überaus seltsame Sitten, welche andere Menschen freilich richtiger Unsitten nennen. Die Hassanie sind daher ebenso berühmt als berüchtigt, werden ebenso gesucht als gemieden, ebenso gepriesen als bespöttelt, ebenso verherrlicht als geschmäht. Den unbefangenen, nach Kenntnis und Kunde der Sitten und Gebräuche strebenden Fremden ergötzen sie aufs höchste, wenn nicht ihrer Schönheit, so doch ihrer jeden schwer bestechlichen Mann erheiternden Gefallsucht halber. Letztere tritt noch bei weitem weniger verhüllt entgegen als das Selbstbewußtsein, welches Schönheit verleiht: sie wollen und müssen gefallen. Erhaltung ihrer Schönheit ist ihr höchstes Streben und gilt ihnen mehr als jeglicher sonstige Gewinn. Um dem Sonnenbrande, welcher ihre hellbraune Haut dunkeln könnte, zu entgehen, hausen sie im Schatten des Waldes, begnügen sich mit wenigen Ziegen, den einzigen Haustieren außer den Hunden, welche jener zu halten gestattet, und verzichten auf den Reichtum, welchen zahlreiche Rinder- und Kamelherden ihren die Steppe durchwandernden Stammesverwandten gewähren; um ihre Reize nicht zu schädigen, trachten sie vor allem anderen danach, Sklavinnen zu erwerben, welche ihnen jede beschwerliche Arbeit abnehmen müssen; um Gesicht und Wangen zu zieren, ertragen sie, schon als kleine Mädchen, heldenmütig die Schmerzen, welche die Mutter ihnen bereitet, indem sie mit dem Messer drei tiefe, gleichlaufende, senkrechte Wunden in die Wange schneidet, damit hier ebensoviele dickwulstige Narben entstehen, oder indem sie mit einer Nadel Stirn-, Schläfe- und Kinnhaut durchsticht, in die Wunden Indigopulver einreibt und so blaue Zierschnörkel hervorruft; um ihre blendendweißen, geradezu schimmernden Zähne nicht zu verderben, genießen sie nur lauwarme Speisen; um ihren äußerst künstlichen, aus Hunderten feiner Zöpfchen bestehenden, mit arabischem Gummi gesteiften und reich eingefetteten Haarputz möglichst lange zu erhalten, verschmähen sie jegliche andere Stütze des Kopfes als ein schmales, halbmondförmiges Holzgestell, auf welchem sie beim Schlafen ihr Haupt ruhen lassen; um ihrem Schönheitssin zu genügen, vielleicht auch, um von jedem Bewohner oder Besucher ihrer Niederlassung gesehen und bewundert werden zu können, ersannen sie die eigentümliche Bauart ihrer Hütten.

Letztere lassen sich vielleicht am besten mit unseren Marktbuden vergleichen. Ihr Boden, welcher aus dicht nebeneinander gelegten, untereinander verbundenen, daumenstarken Ruten besteht, liegt auf einem Pfahlgerüste, welches ungefähr einen Meter über dem Boden sich erhebt und allem kriechenden Ungeziefer den Zugang zum Wohnraum erschwert, auch gegen die Bodenfeuchtigkeit schützt; ihre Wände bestehen aus Matten, ihr auf der offenen Nordseite überhängendes Dach aus regendichtem Zeuge, welches aus Ziegenwolle gewebt wurde. Sauber geflochtene

Matten aus Palmenblattstreifen decken den beschriebenen Fußboden; zierlich gearbeitete Flechtereien, Muschelgehänge, wasserdicht geflochtene Körbchen, Thongeschirre und Trinkschalen, aus der einen Hälfte des Flaschenkürbis bestehend, bunte, ebenfalls geflochtene Speiseschalen nebst Deckeln und dergleichen Sachen schmücken die Wände. Jedes einzelne Gerät ist ebenso hübsch gearbeitet wie sauber gehalten; Ordnung und Reinlichkeit der ganzen Hütte besticht jedes Auge, um so mehr, als beides so selten gesehen wird.

In solcher Hütte verbringt und verträumt die Hassanie den Tag. Aufs beste geschmückt, Haar und Haut mit wohlriechender Salbe gefettet, den Oberleib in ein langes, leicht gewebtes und daher durchsichtiges Tuch, den unteren Teil des Körpers in ein rockartig umgeschlungenes Stück Zeug gehüllt, die Füße mit sorgfältig gearbeiteten Sandalen bekleidet, Hals und Busen mit Ketten und Amuletten, die Arme mit Spangen aus Bernsteinstücken, einen Nasenflügel womöglich mit einem silbernen, vielleicht sogar goldenen Ringe geziert, sitzt sie geborgen im Schatten und erfreut sich ihrer Schönheit. Ihre kleine Hand beschäftigt sich mit Anfertigung einer Flechterei, eines sonstigen Hausgerätes oder Kleidungsstückes, handhabt vielleicht auch nur die Zahnbürste, eine an beiden Enden zerfaserte, zum bestimmten Zwecke vortrefflich geeignete Wurzel. Alle Arbeit, welche der Haushalt erfordert, nimmt ihr die Sklavin, alle Mühewaltung, welche die Beaufsichtigung und Nutzung der kleinen Herde beansprucht, der dienstfertige, überaus gefällige Gatte ab. Wohldurchdachte, seltsame Eheverträge, wie sie unter ihrem Stamme üblich sind, und trotz aller Machtsprüche und Eingriffe der Beherrscher des Landes fort und fort aufrecht erhalten werden, gewährleisten ihr unerhörte Rechte. Sie ist Herrin im unbeschränktesten Sinne des Wortes, Herrin auch ihres Gatten, mindestens so lange, als ihre Reize blühen; erst wenn sie verwelkt und alt wird, lernt auch sie die Vergänglichkeit aller irdischen Herrlichkeit erkennen. Bis dahin thut sie, einzig und allein durch von ihr selbst zugestandene Grenzen ihrer Freiheit gehemmt, was zu thun sie für gut befindet. Solange die Baumkronen um ihre Hütte nicht tiefsten Schatten gewähren, verläßt sie ihre Behausung nicht, heißt dafür aber jedermann, insbesondere jeden Fremden, welcher bei ihr einspricht, herzlich willkommen und wahrt, mit oder ohne Zuthun des Gatten, die Ehre des Stammes: beinahe schrankenlose Gastlichkeit. Und dennoch beginnt erst, wenn der Abend sich herniedersenkt, ihr eigentliches Leben. Noch bevor die Sonne zur Küste gegangen, regt und bewegt es sich in der Niederlassung. Eine Freundin besucht die andere; zu beiden gesellen sich andere Frauen; Trommel und Zither locken die übrigen hinzu; und schlanke, bewegliche, schmieg- und biegsame Gestalten ordnen sich zum erheiternden Tanze. Zarte Hände tauchen die Trinkschale in die bauchige, mit Merisa oder Durrabier gefüllte Urne, um auch Männerherzen zu beglücken. Alt und jung strömt zusammen und feiert um so freudiger das abendliche Fest, da die Gegenwart fremder Besucher es verherrlicht. Außerordentlich ist die Gastlichkeit aller Sudaner, so außerordentlich wie die der Hassanie aber die keines anderen Stammes.

Im Verlaufe der Reise trifft man noch einige Male Ansiedelungen dieser Waldhirten, einige Male auch Dörfer anderer Sudaner; dann endlich, nach fast monatelanger Fahrt, gelangt man in das Gebiet, welches man erreichen wollte. Auf beiden Ufern des Stromes hindert ununterbrochener Wald das spähende Auge, tiefer in das Land zu schweifen. In dieser Gegend gibt es noch keine Siedelungen des Menschen, weder Felder noch Dörfer, noch zeitweilig bewohnte Lager; in diesen Waldungen hat das Echo den Schall der Art noch nicht weiter getragen, weil der Mensch sie noch nicht auszunutzen versuchte: in ihnen hausen, noch immer fast unbehelligt, einzig und allein die Tiere der Wildnis. Undurchdringliche Hecken schließen sie nach dem Strome zu ab und wehren jedem Versuche, von ihm aus ihr Inneres zu betreten. Alle Schattierungen des Grün malen das bezaubernde, bald anheimelnde, bald völlig fremd erscheinende Bild dieser Wälder: lichtgrüne Mimosen bilden den Grund, silbern glänzende Palmwedel, dunkelgrüne Tamarindenkronen, hellgrüne Christusdorngebüsche heben sich lebhaft von ihm ab; unendlich verschiedenartig gestaltete Blätter wogen und zittern, vom Windhauche bewegt, schimmern und flimmern, bald von der einen, bald von der anderen Seite sich zeigend, vor dem ebenso übersättigten wie geblendeten Auge, welches vergeblich sich müht, das Blättergewirr zu erschließen, diese Einzelheit des Ganzen von jener zu trennen. Meilenweit erscheinen beide Ufer in derselben Weise, gleich dicht bewaldet, gleich großartig besäumt, gleich lückenlos und gleich undurchdringlich.

Da bietet sich endlich ein Pfad, vielleicht sogar ein breiterer Weg, welcher in das Innere des Waldes zu führen scheint. Aber vergeblich späht man auf ihm nach einem Abdrucke der Sohle des Menschen. Er hat ihn nicht gebahnt:

die Tiere des Waldes waren es, welche ihn bildeten. Eine Elefantenherde schritt durch das verfilzte Dickicht, um von der wasserlosen Höhe des Ufers zum Strome zu gelangen. In langer Reihe einander folgend, durchbrachen die gewaltigen Tiere widerstandslos das tausendfach ineinander verschlungene Unterholz und ließen einzig und allein durch die stärksten Hochbäume von ihrem Wege sich ablenken. Hinderliche Aeste und Stämme von der Stärke eines Mannesschenkels wurden von ihnen abgebrochen, entzweigt, entlaubt, bis auf die ungenießbaren Teile verzehrt und dann zur Seite geworfen, den Boden wuchernd bedeckende Gebüsche mit den Wurzeln ausgerissen, in gleicher Weise ausgenutzt und entfernt, Gras und Kraut niedergetreten und zerstampft. Was die vordersten übrig ließen, fiel den hintersten zum Opfer, und so entstand eine begehbare, meist tief in das Innere des Waldes sich erstreckende Straße. Andere Tiere sorgten dafür, sie noch besser auszutreten und in gangbarem Zustande zu erhalten. Auf solchem Wege dringt das zur Nachtzeit den Fluten des Stromes entsteigende Nilpferd in den Wald ein, um in ihm zu weiden; seiner bedient sich das Nashorn, um vom Walde aus zur Tränke zu gehen; auf ihm zieht der blindwütende Wildbüffel zu Thale und nach der Höhe zurück; auf ihm schreitet der Löwe durch sein Gebiet; auf ihm kann man ihm oder dem Leoparden, der Hyäne und anderen Raubtieren des Waldes begegnen. Wir betreten ihn und dringen vor.

Nach wenigen Schritten umgibt uns allseitig der großartige Wald. Aber vergeblich erscheint es auch hier, die Stamm- und Ast-, Zweig- und Trieb-, Ranken- und Blättermassen entwirren zu wollen. Mauergleich schließt sich der

Wald auch zu beiden Seiten solches Weges ab. Ununterbrochen starren dicht ineinander verfilzte, selbst dem Blicke unzugängliche, den Boden allüberall bedeckende Gebüsche entgegen; nur durch sie verdrängt, sprossen zwischen ihnen allerlei Gräser auf und bilden einen zweiten Unterwald im Unterwalde; unmittelbar über jenen recken hochstämmigere Gebüsche und niedere Bäume die Zweige ihrer Kronen nach allen Seiten; über ihnen entfalten wiederum höhere Bäume ihre Wipfel; und über sie endlich erheben sich die Baumriesen des Waldes. Weitaus die meisten Buscharten des Unterholzes sind dicht mit Dornen, die über sie emporragenden Mimosen mit langen, harten und spitzigen Stacheln bewehrt, selbst die Gräser mit klettenartigen, ringsum fein bestachelten Samenkapseln oder häkchenbesetzten Aehren ausgerüstet, so daß jeder Versuch, vom Wege ab einzudringen, tausend Hindernissen begegnet. [...]

Endlich aber bietet sich bei weiterem Vordringen ein einzelnes, bestimmtes Bild. Gewaltig in seinem ganzen Baue, riesenhaft selbst in den feineren Aesten noch, erhebt sich ein Baum über die zahllosen Pflanzen, welche seinen mächtigen Fuß umgrünen; wie ein Riese drängt er sich hervor, schafft er sich Raum für Stamm und Wipfel. Es ist der Elefant, der Dickhäuter unter den Bäumen, die Adansonie oder Tabaldie der Eingeborenen, der Baobab oder Affenbrotbaum. Staunend bleibt man stehen, um ihn zu betrachten; denn an solchen Anblick, wie er ihn bietet, muß sich das Auge erst gewöhnen, bevor es alle Einzelheiten des Ganzen zu erfassen vermag. Man denke sich einen Baum, dessen Stammumfang, in Mannshöhe gemessen, bis zwanzig Klafter [etwa 37,6 m] erreichen kann, dessen untere Aeste immer noch unsere stärksten Baumstämme an Dicke überbieten, dessen Zweige starken Aesten gleichen und dessen jüngste Schößlinge in mehr als Daumendicke hervorsprossen; man denke sich, daß dieser mächtige Pflanzenriese bis zu ungefähr vierzig Meter Höhe sich aufbaut und seine unteren Aeste fast bis zu Hälfte dieses Maßes ausreckt, und man wird sich den Eindruck vorstellen können, welchen er auf den Beschauer ausübt. Unter allen Bäumen der Urwälder dieser Gegend verliert der Affenbrotbaum am frühesten seine Blätter und verharrt am längsten in seiner Winterruhe; während dieser Zeit strecken sich alle Aeste und Zweige kahl in die Luft hinaus, und hängen seine an langen, biegsamen Stielen befestigten Früchte, welche Zuckermelonen an Größe gleichen und zwischen den Samen mehliges, säuerlich schmeckendes Mark enthalten, von den meisten Aesten hernieder: ein Anblick, welcher dem Gedächtnisse für alle Zeiten sich einprägt. Wenn aber nach den ersten Frühlingsregen große, fünfach gespaltene Blätter hervorbrechen, sich entwickeln und das Wunder dieser Baumkrone vollenden helfen; wenn zwischen den Blättern die langgestielten Knospen weißer Blüten von Rosengröße sich entfalten, wandelt sich der unvergleichliche Riesenbaum wie durch Zauberei zu einem ungeheuren Rosenstocke von unbeschreiblicher Pracht, und Bewunderung ergreift die Seele selbst des nüchternsten Menschen im Tiefinnersten.

Ein womöglich noch reicheres, jedenfalls mannigfaltigeres Tierleben als am Strome selbst herrscht um die angegebene Zeit am Ufer und auf dem Spiegel aller Seen und größeren Wasserlachen inmitten des Waldes, welche entweder von den zusammenströmenden Regengüssen des

Frühlings oder von den Hochfluten des Stromes gefüllt wurden. [...]

An solchem Regensee, für den sammelnden Forscher eine wahre Schatzkammer des Urwaldes, hatten wir mehrere Tage gejagt, beobachtet, gesammelt, in Bewunderung der großartigen Pflanzen- und einer ihr entsprechenden Tierwelt geschwelgt, mit Nilpferden uns geneckt, an Krokodilen unsere Feindschaft bethätigt, mit einem Worte Jagd- und Forschungsfreunden in reichstem Maße genossen und darüber alles andere, selbst die Zeit vergessen, in welcher wir lebten. Als aber die Sonne sich neigte und Gold unter das so vielfach verschiedene Blattgrün des Waldes wob; als das Kreischen der Papageien verhallt war und nur noch der träumerische Gesang einer Drossel zu uns herüberklang; als der Seeadler drüben am andern Ufer, welcher eben noch als wundervolle Blüte seines grünen Ruhesitzes erschienen war, schlummermüde seinen weißen Kopf zwischen die Schultern zog; als selbst das Gegurgel einer im nächsten hohen Mimosenwipfel Schlafstätten suchenden Meerkatzenbande verstummt war; als die Nacht hereinbrach dämmerungshell und freundlich, kühl und milde, klangreich und duftig wie immer in jetziger Zeit: da wollte aller Farbenreichtum, Glanz und Schimmer der heute und gestern in unsere Seelen aufgenommenen Bilder erbleichen. Unaufhaltsam flogen unsere Gedanken der teuren Heimat zu, und Heimweh ergriff unsere Herzen im Tiefinnersten; denn in der Heimat feierte man heute die Christnacht. Wir hatten uns Punsch bereitet und unsere Pfeifen mit dem köstlichsten Tabak der Erde gefüllt; unser albanesischer Begleiter sang seine weichen, klangvollen Lieder; die Nacht umschmeichelte Herz und Sinnen; aber die Gläser blieben ungeleert; »die Wolken des Rauches nahmen die Wolken der Schwermut nicht mit sich hinweg«; die Lieder weckten keinen Widerhall in uns, und die Nacht schmeichelte vergebens. Sie mußte uns unser Christgeschenk bringen, und sie brachte es!

Die Nacht im Urwalde ist immer erhaben, mag der Himmel über diesem in flammenden Blitzen aufleuchten, der Donner in ihm widerhallen und Sturm in ihm toben, oder mögen an dem auf weithin dunklen, sternlosen Gewölbe ferne Sonnen strahlen und weder Blatt noch Halm sich regen. Wenige Minuten nach Sonnenuntergang umhüllt sie den Wald. Was am Tage klar hervortrat, wird nunmehr vom Dunkel umschleiert; was im Sonnenlichte in erfaßlichen Maßen erschien, vergrößert sich zum Riesenhaften. Bekannte Bäume werden zu Trugbildern; die heckenartigen Gebüsche verdichten sich zu dunklen Mauern. Der tausendstimmige Lärm verstummt allmählich und für Minuten tritt tiefe Stille ein. Dann beginnt es wiederum sich zu regen, wird es lebendig auf dem Strome wie im Walde. Hunderte von Cikaden heben ein klingen an, vergleichbar dem Geläute kleiner unrein gestimmter Glöckchen, welches aus weiter Ferne vernommen wird; Tausende erwachter Käfer, unter ihnen solche von ungewöhnlicher Größe, umschwirren die blühenden Bäume und rufen ein tönendes Summen hervor: die rechte Begleitung zu jenem Geläute. Frösche, welche nur einen einzigen, für ihre geringe Größe überraschend lauten Ruf ausstoßen, mischen sich darein, und ihre den Klängen eines langsam geschlagenen chinesischen Gong vergleichbaren Stimmlaute hallen auf weithin durch den Wald. ein große Eule begrüßt die Nacht mit dumpf heulendem Geschrei; ein kleines Käuzchen antwortet mit gellendem Gelächter; ein Ziegenmelker spinnt ein und dieselbe Strophe seines schnurrend röchelnden Gesanges ab. [...]

Käfer und Cikaden, Eulen und Ziegenmelker hatten begonnen: da schmetterten grelle, kräftige, dröhnende Laute durch den Wald, als ob Trompeten von unkundigem Munde geblasen würden. Augenblicklich verstummten die Lieder unseres Albanesen, Geschwätz und Geplauder unserer Diener und Schiffer, und alle lauschten wie wir. Noch einmal schmetterte und dröhnte es vom anderen Ufer herüber. »El fiuhl, el fiuhl!« riefen die Eingeborenen; »Elefanten, Elefanten!« jubelten auch wir. Es war das erste Mal, daß wir die riesigen Dickhäuter, auf deren Pfaden wir bisher fast stets gewandelt, deren Spuren wir so oft verfolgt, vernahmen, belauschten. Vom jenseitigen Uferrande herab zum Wasser stiegen gemächlich und sicher riesige, im Dämmerlichte der Nacht mit genügender Deutlichkeit wahrnehmbare Gestalten, um im Strome zu trinken und zu baden. Einer nach dem andern tauchte seinen gelenkigen Rüssel in das Wasser, um ihn hier zu füllen und dann im weiten Maule oder über Schultern und Rücken zu entleeren, und einer nach dem andern stieg zuletzt in den Strom hinab, um in dessen Fluten sich zu erfrischen. Und als sei jenes schmetternde Getön nur ein Weckruf gewesen, so laut wurde es jetzt im Walde. Früher als je zuvor erhob der König der Wildnis seine Donnerstimme; ein zweiter und dritter Löwe erwiderten den Königsgruß. Entsetzt schrien die schlaftrunkenen Affen auf; angsterfüllt schreckten Antilopen. Dann reckte in unmittelbarer Nähe unseres Bootes ein Nilpferd sein ungeschlachtes Haupt über die Oberfläche des Stromes und brummte, als wolle es versuchen, mit dem Donnergebrüll des Löwen zu wetteifern; ein Leopard wagte ebenfalls, sich hören zu lassen; Schakale stimmten das wechselvollste Lied an, welches wir je von ihnen vernommen, die gestreiften Hyänen heulten, die gefleckten erhoben ihr höllisches, Mark und Bein erschütterndes Gelächter, und unbekümmert um allen Aufruhr, welchen die Herolde und der König des Waldes heraufbeschworen hatten, fuhren die Frösche fort, ihren eintönigen Ruf, die Cikaden ihr klingendes Geläute hören zu lassen.

Dies war das »Hosianna in der Höhe«, welches uns der Urwald sang.

Verlassen und verraten im Innern Afrikas

[**Finanzielle Nöte, Khartoum, 20. März 1851**] Nach den ersten herzlichen Begrüßungen fragte ich nach Baron Müller. Die Antwort des Konsuls lautete nicht befriedigend; sie bestätigte mir beinahe eine Nachricht, welche die fliegende Fama längst in Charthum verbreitet hatte, daß nämlich Baron Müller banquerott sei. Für uns hatte Dr. Reitz von ihm kein Geld, sondern nur einen nichtssagenden Brief voller Betheuerungen, Klagen und Beileidsbezeugungen erhalten. So war die letzte Hoffnung zerronnen. Ich wußte nicht, wie ich die Hunderte von Meilen, welche mich vom Vaterlande trennten, zurücklegen sollte. Selbst wenn ich Alles, was ich außer meinen schwer erworbenen Sammlungen besaß, hätte verkaufen können, würde der Erlös nicht hingereicht haben, die Reisekosten bis Kairo zu bestreiten. Verlassen und verrathen im Innern Afrika's – das war, mit wenig Worten sei es hingestellt, das Loos, welches uns Baron Müller bereitet hatte. Hätten wir nicht selbst in Charthum edle Menschen gefunden, wir wären verhungert oder wenigstens den Krankheiten Ost-Sudahns, welche den größten Theil meiner dortigen Bekannten in das Grab gebracht haben, zum Opfer gefallen: dem Fieber, welchem der freiwillig noch länger als ich im Sudahn zurückbleibende Dr. Vierthaler unterlag*), der Dissenterie, welche unsern braven Reitz in die heiße Erde des Steppendorfes Tohka in Ost-Sennahr gebettet hat. Ueber die Handlungsweise des Barons brauche ich Nichts weiter zu sagen, sie spricht eine Sprache, der ich keine Worte zu leihen nöthig habe.

Unsere Lage wurde durch die ewige Geldverlegenheit immer verwickelter und unangenehmer. Dr. Vierthaler trennte sich von mir, weil Jeder jetzt darauf denken mußte, sein eigenes Unterkommen zu finden. Er ging zu seinem Universitätsfreunde, dem Konsul, welcher das Haus des Kaufmanns Rollet gekauft, verbessert und zum Konsulatsgebäude eingerichtet hatte; ich blieb in unserer Wohnung zurück. Gern hätte ich meine Diener entlassen, aber ich war zu arm, um ihnen den schuldigen Lohn auszahlen zu können. Auch macht es in Charthum keinen großen Unterschied, ob man zwei oder sechs nubische Bedienten beköstigt. Außerdem hatte ich den Vorteil, durch ihre Hülfe meine Sammlungen mehr und mehr anwachsen zu sehen. Ich arbeitete daher fortwährend, um wenigstens die noch übrigen Antheile von den Behufs des Sammelns gekauften Provisionen zu verbrauchen, aber auch, weil ich fühlte, daß nur durch Arbeit meine Lage erträglicher wurde, weil mir

die Natur in reicher Fülle Genüsse bot, welche mich einigermaßen das Elend meiner häuslichen Umstände vergessen ließen. Die zu machenden Ausgaben für die Sammlungen gingen allen übrigen vor. Ich vertauschte eine silberne
Cylinderuhr gegen acht Pfund Schießpulver! Ich verkaufte
Kleider, Waffen, Bücher, Kisten, Wäsche, den wenigen
Schmuck, den ich besaß; ich verkaufte Alles, was ich verkaufen konnte. Und wurde mir das Herz einmal gar zu kum-
merschwer, und war der Dämon des Fiebers einmal auf
Stunden von mir gewichen, dann ging ich, mein Gewehr
über der Schulter, hinaus in die freie Natur, um mich wieder
zu kräftigen und zu stärken.

| März 1851 bis Juli 1852 | Schlimm war die Lage Alfred Brehms
vor allem dadurch, dass er nicht wusste, wie er Khartoum
verlassen sollte. Er hatte Schulden bei Latief Pascha und bei
einem türkischen Obersten. Doch zeigten sich beide von
vollendeter Großzügigkeit. Der Oberst bot eine spätere
Rückzahlung per Kreditbrief aus Kairo oder gar aus der Heimat an. »Solltest du aber auch dort kein Geld haben, so tut
das nichts; ich bin ein reicher Mann, dem Höchsten sei
Dank.« Und als Brehm besorgt und kleinlaut bei Latief Pascha vorsprach, sagte der: »Zwischen dir und mir gibt es
keine beschwerlichen Dinge.« Er könne den Kredit auch in
Kairo bezahlen und die Schatzkammer sei angewiesen, weitere 5 000 Piaster auszuzahlen, damit er ohne Probleme
nach Kairo gelangen könne. »Die Christen in Ostsudan mit
Ausnahme der wenigen, welche wir als rechtlich und bieder
kennengelernt haben, hätten mich verhungern lassen, ja sie
hätten mich vergiftet und sich frohlockend meinen Nachlass
geteilt, wenn sie gekonnt hätten; sie haben mich tief ge-
kränkt, belogen, betrogen, bestohlen, verleumdet. Die Tür-

Tempel zu Philae

ken haben sich meiner angenommen, mich Bruder, Freund,
Sohn genannt und mich als Bruder, Freund und Sohn behandelt; sie achte und liebe ich. Die Liste meiner Freunde ist
jedoch noch nicht geschlossen. Ich nenne noch meinen ehrlichen Ali-Arha, ich nenne meine braunen Diener, welche
mir treu wie Gold geblieben sind und mit mir Freud und
Leid geteilt haben.«

Und Brehm hatte auch endlich einen wirklichen Herzens-
freund gefunden. Ernst Theodor Bauerhorst war ein deutscher Kaufmann aus St. Petersburg und mit dem österreichischen Konsul Reitz nach Khartoum gekommen. Er handelte dort mit Arbeitskleidung und Kurzwaren, wohnte mit
Brehm zusammen und bot ihm schließlich an, auf seinem
Schiff zurück nach Kairo zu fahren. Am 18. August 1851 ver-

ließen sie Khartoum mit allen Präparaten und dem kleinen Zoo. Unterwegs besuchte Alfred Brehm noch einmal das Grab seines Bruders Oskar in Dongola; und gleich zweimal einen seiner Lieblingsorte auf dem Nil, die »Perle des Nils«, die heute vom Nassersee überflutete »Feeninsel« Philae südlich von Assuan mit ihrem Isistempel.

Nach zweimonatiger Fahrt trafen sie Ende Oktober glücklich in Kairo ein. Dort machte Brehm gleich angenehme Bekanntschaften: den ursprünglich als Expeditionsteilnehmer vorgesehenen Naturforscher Theodor von Heuglin, später Nachfolger von Konsul Reitz in Khartoum, und den Arzt Theodor Bilharz, der später bei sudanesischen Soldaten in Kairo den Erreger der nach ihm benannten Wurmerkrankung Bilharziose entdeckte. An eine Rückkehr nach Europa war zunächst nicht zu denken. Der von Strapazen und Malaria geschwächte Körper Brehms hätte einen deutschen Winter schwerlich überstanden, Überwintern in Ägypten galt schon Griechen und Römern als erholsam.

Zunächst lud Heuglin Brehm zu einer kleinen Reise auf den Sinai ein, wo sie im Katharinenkloster logierten. Die geschäftstüchtigen Mönche hatten in der Umgebung des Klosters »biblische Stellen« mit Kreuzen markiert und reagierten pikiert, als die Reisenden keine Neigung zeigten, sich für Bares heilige Knochen zeigen zu lassen. Das war alles wenig nach Brehms Geschmack. Zurück in Kairo, konnte er endlich wieder etwas verdienen und leitete über Weihnachten und Silvester einen mehrwöchigen, entspannten Jagdausflug durchs Nildelta und nach Oberägypten. Eine sehr lukrative Tätigkeit.

Inzwischen hatte sich herausgestellt, dass Baron Müller offenbar doch nicht so pleite war. Über den österreichischen Generalkonsul in Kairo teilte er Brehm ein Vergleichsangebot mit: Er würde Brehms Schulden begleichen, wenn er dafür die Sammlungen ausgehändigt bekäme. Inzwischen aber schätzte Brehm seine Position zu Recht als unanfechtbar ein. »Ich wies seine ›Friedensvorschläge‹ zurück. An mir und nicht an ihm war es, Bedingungen zu stellen.« Er stellte keine, sondern schloss die Reise zu seinen Bedingungen ab. Es ging nun endgültig ans Packen von schließlich 16 Riesenkisten. Viel Sorgfalt erforderte das Verstauen der Insekten und der Eier; hinzu kam die große Vogelsammlung – darunter Hunderte von Geiern, Störchen und viele andere Vogelarten in hohen Stückzahlen. Es fügte sich, dass der preußische Generalkonsul ihn bat, einen Tiertransport für den Zoologischen Garten Berlin zu begleiten. Natürlich gegen großzügige Bezahlung. Bei der Gelegenheit konnte er auch seinen eigenen kleinen Zoo verkaufen. Die Schulden schwanden. Am 22. Mai 1852 schiffte er sich von Alexandria nach Triest ein, reiste dann weiter nach Wien und verkaufte dort erfolgreich einen Teil der Sammlung. Mit immer noch reicher Ausbeute kam er Ende Juni nach fünf Jahren wieder nach Hause. Schon wenige Tage später hielt er eine Reihe von Vorträgen bei der vom Vater geleiteten 6. Versammlung der Deutschen Ornithologengesellschaft, die vom 6. bis 9. Juli 1852 in Altenburg stattfand. Vom Architekturstudium sollte keine Rede mehr sein, Alfred Brehm hatte seine Lebensaufgabe gefunden. Zunächst aber musste er wieder heimisch werden, denn während seiner Afrikareise hatten sich die Verhältnisse in Deutschland stark verändert.

[Meine Löwin Bachida] Als ich während meines Aufenthalts in Chartum einmal meinen Freund und Gönner Latief-Pascha besuchte, zeigte mir dieser eine junge, allerliebste Löwin von der Größe eines halberwachsenen Pudels, die er vor kurzem als Geschenk von einem der »Aschiach« oder

Befehlshaber der ihm untergebenen Araberstämme erhalten hatte. Das Tierchen war im höchsten Grade zahm, sehr liebenswürdig, possierlich und dabei vollkommen an den Menschen gewöhnt, hatte gelernt, diesen als seinen Herren, Gebieter, Ernährer und Beschützer anzusehen und ließ sich deshalb alle Unbilden, die der Mensch seinen ihm untergebenen Haustieren angedeihen zu lassen pflegt, ohne Murren gefallen. »Bachida«, zu deutsch die Glückliche, so hatte man die Löwin benannt, spielte nach Art junger Kätzchen dreist und furchtlos mit dem Beherrscher eines ganzen Landes, dessen Befehl Leben gewähren oder Tod bringen konnte, und sprang auf dem ernsten Manne tollkühn mit aller ihr angeborenen anmutigen Leichtfertigkeit und Dreistigkeit herum, als sei er eben auch nur ein gewöhnliches Menschenkind. Und Latief-Pascha hatte seine große Freude an dem zierlichen Geschöpf.

Ich will nicht leugnen, daß die Löwin augenblicklich auch mein Herz gewonnen hatte. Allein ich bedachte im stillen, wieviel mich ihre Unterhaltung und später ihre Fortschaffung kosten würde, und konnte bei meiner damaligen Armut den Gedanken nicht in mir aufkommen lassen, das liebenswürdige Wesen mir zur Gesellschafterin zu erwerben. Mein Freund Bauerhorst aber, der mich begleitete, kannte solche Bedenken nicht, und da ihn wie mich die Liebenswürdigkeit Bachidas bezaubert hatte, gab es bald für ihn nur den einen Wunsch: das Tier sein eigen nennen zu können. Er bestürmte mich fortwährend, meinen »Einfluß beim Pascha«, wie er es nannte, hier geltend zu machen und für ihn die Löwin mir zu erbitten. Ich aber, wohlbewußt dessen, was ich dem großartigen Manne, meinem väterlichen Freunde und

Gönner, alles verdanke, und schon damals ahnend, daß er allein es sein würde, durch dessen Hilfe es mir gelingen könnte, die heimatliche Erde jemals wiederzusehen, ich wollte anfangs nicht recht daran, meinem Beschützer das Gesuch meines Freundes zu unterbreiten, bis mich dieser endlich doch für sich gewann und ich dem eines Tages besonders gutgelaunten Pascha sagte, seine Löwin habe das Herz meines Freundes gewonnen und er sei förmlich verliebt in sie.

Für einen Türken ist eine solche Äußerung genug, um den betreffenden Gegenstand sofort als Geschenk anzubieten, und Latief-Pascha war viel zu sehr Türke, als daß er eine solche Artigkeit hätte unterlassen sollen. Kurz nach meiner Heimkehr erschien ein Arnaut mit der Löwin im Arme und der Botschaft im Munde, sein Herr mache sich ein großes Vergnügen daraus, dem Gaste in seinen Landen, seinem Freunde hiermit diese geringfügige Gabe als Zeichen seiner Achtung zu übersenden. So waren wir in den Besitz des allerliebsten Tieres gelangt, und ich meinerseits fühlte nun auf einmal Wünsche in mir rege werden, vornehmlich aber denjenigen, allein und ausschließlich der Erzieher und Beschützer des jugendlichen Tieres sein zu dürfen. Bauerhorst war damit natürlich vollständig einverstanden, und so erhielt ich die Löwin zu ganz besonderer Pflege und Wartung anvertraut. Und ich glaube, diesem Vertrauen keine Schande gemacht zu haben.

Es währte nicht lange, bis das Tier in unserem Gehöft vollkommen eingewohnt war, obwohl sie sich noch lange Zeit ihres früheren Herren erinnerte. Denn wenn dieser einmal bei unserem Hause vorüberritt und Bachida zufällig in der Tür stand, unterließ sie es nie, ihn bis zu seinem Palaste, der Hokomodaríe Chartums, zu begleiten, und mußte von dort aus regelmäßig zu uns zurückgebracht werden. Wir ließen die Löwin natürlich frei herumlaufen, wie dies bei allen meinen Tieren, die sich eines solchen Vorrechts würdig zeigten, zu geschehen pflegte. Sie durchstreifte nach Belieben Haus und Hof, Kammern und Speicher, Stallungen und Schuppen, wenn ich von den verschiedenen Höhlen unsres Hauses überhaupt derartige Unterscheidungen gebrauchen darf; sie ging in den Garten, bestieg zuweilen die niedrigen, platten Dächer der untergeordneten Räume unsres Hauswesens und benahm sich bald mit sehr großer Sicherheit und Zuversichtlichkeit.

Nach kurzer Zeit hatte ich ihre Freundschaft mir zu erwerben gewußt. Bachida liebte mich zärtlich, folgte mir wie ein Hund, liebkoste mich bei jeder Gelegenheit und wurde nur bisweilen lästig, nämlich wenn sie nachts auf den Einfall kam, mich auf meinem Lager zu besuchen und durch ihre Liebkosungen aufzuwecken. Dann war sie gewöhnlich so leicht nicht wieder wegzubringen und raubte mir in dieser Weise manche Stunde Schlafs.

Sehr bald hatte sie sich die Herrschaft über alles Lebende auf unserm Hofe zu erringen gewußt. Die Affen schnitten entsetzliche Gesichter, wenn sie sich zeigte, oder wurden gänzlich außer Fassung gebracht, wenn sie gar nach ihnen hinsprang, um mit ihnen zu spielen; die Kamele, die bei uns vorübergingen, machten verzweiflungsvolle Sätze, wenn sie das in ihren Augen furchtbare Wesen gewahrten; und oftmals kam es vor, daß die vorübergehenden Kamele eines Zuges sich plötzlich ihres Gepäcks entledigten, wenn Bachida in einer Mauerluke oder auf der Mauer erschien und mit einigen, nach unsern Begriffen gar nicht entsetzlichen Lauten die Kamele von der Anwesenheit eines so furchtbaren Raubtieres belehrte. Die gute Löwin erntete dann oft Fluchen und Schelten in reichem Maße seitens der Kameltreiber, obwohl selbstverständlich keiner der Sudanesen es wagte, sich ihr in böswilliger Absicht zu nähern. Es kam vielmehr bald dahin, daß jedermann in Chartum die Löwin als den Wächter unsres Hauses betrachtete und fürchtete oder wenigstens achtete. Und wir hatten so das Glück, von allem lästigen Gesindel für immer befreit zu sein. Ich muß dabei allerdings im voraus bemerken, daß die gutgesittete Bachida sich zuweilen Scherze erlaubte, die den Sudanesen über den Spaß gingen und sie vollkommen berechtigten, in ihr ein wahres Ungeheuer zu erblicken.

Da sich die Zahl meiner zahmen Tiere nach und nach vermehrte, bekam Bachida Gelegenheit, sich unter ihnen nach Herzenslust zu vergnügen. Sie brachte oft den ganzen Hof in Unordnung, weil sie keines der mir ihr dort lebenden Tiere in Ruhe ließ. Es war dies keineswegs Böswilligkeit von ihrer Seite, sondern bloß eine unbegrenzte Lust, die andern Geschöpfe zu necken und zu foppen. Zu den Antilopen, die wir hin und wieder bekamen, aber immer nur kurze Zeit am Leben erhielten, durfte sie allerdings nicht gelassen werden, weil diese Tiere bei ihrem Erscheinen verzweiflungsvoll gegen die Wände rannten und sich selbst so beschädigten, daß sie zugrunde gingen. Dagegen waren die Affen und unsre Raubvögel die beständige Zielscheibe ihres Übermuts. Solange sie klein war, ging die Sache; denn Bachida fand in einem alten Pavian einen würdigen Gegner, jedoch nur dann, wenn sie besonders zudringlich wurde. Auch er zitterte bei ihrem Erscheinen und verzog das Maul auf grauenvolle Weise, griff sie aber, wenn sie sich näherte, ohne weiteres mutvoll mit seinen Händen an und rieb ihr die Ohren dergestalt um den Kopf herum, daß ihr Hören und Sehen vergehen mochte und sie gewöhnlich eiligst das Weite suchen mußte. Mit der Zeit jedoch wurde die Löwin so stark, daß der Pavian ihrer nicht mehr Herr werden konnte und nunmehr, wie sämtliche Tiere, von ihrem Übermut zu leiden hatte.

Da erhielt ich neuen Zuwachs zu meiner Tiergesellschaft, und zwar einen Marabu. Dieser gewaltige Vogel wurde augenblicklich von der Löwin angegriffen, war sich jedoch des Gewichts seines furchtbaren Schnabels so bewußt, daß er den Angriff nicht nur ruhig abwartete, sondern auch siegreich zurückschlug. Bachida hatte lange Zeit lauernd und ganz nach Katzenart mit dem Schwanz wedelnd auf dem Boden gelegen und den neuen Ankömmling starr betrachtet, der sie seinerseits gar nicht zu beachten schien und ruhig auf und nieder stolzierte. Jetzt gedachte sie, ihn in ihrer gewöhnlichen Weise zu erschrecken, und machte, als er sich ihr hinreichend genähert hatte, einen gewaltigen Satz nach ihm. Der Vogel erschrak allerdings und sprang hoch in die Höhe, besann sich aber keinen Augenblick, sondern schritt mutig mit halbgebreiteten Schwingen auf die verwunderte Löwin zu und versetzte ihr rasch hintereinander mit seinem gewaltigen Keilschnabel mehrere Püffe in so nachdrücklicher Weise, daß er sie wenigstens gründlich überzeugte, hier sei ohne ernsten Kampf kein Sieg zu erringen. Zum erstenmal sahen wir jetzt das sonst so sanfte Tier in Wut geraten. Ergrimmt über die erlittene Schmach, stürzte sie sich brüllend auf den Vogel, der sich inzwischen schon zu einem neuen Angriffe vollkommen vorbereitet hatte. Bachida versuchte, ihn mit den Tatzen anzugreifen, allein der Marabu ließ sie dazu gar nicht kommen, sondern brachte ihr wiederum mit außerordentlicher Schnelligkeit und Sicherheit eine Anzahl von Schnabelhieben bei. Wutbrüllend antwortete die Löwin und stürzte sich nochmals auf den gefährlichen Gegner. Dieser aber, vielleicht ahnend, daß der jetzige Angriff ein entscheidender sein würde, nahm seine ganze Kraft zusammen und bediente den Vierfüßler nochmals so reichlich, daß dieser plötzlich umdrehte und die Flucht ergriff. Schnabelklappernd verfolgte sie der übermütige Sieger in alle Winkel und Ecken, durch alle Gebäude des Hofes. Bachida wußte schließlich keinen Ausweg mehr und kletterte endlich, bestürzt über dieses Ereignis, an der Wand eines niedrigen Gebäudes empor. Diese empfangene Lehre vergaß die Löwin allerdings nicht wieder und ließ fortan stets den Storchvogel achtungsvoll in Ruhe, trieb es jedoch mit den andern Tieren wie früher. [...]

Meine Armut zwang mich, zu meiner Rückreise die gefährlichste Straße zu wählen, d. h. ein gerade nach Ägypten abgehendes Schiff zu benutzen, auf dem ich über alle Stromschnellen des Nils hinwegtanzen sollte. Der Tiere wegen, die wir bei uns führten, war dieser Weg in gewisser Weise den anderen Straßen durch die Wüste vorzuziehen, da wir auf ihm niemals Mangel an Wasser verspürten. Auf unserm Boote lebten wir nun in sehr inniger Gemeinschaft mit unserm sämtlichen Vieh zusammen, und namentlich Bachida war der erklärte Liebling aller Bewohner des Schiffes. Ihre Reinlichkeitsliebe war merkwürdig. Niemals verunreinigte sie ihren Käfig während der Fahrt. Sie wartete vielmehr mit Schmerzen des Augenblicks, der das Schiff dem Ufer zuführen und ihr die gewohnte Freiheit gewähren sollte. Ihretwegen legten wir gewöhnlich ziemlich entfernt von den Dörfern an und ließen dann sofort nach der Landung das liebe Tier aus seinem Käfig. Sobald dies geschah, stürzte Bachida eiligst aufs Land, um sich zu entleeren, was stets an einer verborgenen Stelle und ganz nach Katzenart geschah, indem die Löwin für ihre Losung jedesmal eine Grube scharrte und dieselbe, nachdem sie ausgefüllt worden war, auch regelmäßig wieder mit Erde bedeckte. Nach Beendigung dieses wichtigen Geschäfts wurde sie lustig und übermütig. Wie ein junges Füllen sprang sie mit mächtigen Sätzen umher, kürzere oder längere Ausflüge machend, kehrte aber immer bald wieder zum Schiffe zurück. [...]

Während unseres Aufenthalts in Kairo gab Bachida den »Söhnen der Begnadigten« mehrere Male ein ganz außergewöhnliches Schauspiel. Um ihr zuweilen den Genuß von freier Luft zu verschaffen, führte ich sie nämlich an der Kette spazieren, und einige Male bin ich mit ihr über die stets von Spaziergängern erfüllte Esbekïe gegangen. Man kann sich denken, welche Menschenmenge augenblicklich sich versammelte, um solches nie Gesehene gehörig betrachten zu können. Unter den Ausrufen der vollsten Bewunderung folgte jeder, der uns sah, so daß unsre Schleppenträger bald zu Hunderten anwuchsen. Ihre Bewunderung schien jedoch vorzugsweise der Löwin, nicht aber meiner Wenigkeit zu gelten, da ich Ausrufe wie: »Bewahre uns der Allmächtige vor dem aus seinen Himmeln herabgestürzten Teufel!« »Behüte uns der Herr vor allem offenbaren Zauber!« »Gott verdamme diesen Christen!« und andre öfters zu hören bekam. Gewöhnlich wurde der Zulauf zuletzt so unerträglich, daß ich nach kurzem Spaziergang zurückkehren mußte. Dabei wurde ich aber keineswegs durch die Menge der Zuschauer gehindert; denn wie in Oberägypten machte auch hier jedermann eiligst Platz, wenn das bewundert Tier erschien, auf dessen Gutmütigkeit man sich dennoch nicht ganz verlassen zu können glaubte.

Bauerhorst schenkte die Löwin dem Tiergarten in Berlin, und ich übernahm gern die Begleitung von ihr und einer ganzen Menge andrer Tiere, die der preußische Generalkonsul Herr v. P. derselben Anstalt geschenkt hatte, obwohl sich unter den Tieren auch ein erwachsener männlicher Löwe befand, mit dem nicht gerade zu scherzen war. Unsre Überfahrt von Alexandrien war rasch und glücklich, wenn sich auch die Tiere mit dem finstern Schiffsraume nicht recht befreunden konnten. Selbst Bachida schien sehr mißmutig und ärgerlich darüber geworden zu sein, obschon ich sie tagtäglich zum großen Ergötzen und Erstaunen der Reisenden aufs Verdeck heraufholte. Sie mußte dabei eine leiterartige Treppe heraufsteigen, und dies schien ihr stets viel Beschwerde zu verursachen, wurde jedoch nach Katzenart mit vielem Geschick bewerkstelligt. Sooft sie auf Deck erschien, war sie artig und liebenswürdig wie immer; in den dunklen Schiffsraum kehrte sie aber stets mit großem Verdruß zurück.

Einmal verkannte sie mich gänzlich und ließ ihrem Groll freien Lauf, als ich an ihrem Käfig vorüberging. Ich wollte sie streicheln, wurde aber von ihr plötzlich so heftig am Arme gepackt, daß ich heute noch die Narben der dabei erlittenen Verletzungen an mir trage. Allerdings war sie außer sich, als ich sie anrief und sie ihr Unrecht erkannt hatte; ich aber merkte, daß in dieser Lage mit ihr nicht zu spaßen sei. Sogleich nach unsrer Ankunft in Triest war sie wieder das liebe gute Tier wie früher, und als ich sie nach viertägigem Getrenntsein wiedersah, kannte ihre Zärtlichkeit gar keine Grenzen. Es wurde für mich fast gefährlich, zu ihr in den Käfig zu gehen, da sie mich mit Gewalt dort festhalten wollte und ich jedesmal nur durch List von ihr loskommen konnte. Unser Abschied ging mir sehr nahe, und ich muß offen bekennen, daß ich von Hunderten von Menschen mich getrennt habe, ohne auch nur entfernt so ergriffen worden zu sein, als ich es in jenem Augenblick war, der mich für Jahre von meiner treuen Freundin scheiden sollte. Auch sie schien es zu ahnen, daß wir nun getrennt werden würden; denn sie jammerte fast kläglich, als ich zuletzt von ihr gehen wollte und doch immer noch einmal zu ihr zurückkehren mußte, um sie von neuem zu liebkosen.

Und in der Tat vergingen Jahre, ehe ich Bachida wiedersah. Erst zwei Jahre nach meiner Rückkehr aus Afrika kam ich nach Berlin, und meine erste Frage war natürlich nach Bachida. Ich erfuhr zu meiner Freude, daß sie sich wohl befinde, groß und schön geworden sei und ihre alte Liebenswürdigkeit sich noch bewahrt habe. Da trieb es mich denn fast mit Gewalt zu ihr. Ich bedurfte keiner neuen Vorstellung seitens eines Aufwärters, denn ich erkannte meine Löwin auf den ersten Blick wieder. Eine ziemlich zahlreiche Gruppe von Neugierigen stand vor ihrem Käfig, als ich mit einem Freunde mich näherte. Man warnte mich freundlich, nicht zu nahe zum Käfig zu gehen, allein ich glaubte diesmal dieser Warnung nicht zu bedürfen und beruhigte die Besorgten, indem ich sagte, daß ich die Gewalt habe, die Tiere durch den Blick meines Auges zu bändigen und ihnen gleich beweisen würde, daß es wahr sei. Und wirklich war das höhnische Gelächter einiger Anwesenden, welche die Entgegnung dieser Worte war, zu früh, denn der Erfolg bestätigte das, was ich erwartet hatte. In der völlig veränderten Kleidung, in der ich vor Bachida stand, erkannte sie mich augenblicklich zwar nicht, allein beim ersten Worte, das ich an sie richtete, lauschte sie hoch auf, ihre Augen funkelten, sie legte sich wie zum Sprunge zurecht und lauschte nochmals. Und als ich dann wie in alten Zeiten zu ihr sagte: »Bachída, ja Bachída, Habíbti, kef cahlak, kef salamtak?« das heißt, als ich sie begrüßt hatte, wie man eine teure Freundin begrüßt, in der Sprache, in der man zur Freundin redet, da war Bachida mit einem Satze an dem Gitter und reichte mir durch dasselbe beide Pranken. Ich gab ihr furchtlos meine Hand, sie zog sie an sich, legte sich nieder und auf den Rücken, wie sie es zu tun pflegte, wenn sie sich recht glücklich fühlte, und ließ sich nun mit der höchsten Befriedigung von meiner Seite streicheln und hätscheln wie in vergangenen Tagen. Es bedurfte einer großen Überwindung, um mich wieder von diesem Tiere trennen zu können; und noch einmal nahm ich ebenso traurig Abschied von ihm, wie ich ihn in Wien genommen hatte.

Es war der letzte; denn Bachida ist tot.

Spanisches Intermezzo

Mitten in der ornithologischen Tagung in Altenburg, zwischen seinen Vorträgen – einer über den Ibis, einer über den Marabu – musste Alfred Brehm am 8. Juli 1852 einen unbehaglichen Termin absolvieren. Denn seit 1849 hatte er bereits mehrfach die jährlichen Aufforderungen zum Wehrdienst missachtet. Eine nachträgliche Zurückstellung um zwei Jahre war ebenfalls bereits abgelaufen. Der Herzog hatte das Ausheben verschärft und es drohte Kerkerhaft, zumindest sofortiges Einrücken. Nachdem er im Amt die Sachlage vorgetragen hatte, wurde er zur Untersuchung an den Militärarzt verwiesen, der gleich die körperlichen Spuren der afrikanischen Zeit erkannte und ihn ausmusterte. Nun war der Weg frei, das naturwissenschaftliche Studium zu beginnen.

Seine beiden Affen aus Afrika, eine Meerkatze und ein Pavian, blieben in Renthendorf. Eine Sensation, wie sich denken lässt. Im »Tierleben« erzählt Brehm: »Niemand war so geschickt, ein Hühnerei zu finden, wie sie [die Meerkatze]: Die Hühner mochten es anfangen, wie sie wollten, Hassan, so hieß der Affe, kam gewiss hinter ihre Schliche, nahm die Eier weg und trank sie aus. Einige Male bewies er jedoch gerade bei dieser Räuberei wahren Menschenverstand. Meine Mutter schalt ihn aus und züchtigte ihn, als er wieder mit dottergelbem Maule erschien. Am anderen Tage brachte er

ihr ein ganzes Hühnerei, legte es vor sie hin, gurgelte beifäl-
lig und ging seiner Wege.«

Alfred Brehm ging an die Universität Jena, wo bereits die
Vorfahren studiert hatten. Dass sein knapp zwei Jahre jüngerer Bruder Reinhold dort bereits fürs Medizinstudium ein-
geschrieben war, beförderte den Entschluss; ebenso die
stets knappe Finanzlage des Renthendorfer Pfarrhauses.
Nur für Jena war auf ein herzogliches Stipendium aus Altenburg zu hoffen. In der Zoologie allerdings war Jena kein
Mekka. Der Lehrer dieses Fachs, Oskar Schmidt, hatte übli-
cherweise einen Studenten in der Veranstaltung. Jetzt waren
es zwei. Ein ganz normales, fröhliches Studentenleben
führte Brehm auch, er trat der ältesten Burschenschaft Jenas
bei, der Saxonia. Mit seinen 24 Jahren war er ein eher »älte-
res Semester« und hatte natürlich in Jena rasch einen gehörigen Nimbus. Der »Afrikaner« oder »Pharao«, wie er genannt wurde, war schließlich ausgewiesener Bezwinger
sämtlicher Nilkatarakte, Krokodiljäger und Löwenbändiger
und allzumal ein gewandter und fesselnder Erzähler. Durchaus kein Renommist. Wenn er später, als reifer Familien-
vater, Gästen eine seiner Reisegeschichten erzählen wollte,
so wurden die Kinder aus dem Zimmer geschickt.

Ein gewöhnlicher Student war er nicht. Während der vier Semester in Jena schrieb er, auf der Grundlage seiner Tagebücher, seine »Reiseskizzen aus Nordostafrika, oder den unter
ägyptischer Herrschaft stehenden Ländern Ägypten, Nubien,
Sennahr, Rosseeres und Kordofahn. Gesammelt auf seinen
in den Jahren 1847–1852 unternommenen Reisen«. Es wurden fast 1 000 Seiten, die, auf drei Bände verteilt, 1855 im Jenaer Verlag Friedrich Mauke erschienen. Im Frühjahr dieses
Jahres beendete er sein Studium, obwohl noch zwei Semester an der üblichen Studienzeit fehlten. Es war kein Geld
mehr da. Aber was daran fehlte, machte Ludwig Brehm mit

einem seiner gewitzten Einfälle wett. Er hatte schon anderen mit Empfehlungsschreiben zur Promotion verholfen, nun versuchte er Gleiches für seinen Sohn und schrieb am 11. April an den »Decane maxime Spectabilis« in Jena: »Nun hat er zwar nur zwei Jahre studiert, allein ich bin überzeugt, dass seine fünfjährige Reise wegen der auf ihr eingesammelten Kenntnisse weit mehr wert ist als ein Jahr Studien ... Ich frage nun bei Ihnen an, ob er eine besondere Dissertation schreiben oder ein paar Kapitel aus seinen Reiseskizzen einsenden soll. Das Letztere scheint mir aus dem Grunde zweckmäßiger zu sein, weil die Fakultät dann zugleich die Beschaffenheit seiner Arbeit beurteilen kann.« Das Verfahren wurde gebilligt. 14 Tage nach Vater Brehms Brief sandte Alfred Probekapitel aus den »Reiseskizzen« ein, denen der Vater noch ein Begleitbriefchen und vier Abhandlungen Alfreds beilegte, die im renommierten »Journal für Ornithologie« in Berlin erschienen waren. Die Angelegenheit wurde einstimmig durchgewunken: Sechs Tage später hielt Dr. Alfred Brehm seine Promotion in Händen.

Was machte eigentlich Baron Müller? Ein letztes Mal soll von ihm gesprochen werden. Damals, im April 1849, als Brehm ein Jahr in Unterägypten lebte, hatte Müller der Wiener Akademie nicht nur über seine Pläne zur Durchquerung Afrikas berichtet, sondern auch versucht, von der Akademie finanzielle Unterstützung dafür zu bekommen. Aber da war nichts zu machen. Der Präsident der Akademie war Orientalist und durchschaute, wie laienhaft das Unterfangen angedacht war. Im August des Jahres war Müller mit einem Teil der Ausbeute der ersten Sudanreise in Renthendorf gewesen. Sie wurde einige Tage lang gemeinsam begutachtet von den Topornithologen der Zeit – nebst dem Vogelpastor waren das Eduard Baldamus und Johann Friedrich Naumann. Es waren selten glückliche Tage, und Vater Brehm blieb dem

Steppenhuhn

Baron immer gewogen, wie verzweifelt, zornig und verbittert Alfred auch aus Afrika schreiben mochte.

Müllers Problem war es halt, dass er allerorten dicke Töne gespuckt hatte und seine Lage partout verbergen wollte. Denn er hatte so seine liebe Not, an das Erbe des reichen Großvaters heranzukommen. Zuvorderst musste erst einmal der Vater, ein rechter Hallodri, unter Kuratel gestellt werden. Den »Friedensvorschlägen« vom Dezember 1851 war zu entnehmen, dass er wieder flüssig war. Im gleichen Jahr ließ er auf eigene Rechnung einen illustrierten Privatdruck anfertigen, »Fliegende Blätter aus meinem Tagebuch, geführt auf einer Reise in Nordostafrika in den Jahren 1847, 1848 und 1849«. Im Vorwort erklärt er: »Die wenigen Exemplare des Buches sind lediglich für meine Freunde und Gönner bestimmt, auf deren Nachsicht und Güte ich bei der Durchsicht zähle. Meinen Feinden darf ja kein Exemplar davon in die Hände fallen; sie fänden zu viel Stoff darin, mich anzugreifen. Ich gebe dies zu, ja, ich weiß es selbst und kann zu meiner Entschuldigung nur sagen, dass das Ganze eine flüchtige Arbeit der letzten vierzehn Tage meines Aufenthalts im Vaterlande war, wie meine nächsten Freunde wohl wissen. Ich bin jedoch weit davon entfernt, mit diesem Grunde die Idee umhüllen zu wollen, als könnte ich es in langer Zeit – viel besser machen.« Etwas umständlich, aber nicht ohne Charme. Er weilte damals im Ausland. Eigenem Bekunden nach als Direktor des Zoologischen Gartens von Brüssel. Auch hier schweigen einmal mehr die Quellen. Einem Exemplar, das erhalten blieb, ist anzusehen, dass Feind Brehm es in die Hand bekam. Es enthält kleine Anmerkungen mit dem Bleistift. Öffentliches Nachtreten war nicht die Sache Brehms.

Eine Veröffentlichung John Wilhelm von Müllers sei noch erwähnt. »Das Einhorn« erschien 1853 in Stuttgart. Auf dem

Titelblatt sind unter dem Namen des Autors ausführlich 25 Titel, Orden und ehrenvolle Mitgliedschaften in in- und ausländischen Gesellschaften aufgeführt. In dem Bändchen, 60 licht bedruckte Seiten schmal, vermutet er, das Horn des Einhorns sei »durch starke erektible Muskeln befestigt«, »so erklärt dies den Umstand, dass das Tier das Horn hängen lassen und im Affekte aufrichten kann«. Müller schließt das Büchlein mit der Hoffnung, »dass fortgesetzte Naturforschungen uns keine bloßen Berichte mehr, sondern das Tier selbst zum Vorschein bringen werden«. 1866 starb er mit 42 Jahren auf seinem württembergischen Schloss Kochersteinfeld. Verdient hatte er sich allemal einen ganzen Zoo voller Fabeltiere. Denn eines ist gewiss, ohne ihn und seine fantastischen, zugegeben leicht hochstaplerischen Pläne und Ideen hätte es den Tiervater Brehm nicht gegeben. Es wäre wohl beim Baumeister Brehm geblieben.

Im Entwicklungsroman seines Lebens hatte Brehm gleich mit Wanderjahren begonnen, nun waren auch die Lehrjahre abgeschlossen. Zwar unterhielt er in der Jenaer Wohnung einen kleinen Zoo, doch hatten zwei Jahre lang Buch und Feder sein Leben bestimmt. Es war wieder Zeit zu wandern. Lange hatte er die Wildnis und ihre Tiere entbehrt, lange nicht mehr im Zelt und unter freiem Himmel geschlafen. Er beriet sich mit seinem Bruder Reinhold, der inzwischen approbierter Arzt war, doch kam die Reiseempfehlung letztlich vom Vater. Dessen umfassende Sammlung europäischer Vögel wies nämlich in der Abteilung Südwesteuropa bedenkliche Lücken auf. Also reisten Alfred und Reinhold nach Spanien. Reinhold war der ideale Begleiter, ein profunder Naturkenner und geschickter Jäger, wie bei einem Brehm kaum anders zu erwarten. Die ersehnte Wildnis fand sich im menschenarmen Südspanien. 14 Monate lang durchzogen sie die beiden Brüder. Von Gibraltar, dem Asyl der letzten euro-

päischen Affen, bis über Murcia hinaus. Die tropischen Pal-
mengärten Andalusiens erinnerten Alfred Brehm an afrikanische Oasen. Als sie die wildromantischen Höhen der Sierra
Nevada erklommen hatten, saßen sie dort ums Lagerfeuer
mit Ziegenhirten, Schmugglern und Briganten, und es
wurde gesungen, getrunken, geraucht und erzählt. So war es
in guten Stunden im Sudan gewesen, mit Wanderhirten,
Bauern und Jägern. Ein weiteres Mal drängte sich eine Erin-
nerung auf. In Madrid erlebten die Brehms bei der Christ-
mette wildes Schreien, Lärmen und Toben, bewaffnete Soldaten sorgten für Ordnung in der Kirche. Da dachte Alfred
Brehm an die Weihnachtsnacht am Blauen Nil, als ihm Elefanten und Hyänen das Hosianna gesungen hatten.

Die Brüder schweiften mit der Büchse durch die Berge und
die Wälder der Küstengebiete, kurz, es war das ungebun-
dene Wander- und Jägerleben, gespickt mit wilden Abenteu-
ern und ergiebigen Tierstudien. Es gab auch böse Erlebnisse. Mehr noch als der Stierkampf empörte Alfred Brehm
der Vogelmord auf der iberischen Halbinsel. Diesen Frevel
wollte er öffentlich bekämpfen, mehr noch, er wollte angesichts der Rohheit auch im eigenen Land Verständnis und
Liebe wecken. Es war eine Herzensangelegenheit, und er
wollte ein Buch schreiben, das ein großes Publikum erreichte. In Umrissen entwarf er »Das Leben der Vögel«, das
vier Jahre später, 1861, erschien.

Reinhold Brehm hatte sich unterwegs in Spanien verliebt in
die spanischen Frauen. »Es ist eine andere Sache, mit so
einer schwarzlockigen, dunkeläugigen Schönen im Garten
unter blühenden Granat- und goldgelbe Früchte tragenden
Orangenbäumen, umrauscht von schlanken Palmen, um-
herzuwandeln und aus ihrem lieblichen Munde die schmel-
zende weiche spanische Sprache zu vernehmen, als in Jena
im Paradies [die Wiesen an der Saale] hin und her zu wim-

meln und einer eingebildeten Professorentochter verstohlen einen Blick zuzuwerfen«, schrieb er den Studienkollegen. Wer wollte widersprechen? Reinhold ließ sich zunächst in Murcia, dann in Madrid als Arzt nieder und er heiratete Maria de las Augustinas Iginia Mathilde Antonia de Morentin. Auch solche Namen hatten Jenaer Professorentöchter nicht zu bieten.

Die Kosten der Spanienreise wurden durch eine geschickte Konstruktion gedeckt. Reinhold und Alfred Brehm hatten Anteilsscheine, »Aktien«, an der wissenschaftlichen Jagdausbeute aufgelegt. Entsprechend der Einlage durften sich die Geldgeber nach Abschluss der Reise aus der Sammlung bedienen. Natürlich erhielt auch die Renthendorfer Sammlung des Vogelpastors einen ordentlichen Zuwachs.

Auf Nordlandfahrt

1858 bis 1861, Leipzig, Norwegen und Lappland Zurück aus Spanien, begann Brehm zielstrebig seine Berufslaufbahn. Er ging nach Leipzig, eine der Metropolen freiheitlichen und demokratischen Denkens in Deutschland. In Leipzig hatte der Aufstand von 1848 etwas länger gedauert. Erst am 7. Mai 1849 eroberte die Kommunalgarde die letzte Barrikade in der Grimmaischen Straße. Für die Revolutionäre hagelte es Zuchthaus, Arbeitshaus und Gefängnis. Mitte der 1850er-Jahre waren die meisten wieder auf freiem Fuß: abgesessen, begnadigt, vorzeitig entlassen. Viele wanderten aus. Die Verbliebenen waren stolze »Achtundvierziger« und trafen sich regelmäßig bei Vater Grun in der »Guten Quelle« auf dem Brühl. Ihren Tisch zierten sie mit dem obligaten Schildchen, auf dem jedoch nicht »Stammtisch«, sondern »Verbrechertisch« stand. Sitzen durfte man dort nur, nachdem man sich um einen Status beworben hatte und darin bestätigt wurde. Es gab »Sesshafte« – sie hatten »gesessen«, dazu gehörte Ernst Keil, der Verleger der »Gartenlaube«; »Zugelassene« – sie hatten die aufrechte Gesinnung teils teuer bezahlt, darunter der Volksschriftsteller Emil Adolf Roßmäßler; und schließlich gab es die »Gäste« wie den Dichter Fritz Reuter und neuerdings Alfred Brehm. Brehm brauchte eine gesicherte Existenz, schließlich ging er auf die 30 zu. Eine Hochschulkarriere hätte er beginnen können, doch das lag ihm nicht. Lieber wandte er sich an eine breite Öffentlichkeit. Er schrieb und begann, Vorträge zu halten. Daneben ergriff er einen Brotberuf und wurde Gymnasiallehrer. Cölestine, die jüngste Schwester seiner Mutter und nur neun Jahre älter als Alfred, war verheiratet mit dem Leipziger Universitätsprediger Dr. Moritz Alexander Zille. Als Direktor und Eigner stand er dem Modernen Gesamtgymnasium vor und war froh, einen befähigten Lehrer für Geografie und Naturkunde zu bekommen. Zille gab auch die »Freimaurer-Zeitung« heraus und führte Brehm in die traditionsreiche Loge »Apollo« ein.

Die Popularisierung der Wissenschaft, wie sie Brehm vorschwebte, war schon länger ein Anliegen der Forscher. Alexander von Humboldt beschrieb 1841 die Anforderungen: »Lebendigkeit und womöglich Anmut des Stils, Übertragung der technischen Ausdrücke in glücklich gewählte, beschreibende, malende Ausdrücke.« Das ging bei ihm selbst etwas unter. Zwar war sein »Kosmos« ein großer verlegerischer Erfolg. Doch wurde er offensichtlich mehr gekauft als gelesen, denn auch gebildeten Kreisen blieb das Werk vielerorts verschlossen. Hinderlich waren die vielen Rückblicke in die Geschichte, all die Anmerkungen, Verweise, Zahlen, Fakten, Einschübe, Zitate (oft fremdsprachig). Es wollte ja alles berichtet sein. Richtigen Aufschwung erhielt populärere Wissenschaftsprosa erst im nachrevolutionären Deutschland. Einer ihrer wichtigsten Protagonisten war Emil Adolf Roßmäßler (1806–1867), in dem Brehm einen Freund und einflussreichen Förderer gewann.

Roßmäßler hatte Theologie studiert, wandte sich dann aber der Pflanzen- und Tierwelt zu. 1930 wurde er Professor für Zoologie an der Forstakademie Tharandt nahe Dresden, unternahm einige Forschungsreisen, arbeitete über Weichtiere, Mineralogie, Fische und vieles mehr. Auch politisch war er aktiv, wurde 1848 für Pirna Abgeordneter der Frankfurter Nationalversammlung, gehörte dort dem linken Flügel an und arbeitete im Schulausschuss. Das brachte ihm Ärger ein. 1849 entzog man ihm den Lehrstuhl und versetzte ihn in den Ruhestand. Er wurde, aus Not und Neigung, ein populärer Sachautor und unterstützte die Gründung vielfältiger Bildungsvereine – heimatliche und naturwissenschaftliche, für Arbeiter und Frauen. Der »naturwissenschaftliche Bänkelsänger«, wie er sich selbstironisch nannte, hielt in ganz Deutschland Vorträge gegen Honorar. Von ihm lernte Brehm das Handwerk, die kleinen Kniffe: das Einstreuen von Anekdoten, das Verwenden von Metaphern (»Soll ich die Möwen mit Sternen, das Meer mit dem Himmelsgewölbe vergleichen?«), das Auflockern durch Landschaftsbeschreibungen und Genrebilder, den Einsatz von Schaubildern bei Vorträgen. Roßmäßler malte seine riesigen Prachtstücke selber. Das meiste hatte Brehm intuitiv bereits im Repertoire, aber bei einem Meister des Fachs gab es allemal etwas zu lernen. Bei Roßmäßler wurden Leser und Zuhörer zu Reisenden durch ein naturwissenschaftliches Gebiet. Planer und Reiseleiter war der erfahrene Autor und Redner. Mit Expeditionsleitung kannte Brehm sich aus, von Roßmäßler lernte er das professionelle Vortragswesen. Auch als Autor hatte Roßmäßler Maßstäbe gesetzt. Sein »Süßwasser-Aquarium« (1857) verkaufte sich blendend, und die Öffentlichkeit adelte ihn zum »Vater der Aquarienkunde«. Ab 1859 gab er die Wochenschrift »Aus der Heimat« heraus, in der Brehm zahlreiche Beiträge platzieren konnte.

Der zweite Freund und Unterstützer war der Verlagsbuchhändler Ernst Keil (1816–1878). Seine Zeitschrift »Der Leuchtturm« war wegen »zersetzender Tendenzen« 1851 verboten worden, und er hatte neun Monate Haft auf der Hubertusburg abgesessen. Kaum entlassen, gründete er

1853 das illustrierte, wöchentlich erscheinende Familienblatt »Die Gartenlaube«. »Wir wollen hinauswandern an der Hand eines kundigen Führers in die Werkstätten des menschlichen Wissens«, hatte Keil in der ersten Ausgabe angekündigt – ganz im Ton der Zeit. Das Blatt wandte sich bildend und unterhaltend an weite Kreise und erreichte sie. Die Auflage stieg auf 275 000 Exemplare. Das Spektrum war weit gefächert; bunt gemischt enthielt die Zeitschrift Plaudereien und Gedichte, allgemeinbildende und naturwissenschaftliche Themen. Namhafte Autoren wie Wilhelm Raabe und Theodor Storm schrieben für die »Gartenlaube«. Ganz auf ihrer Linie lag Brehms afrikanische Skizze »Eine Rose des Morgenlandes«. Doch er sollte, gut dotiert, das naturwissenschaftliche Profil des Blattes schärfen.

Keil publizierte von Brehm, was er bekam – zu beiderseitigem Vorteil. Rasch wurde er einer seiner beliebtesten Autoren. Und er finanzierte seine nächste Reise, die über Christiania (Oslo) bis zum Nordkap und auf die Lofoten führte. Dafür lieferte ihm Brehm die Artikelserie »Aus dem Norden«, die in der »Gartenlaube« über drei Jahre hinweg fortgesetzt wurde. Ornithologisches, Zoologisches, Ethnologisches, Landschaftsbilder, Jagderlebnisse. Und der passionierte Reisende schrieb übers Reisen selbst. Er beklagt, wie die Eisenbahn das Reisen zu Pferd und mit der »alten Postschnecke« verdrängte und damit das Reiseerleben zerstörte. »Wer im alten überbildeten Europa noch reisen will, muss nach Norwegen gehen. Wir Binnenländer reisen schon lange nicht mehr – wir rasen bloß noch. Unsere lauteste Reisefröhlichkeit wird von dem Gerassel der Wagen, welche auf den eisernen Wegen dahinbrausen, übertönt und vernichtet, unsere Reisebehaglichkeit durch den tausendfältigen Jammer der Reise zerstört, unser freier selbstständiger Wille dem Wollen der Masse untergeordnet; wir gehören uns

selbst nicht mehr an, wenn wir reisen, denn wir sind Spiel-
ball der anderen geworden; wir werden geknechtet und gepeinigt von dem und denen, welchen wir zu entfliehen ver-
meinten ... Im Norden Europas und vor allem in Norwegen
reist man noch. Hier gehört man sich selbst an; hier fühlt
man sich selbstständig. Man ist aus allen alten Verhältnis-
sen herausgetreten und frei geworden, sowie man die grüne
Halbinsel betritt. Das ist ein Genuss, welchen ich allen wünschen möchte, welche durch die Verhältnisse an die Scholle
gekettet sind und den Kreislauf im Triebrade der Geschäfte
jeden Morgen neu beginnen müssen.«

Wieder in Leipzig, beendete er das Buch, das er in Spanien
geplant hatte. Es sollte die Gesamtheit des Vogellebens dar-
stellen, und mit der Nordlandfahrt hatte er eine Lücke
schließen können: das Leben der Möwen, Alke, Lummen
und Scharben in ihren nordischen Brutstätten. »Das Leben
der Vögel« (1861) widmete er »der Unterhaltung in Haus
und Familie«. »Mein Buch soll ein Unterhaltungsbuch sein,
wie unsere Zeit es verlangt.« Es ging ihm ausdrücklich nicht
darum, Neues zu bieten oder wissenschaftlichen Ansprü-
chen zu genügen. Nichtsdestotrotz legte Brehm sachlich
und präzise die Details dar, schilderte Körperbau, Organe,
Stimme und Bewegung. Das Leben der Vögel allerdings,
das, was heute distanziert Verhalten genannt wird, skizzierte
er mit menschlichen Strichen. Nicht gemäß ihrem Instinkt
handelten die Vögel bei ihm, sondern sie lebten, wie wir,
häuslich und gesellig, liebten und heirateten, gingen ihrem
Beruf nach, waren verständig, geistig hochstehend und
dankbar, charakterlich zänkisch und gutmütig, neidisch,
traurig, langweilig, verschlagen. Das wirkt im Lichte heutiger
Wissenschaft ganz unangemessen. Aber so lange ist es
noch nicht her, dass Bernhard Grzimek den Fernsehzu-
schauern die Steinlaus als »putziges Kerlchen« vorstellte.

Und hätte die Forschung eines Konrad Lorenz eine solche öffentliche Resonanz gefunden, wenn nicht die kleinen Graugänse hinter ihm hergewatschelt wären? Auch Brehm tat alles dafür, seine Lieblinge dem Wohlwollen und der Liebe des Publikums anzuempfehlen. Die Vermenschlichung entsprach seinen Bedürfnissen und seiner wissenschaftlichen Überzeugung. Einen Zugang wollte er bahnen, zum eigenen Beobachten anregen, zuvorderst das Band mit den gefiederten Freunden erhalten und stärken. Er zeigte zwar den Lesern ein – nach heutiger Sicht – falsches Bild, aber es animierte sie zum Hinschauen und vielleicht auch zu empfindsamerem Umgang mit der Natur.

Die Stadt Greiz war Residenzstadt des winzigen ostthüringischen Fürstentums Reuß ältere Linie. In der dortigen Pfarrkirche heiratete Alfred Brehm am 14. Mai 1861 die 21-jährige Mathilde Elise, eine geborene Reiz wie seine Mutter Berta und eine entfernte Kusine; Alfred und sie hatten einen gemeinsamen Urgroßvater. Mathilde Brehm war die Tochter eines Regierungsrats, was in Reuß ältere Linie ein entspannter Posten gewesen sein dürfte.

Schon länger war man in Brehms Umgebung der Ansicht gewesen, er brauche eine gewisse weibliche Führung. Sein Junggesellenhaushalt war chaotisch; empfindlich und unwirsch reagierte er auf die störenden Erfordernisse des bürgerlichen Alltags, und als Garderobe favorisierte er für alle Anlässe die Jägerkluft. Mathilde Brehm wurde zum benötigten ruhenden Pol, zum guten Geist des brehmschen Lebens, und sie milderte die Umgangsformen des Gatten. Ihr Einfluss vermochte es, dass er sich, wenn nötig, manierlich kleidete. Zu einer Hochzeit gehörte damals nicht unbedingt eine Hochzeitsreise. Aber auf eine Reise hatte Alfred Brehm noch nie verzichtet ...

[Lapplands Vogelberge] Im Norden der großen zur Lo-
fodengruppe gehörigen Insel liegen, einige dreihundert Meter von dem Strande entfernt, drei glockenförmige Felseneilande, die Nyken, welche schroff und steil dem Meere
entsteigen, sich etwa hundert Meter über dessen Spiegel erheben und ringsum von einem Kranze kleiner Schären umlagert werden. Einer dieser Felsenkegel ist ein Vogelberg,
wie er in seiner Art großartiger kaum gedacht werden kann.

Es war an einem wundervollen Sommertage, als wir uns
anschickten ihn zu besuchen, das Meer glatt und ruhig wie
selten, der Himmel klar und blau die Luft warm und angenehm. Zwischen zahllose Schären hindurch ruderten kräftige Normannen unser leichtes Boot. Wohin das Auge
blickte, traf es auf Vögel. Fast jeder Stein, welcher über die
Meeresfläche emporragte, zeigte sich belebt. Einzelne waren weiß übertüncht von dem Kote der Scharben, welche
dort regelmäßig einige Stunden des Tages zubrachten, um
zu ruhen. Reihenweise geordnet wie aufgestellte Soldaten
saßen sie zu zehn, zu zwanzig, zu Hunderten in den selt-
samsten Stellungen, die langen Hälse gedehnt und gereckt,
die Flügel ausgebreitet, um jedem Teile ihres Leibes die
Wohlthat der Besonnung zu verschaffen, mit ihnen fä-
chelnd, als wollten sie sich gegenseitig Kühlung zuwehen,
aufmerksamen Auges nach allen Seiten spähend; unter
dumpfem Schreien stürzten sie sich bei unserer Annäherung
in plumper Weise in das Meer hinab, nunmehr schwimmend und tauchend aller Annäherungsversuche unsererseits
spottend. Andere Schären waren bedeckt von Möwen, immer von Hunderten und Tausenden einer und derselben
Art, ebenso von männlichen Vögeln, welche von irgend ei-

nem Eiderholme hergekommen sein mochten, um sich nach Männerart zu unterhalten, dieweil die Weibchen dem Brutgeschäfte oblagen. Um andere Felseneilande hatten die blendenden Eiderenten, vielleicht bereits gerupfte Männchen, sich geschart und stellenweise einen Kranz gebildet, vergleichbar großen, weißen Wasserrosen unserer stillen Süßgewässer. In den nicht allzutiefen Sunden sah man fischende Säger und Seetaucher, von denen der eine oder der andere dann und wann auch wohl seinen auf weithin gellenden Schrei zum besten gab: einen Ruf, so lang ausgezogen und so vielfach vertönt, daß man ihn als Gesang bezeichnen würde, wäre er nicht eine wilde Melodie, wie sie nur ein Kind des Nordmeeres vortragen kann, welches dem Heulen und Brausen winterlicher Stürme gelauscht und von dem dröhnenden Wogenschwalle gelernt und in sich aufgenommen. Stolz wie ein Fürst auf seinem Throne saß hier und da ein Seeadler, der Schrecken aller gefiederten Wesen des Meeres, vielleicht auch eine ganze Gesellschaft beutesatter Räuber dieser Art; pfeifschnell durcheilte sein meilenweites Gebiet der Jagdfalke, welcher an einer der steilen Felsenwände seinen Horst gegründet; gaukelnde Sturm- und Stummelmöwen, fischende Seeschwalben zogen auf und nieder; Austernfischer begrüßten uns mit ihren trillernden Rufen; Alken und Lummen erschienen und verschwanden auf- und untertauchend rings um uns her.

Unter solcher Gesellschaft zogen wir weiter. Nachdem wir etwa zehn Seemeilen zurückgelegt hatten, gelangten wir in das Schwarmbereich der Nyken. Wohin wir unsere Blicke wandten, allüberall sahen wir einige der zeitweiligen Bewohner des Berges, im Meere fischend, tauchend, durch unser Boot erschreckt auffliegend und so hart über dem Wasser wegziehend, daß die brennendroten Ruderfüße den Saum der Wellen schlugen. Wir sahen Schwärme von dreißig, fünfzig bis hundert Stück, sahen solche überall von dem Berge herkommend oder demselben zuströmend und konnten nicht im Zweifel bleiben, daß wir uns einer stark bevölkerten Brutansiedelung näherten. Endlich, nachdem wir einen vorspringenden Felsenkamm umrudert hatten, lag die Nyke vor uns. Im Meere ringsum traf das Auge auf schwarze, an dem Fuße des Berges auf weiße Punkte. Jene zeigten sich ohne Ordnung und Regel, diese meist in Reihen oder scharf umgrenzten Trupps: es waren die schwimmenden, mit Kopf, Hals und Nacken über die Oberfläche emporragenden und die auf dem Berge sitzenden, mit der weißen Brust dem Meere zugekehrten Alken, welche wir sahen. Es waren sicherlich viele Tausende, keinesfalls aber Millionen.

Nachdem wir auf der gegenüberliegenden Insel gelandet und im Hause des Besitzers der Nyke uns erquickt hatten, fuhren wir nach dieser hinüber, sprangen an einer von der Brandung nicht allzuarg umtobten Stelle auf den Fels und kletterten nun rasch bis zu der Torfhaube empor, welche die ganze Nyke bis auf wenige durchbrechende und zu Tage tretende Zacken, Vorsprünge und Winkel überdeckt. Hier fanden wir zunächst, daß die Torfrinde überall mit Bruthöhlen, nach Art unserer Kaninchenröhren durchlöchert, daß nicht ein einziges tischgroßes Plätzchen auf dem ganzen Berge ohne die Mündung einer solchen Röhre gewesen war.

In Schraubenlinien schritten wir, mehr kletternd als gehend, zum Gipfel des Berges empor. Unter unseren Tritten

Lapplands Vogelberge

zitterte die unterwühlte Torfschicht. Und hervor aus allen Höhlen lugten, krochen, rutschten, flogen mehr als taubengroße, oberseits schieferfarbene, auf Brust und Bauch blendend weiße Vögel mit phantastischen Schnäbeln und Gesichtern, kurzen, schmalen, spitzigen Flügeln und stummelhaften Schwänzen. Aus allen Löchern erschienen sie, aus Ritzen und Spalten des Gesteines nicht minder. Wohin man blickte, nichts anderes mehr als Vögel sah das Auge, und leises, dröhnendes Knarren, das vereinigte schwache Geschrei derselben traf das Ohr. Jeder Schritt weiter entlockte neue Scharen dem Bauche der Erde. Von dem Berge herab nach dem Meere begann es zu fliegen; von dem Meere nach dem Berge hinauf schwärmten bereits unzählbare Massen. Aus den Dutzenden waren Hunderte, aus den Hunderten Tausende geworden, und Hunderttausende entwuchsen fortwährend dem braungrünen Boden. Eine Wolke, nicht minder dicht wie jene über dem Holme, umhüllte uns, umhüllte den ganzen Berg, so daß dieser zauberhaft wohl, aber doch den Sinnen noch begreiflich, zu einem riesenhaften Bienenstocke sich wandelte, um welchen nicht minder riesenhafte Bienen schwirrend und summend schwebten und gaukelten.

Je weiter wir kamen, um so großartiger gestaltete sich das Schauspiel. Der ganze Berg wurde lebendig. Hunderttausende von Augen sahen auf uns Eindringlinge herab. Aus allen Enden und Ecken, von allen Winkeln und Vorsprüngen her, aus allen Ritzen, Höhlen und Löchern wälzte es sich hervor, zur Rechten, zur Linken, ober- und unterhalb, in der Luft wie auf dem Boden wimmelte es von Vögeln. Von den Wänden wie vom Gipfel des Berges herab ins Meer stürzten sich ununterbrochen Tausende in so dichtem Gedränge, daß sie den Augen ein festes Dach vorzutäuschen vermochten. Tausende kamen, Tausende gingen, Tausende saßen, Tausende tänzelten unter Zuhilfenahme der Schwingen in wundersamer Weise dahin; Hunderttausende flogen, Hunderttausende schwammen und tauchten, und neue Hunderttausende harrten des auch sie aufscheuchenden Fußtrittes. Es wimmelte, schwirrte, rauschte, tanzte, flog, kroch um uns herum, daß uns fast die Sinne vergingen, daß das Auge den Dienst versagte, daß die erprobte Fertigkeit selbst den Schützen, welcher versuchte, unter den Tausenden aufs Geratewohl Beute zu gewinnen, im Stiche ließ. Betäubt, kaum unserer selbst noch bewußt, schritten wir weiter, bis wir endlich den Gipfel erklommen hatten. Unsere Erwartung, dort oben endlich wieder zur Ruhe, zur Besinnung, zur Betrachtung zu gelangen, erfüllte sich zunächst noch nicht. Auch hier wimmelte und schwirrte es, wie es weiter unten an den Wänden gewimmelt und geschwirrt; auch hier umlagerte die aus Vögeln gebildete Wolke uns so dicht, daß wir das Meer unter uns nur wie im Dämmerlichte, unklar und unbestimmt vor uns liegen sahen. Erst ein Jagdfalkenpaar, welches in einer der benachbarten Felsenwände horstete und das ungewohnte Getriebe gesehen haben mochte, veränderte plötzlich das wunderbare Schauspiel. Vor uns hatten die Alken, Lummen und Lunde sich nicht gefürchtet; beim Erscheinen ihrer wohlbekannten und unabwendbaren Feinde aber stürzte die dichte Wolke wie auf den Befehl eines Zauberers mit einem Schlage herab auf das Meer, und klar und frei wurde der Blick. Zahllose dunkle Punkte, die Köpfe der im Meere schwimmenden Vögel, welche sich deutlich von dem Wasser abhoben, unterbrachen die blaugrüne Färbung der Wogen. Ihre Menge war so groß, daß wir von der Spitze des über hundert Meter hohen Berges aus nicht entdecken konnten, wo der Schwarm endete, nicht wahrzunehmen vermochten, wo das Meer frei war von Vögeln. Um nur einigermaßen zu schätzen, zu rechnen, nahm ich mir ein kleines Viereck ins Auge und begann die Punkte in ihm zu zählen. Es waren ihrer mehr als hundert. Ich setzte in Gedanken rasch ähnliche Vierecke aneinander und kam in die Tausende. Aber ich hätte viele Tausende solcher Vierecke bilden können und den von Vögeln bedeckten Raum noch nicht erschöpft. Die Millionen, von denen man gesprochen, waren vorhanden. Nur auf Augenblicke bot sich das Bild scheinbarer Ruhe unseren Blicken dar. Bald begannen die Vögel wieder aufwärts zu fliegen, und wie vorher entstiegen Hunderttausende zu gleicher Zeit dem flüssigen Elemente, um zum Berge empor zu klettern; wie vorher bildete sich die Wolke um ihn, wie vorher verwirrten sich unsere Sinne. Unfähig noch zu sehen, betäubt durch das unbeschreibliche Geräusch um mich her, warf ich mich auf den Boden nieder, und von allen Seiten herbei strömten die Vögel. Aus den Höhlen hervor krochen noch immer neue, in sie hinein solche, welche wir früher aufgescheucht; um mich her ließen sie sich nieder; mit erheiterndem Staunen betrachteten sie die fremde Gestalt unter sich; tänzelnden Ganges näherten sie sich mir bis auf so geringe Entfernung, daß ich nach ihnen zu greifen versuchte. Die Schönheit, der Reiz des Lebens zeigte sich in jeder Bewegung der absonderlichen Vögel. Mit Erstaunen sah ich, wie steif und kalt auch die besten Abbildungen sind; denn ich bemerkte eine Regsamkeit und eine Lebhaftigkeit in den wundersamen Gestalten, welche ich ihnen nicht zugetraut hätte. Nicht einen Augenblick saßen sie ruhig, bewegten mindestens Kopf und Hals fort und fort nach allen Seiten hin, und ihre Umrisse gewannen wahrhaft künstlerische Linien. Es war, als ob die Harmlosigkeit, mit welcher ich mich ganz der Beobachtung hingab, durch unbeschränktes Vertrauen von ihrer Seite vergolten werden sollte. Ich verkehrte mit den Tausenden um mich her, als ob sie Haustiere wären; und die Millionen schenkten mir zuletzt nicht mehr Beachtung, als ob ich einer der ihrigen gewesen.

Achtzehn Stunden verweilte ich auf diesem Vogelberge, um das Leben der Alken kennen zu lernen. Als die Mitternachtssonne groß und blutigrot am Himmel stand und ihr rosiges Licht auch auf die Wände unseres Berges warf, trat die Ruhe ein, welche die Mitternacht auch im hohen Norden zu bringen pflegt. Das Meer um die Berge herum war leer geworden; alle die Vögel, welche bis dahin in ihm gefischt und getaucht, waren zum Berge aufgeflogen. Hier saßen sie jetzt, wo sie ein Plätzchen zum Sitzen fanden, in langen Reihen bei zehn, bei Hunderten, bei Tausenden, bei Hunderttausenden, lange, blendendweiße Linien bildend, da alle ausnahmslos die Brust dem Meere zukehrten. Ihr »Arr« und »Err«, welches trotz der Schwäche der einzelnen Stimmen unsere Ohren betäubt hatte, war verklungen, und nur die Brandung, welche sich tief unten am Felsen brach, rauschte und tönte nach wie vor zu uns herauf. Erst als die Sonne sich wiederum erhoben, begann das alte wirre Getriebe von neuem, und als wir endlich, heimkehrend, auf denselben Wegen wie vorher aufwärts, abwärts stiegen, umhüllte uns nochmals die dichte Wolke der gescheuchten Tiere.

Nicht die Massenhaftigkeit des Auftretens allein ist es, durch welche die Alken fesseln; auch ihr Leben und Treiben bietet des Anziehenden viel. Ihre geselligen Tugenden erreichen während der Brutzeit eine unvergleichliche Höhe. Als vollendete Seevögel leben alle Alken bis zu jener Beginne ausschließlich auf hoher See, dem strengsten Winter, wie den wütendsten Stürmen gleichmütig trotzend. Auch in der langen Winternacht verlassen sie nicht oder doch nur sehr einzeln ihre nordische Heimat, streifen vielmehr in Scharen und Flügen von Hunderten und Tausenden von einem Fischgrunde zum andern und wissen alle offenen Stellen zwischen dem Eise ebenso sicher zu finden, wie andere Nahrung versprechende Orte außen auf hohem Meere. Wenn aber die Sonne wiederum sich hebt, regt sich in ihnen nur ein Gefühl: das der Liebe, nur eine Sehnsucht: so bald als möglich den Berg zu erreichen, auf welchem ihre eigene Wiege stand. Jetzt, um die Osterzeit etwa, ziehen alle, mehr schwimmend als fliegend, dem Berge zu. Die Paare beginnen, sobald die Witterung es gestattet, ihre alten Höhlen neu herzurichten, sie auszuräumen, zu vertiefen, ihre Kammer zu vergrößern, erforderlichenfalls auch eine neue Brutstätte auszugraben, und sobald dies geschehen, legt das Weibchen auf den nackten Boden der am hinteren Ende ausgewölbten Brutkammer sein einziges, aber sehr großes, kreiselförmiges, buntgetüpfeltes Ei und beginnt nun abwechselnd mit dem Männchen zu brüten. Für die armen Junggesellen bricht damit eine traurige Zeit an. Auch sie würden unendlich gern Vatersorgen auf sich nehmen, wenn sie nur die Gattin zu finden vermöchten, welche ihnen zu denselben verhelfen wollte. Aber alle Weibchen sind vergeben, und alles Werben ist umsonst. So entschließen sie sich denn, ihren guten Willen wenigstens insofern zu bethätigen, daß sie glücklichen Paaren zu Hausfreunden sich aufdrängen. Wenn in den Stunden um Mitternacht im Neste das Weibchen brütet und außen vor demselben das Männchen sitzt, gesellen sie sich letzterem, und wenn das Männchen die im Meere fischende Gattin ablöst, halten sie außen Wache, wie vorhin das rechtmäßige Männchen that. Wenn aber beide Eltern gleichzeitig ins Meer hinabfliegen, beeilen sie sich, wenigstens einigen Lohn für ihre Treue zu ernten. Ohne Zögern rutschen sie in das Innere der Höhle und wärmen inzwischen das verlassene Ei. Sie die Armen, welche zur Ehelosigkeit verurteilt sind, wollen mindestens ein wenig brüten! Diese selbstlose Hingebung hat eine Folge, um welche wir Menschen die Alken beneiden könnten. Auf den Bergen, welche diese Vögel bewohnen, gibt es kein Waisenkind. Sollte der Gatte eines Paares verunglücken, so bietet sich der Witwe augenblicklich Ersatz, und sollte der seltenere Fall eintreten, daß beide Nestinhaber, beide Eltern eines Jungen zu gleicher Zeit ihr Leben verlören, so sind die gutmütigen Ueberzähligen sofort bereit, das Ei vollends auszubrüten, das Junge zu erziehen. Letzteres unterscheidet sich wesentlich von dem der Enten und Möwen. Es ist nicht Nestflüchter, sondern Nesthocker. In dichtem graulichem Daunenkleide entschlüpft es der Eihülle, in welcher es zum Leben erwachte, muß aber nun noch wochenlang in seiner Höhle verweilen, bevor es im stande ist, den ersten Ausflug zum Meere zu wagen. Dieser Ausflug ist, wie zahllose Leichen auf den Klippen am Fuße der Berge beweisen, stets ein gewagtes und gefahrbringendes Unternehmen. Geführt von beiden Eltern, ängstlich die noch ungeübten Beine, kaum minder besorgt die eben erst zur Entwickelung gelangten Schwingen gebrauchend, folgt das Junge seinen Erzeugern, welche es nach und nach bergabwärts oder doch zu einer Stelle geleiten, von welcher aus der Absprung in das Meer möglichst gefahrlos erfolgen kann. Auf solchem Vorsprunge verharren beide Eltern und das Kind oft längere Zeit, bevor es ersteren gelingt, das letztere zum Sprunge zu vermögen. Der Vater wie die Mutter reden förmlich zu; das sonst wie alle Vogeljungen gehorsame Kind achtet nicht ihrer Zurufe. Der Vater entschließt sich vor den Augen des zögernden Sprossen hinabzustürzen in das Meer; der unerfahrene Sprößling bleibt sitzen. Neue Versuche, neues Zureden, förmliches Drängen: da endlich wagt er den gewaltigen Sprung, stürzt wie ein fallender Stein tief in das Meer hinab, arbeitet sich, unbewußt dem Triebe gehorchend, wieder zur Oberfläche empor, schaut um sich, blickt über das unendliche Meer und – ist ein Seevogel geworden, welcher fortan keine Gefahr mehr scheut.

Wiederum verschieden ist das Leben und Treiben auf denjenigen Vogelbergen, welche von der Stummelmöwe zu Brutplätzen gewählt werden. Ein solcher Berg ist das Vorgebirge Swärtholm, hoch oben im Norden zwischen dem Laxen- und Porsangerfjord unweit des Nordkap. Ich wußte wohl, wie die gedachten Möwen auf ihren Brutplätzen auftreten. Faber, der treffliche Kenner hochnordischer Vögel, hat es, wie gewöhnlich, mit wenigen Worten geschildert:

»Sie verbergen die Sonne, wenn sie auffliegen, sie bedecken die Schären, wenn sie sitzen; sie übertäuben das Donnern der Brandung, wenn sie schreien; sie färben die Felsen weiß, wenn sie brüten.« Ich glaubte, nachdem ich Eiderholme und Alkenberge gesehen, dem trefflichen Faber und zweifelte doch, wie jeder Naturforscher muß, war daher aufs eifrigste bestrebt, Swärtholm zu besuchen. Ein liebenswürdiger Normanne, der Führer des Postdampfschiffes, welches mich trug, erfüllte, nachdem wir miteinander befreundet worden, gern meine Bitte, an dem Brutorte vorüberzufahren. So näherten wir uns denn in den Spätstunden eines Abends dem Vorgebirge. Schon in einer Entfernung von sechs bis acht Seemeilen überholten uns fortwährend Flüge von dreißig bis hundert, zuweilen auch zweihundert Stummelmöwen, welche sämtlich dem Nistplatze zuflogen. Je näher wir Swärtholm kamen, um so rascher folgten sich diese Flüge, und um so zahlreicher waren sie. Endlich zeigte sich dem Auge das Vorgebirge, eine fast senkrecht in das Meer abfallende, von unzähligen Höhlen durchbrochene Felsenwand von etwa achthundert Meter Länge und anderthalb- bis zweihundert Meter Höhe. Aus weiter Ferne erschien sie grau; mit Hilfe des Fernrohres konnte man eine unzählige Menge von weißen Pünktchen und Linien unterscheiden. Es sah aus, als ob eine riesige Schiefertafel von einem scherzenden Riesenkinde mit allerlei Zeichnungen bekritzelt worden wäre; es schien, als ob der ganze Felsen sonderbares Geschmeide von Kettengewinden, Ringen und Sternen trüge. Aus den dunklen Gründen größerer oder kleinerer Höhlen leuchtete es weiß hervor; von durchlaufenden Absätzen hob es sich lebhafter und greller ab. Es waren die brütenden oder in den Nestern sitzenden Möwen, welche die Zeichnung hervorriefen, und als der Wahrheit entsprechend erwies sich das Wort Fabers: »Sie bedecken die Felsen, wenn sie sitzen.«

Unser Schiff schreckte, hart an dem Felsen dahinfahrend, einen Teil der Möwen auf, und nun gestaltete sich vor meinen Augen ein ähnliches Bild, wie ich es auf vielen Eiderholmen und anderen Möweninseln gesehen. Da donnerte der Hall eines von meinem Freunde gelösten Geschützes gegen die Felsenwand. Wie wenn ein tosender Wintersturm durch die Luft zieht und schneeschwangere Wolken aneinander schlägt, bis sie, in Flocken zerteilt, sich herniedersenken: so schneite es jetzt von oben lebendige Vögel herunter. Man sah weder den Berg noch den Himmel, sondern nur ein Wirrsal ohnegleichen. Eine dichte Wolke verhüllte den ganzen Gesichtskreis, und erfüllt war das Wort: »Sie verbergen die Sonne, wenn sie fliegen.« Heftig blies der Nordwind, und wütend brandete das Eismeer am Fuße der Klippe: aber lauter noch erklangen die kreischenden Schreie der Möwen, damit auch das letzte Wort Fabers bewahrheitet werde: »Sie übertäuben das Tosen der Brandung, wenn sie schreien.« Die Wolke senkte sich endlich auf das Meer hernieder, die bisher von ihr umnebelten Umrisse von Swärtholm traten wieder hervor, und ein neues Schauspiel fesselte die Blicke. An den Felsenwänden schienen noch ebensoviele Möwen zu sitzen, als vorher, und Tausende flogen noch ab und zu. Und als ein zweiter Donner neue Scharen aufscheuchte, schneite es zum zweitenmale Vögel auf das Meer herab, und immer noch war die Wand bedeckt mit anderen Hunderttausenden. Auf dem Meere aber, so-

weit wir es überschauen konnten, lagen, leichten Schaum-
ballen vergleichbar, die Möwen und schaukelten mit den
Wogen auf und nieder. Wie soll ich diesen herrlichen Anblick beschreiben? Soll ich sagen, daß das Meer Millionen
und andere Millionen lichte Perlen in sein dunkles Wellen-
kleid geflochten habe? Oder soll ich die Möwen mit Sternen
und das Meer mit dem Himmelsgewölbe vergleichen? Ich
weiß es nicht; aber ich weiß, daß ich auf dem Meere noch
niemals Schöneres erschaut habe. Und als wäre es noch nicht
genug des Zaubers, goß plötzlich die auf kurze Zeit verhüllte Mitternachtssonne ihr rosiges Licht über Vorgebirge
und Meer und Vögel, beleuchtete alle Wellenkämme, als ob
ein goldenes weitmaschiges Netz über die See geworfen
wäre, und ließ die ebenfalls rosig überstrahlten blendenden
Möwen nur um so leuchtender erscheinen. Da standen wir
sprachlos im Schauen! Und wir, wie alle die Mitreisenden,
selbst die Matrosen des Schiffes verharrten regungslos lange,
lange Zeit im Innersten ergriffen von dem wunderbaren
Bilde vor uns, bis endlich einer das Stillschweigen brach,
und mehr, um an den tönenden Lauten der eigenen Stimme
sich selbst wiederzufinden, als um dem inneren Gefühle
Ausdruck zu geben, des Dichters Worte über die Lippen
gleiten ließ:

>»Mitternachtssonn' auf den Bergen lag
Blutrot anzuschauen.
Es war nicht Nacht, es war nicht Tag,
Es war ein eigenes Grauen.« [Frithjofssage, 13. Jh.].

Noch einmal Afrika

1862 bis 1866, Eritrea, Leipzig, Hamburg Am 29. Januar 1862 erhielten Herr und Frau Dr. Brehm ein Telegramm aus Gotha,
in dem ihnen mitgeteilt wurde, der Herzog von Gotha wünsche sie am nächsten Tage zu sehen. Ernst II. von Sachsen-
Coburg-Gotha war nicht irgendein beliebiger Duodezfürst.
Seine Tante war mit einem Bruder des Zaren verheiratet,
sein Onkel König von Belgien; und sein jüngerer Bruder Albert, nur wenige Wochen zuvor gestorben, war der geliebte
Prinzgemahl von Queen Victoria. Herzog Ernst hatte Alfred
Brehm 1854 in seiner Residenzstadt beim Kongress der
Deutschen Ornithologen-Gesellschaft kennengelernt und
wünschte ihn zum Reisebegleiter. Er plante eine Jagdreise
nach Afrika, nach Habesch, Abessinien, sollte es gehen, ins
Bogosgebiet, das heute zu Eritrea gehört. Die Gegend bot
sich an: Sie war, am Roten Meer gelegen, leicht erreichbar,
hatte angenehmes afrikanisches Gepräge, bot Gelegenheit
zur Großwildjagd. Auch galten die Volksstämme als einigermaßen kultiviert. Der sprachgewandte und afrikakundige
Brehm sollte vorausgeschickt werden. »Du scheinst mir in
mancher Art etwas Republikanisches oder wenigstens frei-
sinnige Ideen zu haben«, hatte sein Bruder Reinhold in einem Brief geschrieben. Das hinderte Alfred nun aber wenig.
Wenn ihn jemand zu einer Reise nach Afrika einlud ... Am
8. März reiste er los, um vor Ort Reisewege zu erkunden

und Quartier zu machen. Er landete in Alexandria, fuhr mit der neuen Bahn nach Kairo und nahm dann das Dampfschiff nach Aden. Dort mietete er ein Segelschiff, das ihn durch die kleine Inselwelt des Roten Meers wieder nordwärts nach Massaua an der Küste Abessiniens brachte. Er hatte knapp drei Wochen Zeit, alles vorzubereiten.

Die Fürstlichkeiten wurden, außer von der Entourage und den Bediensteten, begleitet von Mathilde Brehm, dem Zeichner und Maler Robert Kretschmer und Friedrich Gerstäcker (1816–1872), Schriftsteller, Übersetzer, Reisender und Förderer deutscher Ansiedlungen in Nord- und Südamerika, hochberühmt durch seinen Roman »Die Flusspiraten des Mississippi«. Die Gesellschaft reiste standesgemäß. Von Triest nach Ägypten fuhr sie mit dem Lloyddampfer »Archiduchessa Carolina«. Dann folgte die obligatorische Niltour, und in Luxor begrüßte sie Edward, des Herzogs Neffe und Prince of Wales. Er stellte für die Fahrt nach Abessinien die königliche Fregatte »Odin« zu Verfügung. Die englische Unterstützung hatte – neben verwandtschaftlichen – politische Hintergründe. Der äthiopische Kaiser Theodor II. suchte gegen die Türken, welche die Häfen des Roten Meeres kontrollierten, die Unterstützung Großbritanniens. Das aber hatte gerade andere Interessen, denn es brauchte die Türkei als Partner gegen die Balkanaktivitäten Russlands. Mit einem Schiff im türkischen Hafen Massaua freundlich Flagge zu zeigen, war opportun. Für die Rückfahrt übers Mittelmeer Ende Mai lud das englische Königshaus sogar an Bord des Linienschiffs »Queen Charlotte«, eines der fettesten Teile der britischen Marine: ein Segelschiff mit 800-PS-Maschine, 94 Kanonen, 1000 Mann Besatzung, »ausgezeichneter Küche« und »gut geschultem Musikkorps« – so der Herzog. Brehm war's egal. Er hatte mit seiner Frau und Robert Kretschmer bereits drei Wochen früher die Heimreise angetreten.

Die ganze Habesch-Reise war für ihn überschattet von heftigen Malariaanfällen, tagelang fiel er völlig aus. »Zwei böse Feinde haben mich während der Reise gehindert und gequält: der Mangel an Zeit und das Fieber! Ich bin nicht lässig gewesen. Vom Bord des Schiffes und vom Rücken des Maultiers aus habe ich rastlos nach rechts und links gespäht und mit dem Merkbuche in der Hand die reichhaltigen Gegenden durcheilt, welche zu durchforschen mir nicht vergönnt war.« Sein Fleiß, seine rasche Auffassungsgabe und sein systematisch geschultes Auge erfassten dennoch eine Fülle. Sein 1863 erschienenes Werk »Ergebnisse einer Reise nach Habesch«, immerhin 460 Seiten stark, war ein vergleichsweise trockenes Buch, das sich diesmal ans Fachpublikum wandte. Es besteht weitgehend aus tabellarischen und systematischen Tierbeschreibungen, darunter immerhin von 172 Vogelarten. Brehm notierte auch die landschaftlichen Gegebenheiten – vom Wüstenstreifen an der Küste bis zu den Wäldern und begrünten Höhen des Gebirges: »Es genügt nicht, zu wissen, dass dieses Geschöpf im Walde, das andere in der Steppe, das dritte im Meere sich findet: Es ist nötig, zu erfahren, wie das Meer beschaffen ist, in welchen das Geschöpf lebt. Jedes einzelne Tier ist, wenn man will, ein Charaktertier seiner Heimat. Es zeigt immer eine große Übereinstimmung mit Klima, Bodenfläche und der von beiden abhängigen Pflanzenwelt: Es trägt somit das Gepräge seiner Heimat im Allgemeinen an sich; und erst, wenn wir seine Heimat, Gestalt und Lebensweise zusammenstellen, umfassen wir seinen Lebenskreis.« Solche Auffassungen revolutionierten geradezu die Zoologie, und Brehm näherte sich hier seinem Opus magnum, dem »Tierleben«. In den »Ergebnissen« schreibt er: »In den neueren tierkundlichen Werken wird sonderbarerweise das Leben der Tiere kaum berücksichtigt. Man begnügt sich mit genauen Beschreibungen des Leibes und wendet weitaus die größte Aufmerksamkeit auf die Zergliederung desselben. Gewöhnlich erhalten wir nur über das Vorkommen eines Tieres die dürftigsten Nachrichten, während über die Lebensweise, die Sitten, Gewohnheiten, die Nahrung usw. meist ein tiefes Stillschweigen herrscht.« Fast wortwörtlich sollte das so auch im Vorwort zum »Tierleben« stehen.

Die Aktivitäten der Reisegruppe waren nicht unbedingt nach Brehms Geschmack. Gerstäcker etwa erkannte in der Landschaft Anklänge an Kalifornien und suchte nach Gold. Und auch der Art zu jagen stand Brehm distanziert gegenüber, was in einer lakonischen Notiz spürbar wird: »Es glückte der Jagdgesellschaft, gleich am ersten Tage eine Elefantenherde aufzufinden und Mutter und Kind zu erlegen: – doch die ganze Jagd ist von besserer Feder bereits beschrieben und hierdurch wohl allen meinen Lesern bekannt geworden.« Deutlich auch die freiwillige Selbstbeschränkung. Mit dem literarischen Ehrgeiz der Mitreisenden wollte er nicht konkurrieren.

So hatte sich Gerstäcker gedacht, er könne als Herausgeber des Reiseberichts fungieren und bot gleich nach der Rückkehr dem Verleger Hermann Costenoble an, das Buch zu veröffentlichen. Der war höchlich interessiert und erkundigte sich emsig, ob Herzog Ernst einen finanziellen Beitrag leisten würde. Beide guckten in die Röhre. 1864 erschien bei Arnoldi in Leipzig »Reise des Herzogs Ernst von Sachsen-Coburg-Gotha nach Aegypten und den Ländern der Habab, Mensa und Bogos mit 4 Photographien nach Handzeichnungen, 2 Charten u. 20 Zeichnungen nach der Natur aufgenommen und chromolith. von Robert Kretschmer«. Eine pompöse Schwarte, deren Format das eines aufgeschlagenen Atlas übertrifft. Die Texte erwecken den Eindruck, als hätten Herzog Ernst und Herzogin Elisabeth sie alleine verfasst, obwohl der Schriftsteller Gustav Freytag das Buch betreute und vieles offensichtlich Aufzeichnungen Gerstäckers entnommen war. Auf einem Vorsatzblatt waren auf entlarvende Weise die Teilnehmer der Reise verzeichnet: Die Namen standen gruppiert in verschiedenen Blöcken. Zuerst die Hofgesellschaft: »Herzog Ernst, Herzogin Elisabeth, Fürst Hermann Hohenlohe-Langenburg, Prinz Eduard Leiningen, Flügeladjutant Major von Reuter und Frau, Leibarzt Dr. Hassenstein, Fräulein Marie Messner«. Dann die Begleiter: »Reza Effendi (ein hoher türkischer Beamter), Dr. Brehm und Frau, Friedrich Gerstäcker, Robert Kretschmer«. Nächste Gruppe: »Lamouche, Kämmerier; Wenzel, Kammerdiener; Eckard, Mundkoch; Katharina Moritz; Martin Albrecht, Büchsenspanner; Philipps, Lakai; Eisenwiener, Lakai«. Schließlich unter ferner liefen: »Ebert, Büchsenspanner des Fürsten Hohenlohe; Schäfer, Kammerdiener des Prinzen Leiningen; der Naib von Arkiko«, ein Lokalfürst, der die Gesellschaft prächtig empfangen hatte. Brehm hatte sich aus diesem Dünkel geschickt herausgehalten, von vorneherein auf eine eigene, unabhängige Publikation gesetzt und ansonsten die Reise dazu genutzt, einen ganz großen literarischen Plan ins Auge zu fassen.

Wieder zu Hause, trat der alte Freund Roßmäßler an Brehm heran und lud ihn ein, gemeinsam ein Buch über »Die Tiere des Waldes« zu schreiben. Noch im gleichen Jahr 1862 schlossen sie das Manuskript ab. Den ersten Band über die »Wirbeltiere des Waldes« verfasste Alfred Brehm, den zweiten Band über »Die wirbellosen Tiere des Waldes« besorgte Roßmäßler. Spinnen, Würmer und Insekten waren Brehms Sache nicht. Auch beim »Tierleben« überließ er dieses Thema anderen.

Dann kam aus Hamburg das Anerbieten, dort den neu gegründeten Zoologischen Garten zu übernehmen und zu gestalten. Die »Zoologische Gesellschaft«, eigentlich eine Aktiengesellschaft aus Hamburger Senatoren, Kaufleuten und Bankiers, teilte Brehm mit, es seien Mittel vorhanden, den Garten auszubauen, den Tierbestand zu vermehren und die ganze Anlage zu einer der führenden Europas zu machen. Ein reizvolles Angebot: täglicher Umgang mit Tieren, hervorragende Studienmöglichkeiten und die praktische Umsetzung eines wesentlichen Anliegens, nämlich einem großen Publikum eine eigene Anschauung der Tiere zu geben. Brehm sagte zu, es war die ersehnte Lebensstellung. Am 8. Mai 1863, eine Woche vor der Eröffnung des Zoos, unterzeichnete er den »Anstellungs-Contract« mit umfassenden Vollmachten für die Leitung des Tiergartens: »Zu den Obliegenheiten des Direktors gehört vor allen Dingen die Oberaufsicht über den Garten und das gesamte lebende und tote Inventar desselben sowie über das gesamte im Garten dauernd oder zeitweilig angestellte Dienstpersonal, welches ihm ohne Ausnahme untergeordnet ist und alle Instruktionen von ihm zu empfangen hat.« Besonders wichtig war für Brehm § 2 des Vertrags: »Es soll jedoch dem Herrn Dr. Brehm die Vollendung derjenigen literarischen Arbeiten, mit deren Herausgabe für seine Rechnung er bereits beschäftigt ist, unbenommen sein.« Mit dem »Tierleben« hatte er bereits begonnen. Außerdem wurde dem Direktor in § 5 anempfohlen, »durch literarische Leistungen... das Interesse des Gartens nach Kräften zu fördern«. Eine angenehme Pflicht, der er rasch mit einem »Verzeichnis der lebenden Tiere des Zoologischen Gartens« entsprach, einem neuartigen und vorbildlichen Zooführer. Zwei Jahre später kamen von Bruder Reinhold Brehm verfasste, hübsch illustrierte »Bilder und Skizzen aus der Tierwelt im Zoologischen Garten zu Hamburg« hinzu.

Brehm stürzte sich mit Feuereifer in die neue Aufgabe und führte den Zoologischen Garten in kurzer Zeit zu ungeahnter Blüte. Bewusst schuf Brehm Attraktionen, ließ zum Beispiel Jungbären hinter sich oder einem Wärter frei durch die Anlage tollen, errichtete großzügige, tiergemäße Schaugehege und einen großen Vogelfelsen für die Wasservögel.

»Ich bin von dem Grundsatze ausgegangen, unseren Tieren so viel Freiheit als möglich zu gewähren. Diejenigen, welche leicht wiederzuerlangen sind, habe ich gar nicht in ihrem Treiben behindert. Möwen und Enten, welche wir jung erhielten und bezüglich ausbrüten ließen, sind anfangs mit großer Vorsorge gepflegt worden und haben in unserem Garten wirklich ihre Heimat gefunden .... Mehr als hundert kleine Möwen führen alltäglich prächtige Flugspiele über dem Wasser auf; die schwarzen Störche fliegen nach ihrem Belieben aus und ein. Gar oft kommt es vor, dass diese Halbwilden von Elbe und Alster oder sonst woher Gäste mitbringen.« Natürlich kamen Brehm seine Erfahrungen in freier Wildbahn zustatten. So wusste er eben, welche afrikanischen Greifvögel sich in einer Voliere vertragen würden. Nach einem Jahr konnte der Garten 1 200 Tiere in 330 Arten zeigen, und das Publikum strömte herbei. Einmal wurden an einem Sonntag sage und schreibe 38 285 Eintrittskarten verkauft.

Um den Bestand zu sichern und ständig erweitern zu können, ging Brehm neue Wege. Er setzte, teils erfolgreich, auf die eigene Tierzucht, tauschte mit anderen Zoos und versuchte sich sogar im internationalen Tierhandel. Sein Freund, der Hamburger Tierhändler Carl Hagenbeck, berichtete leicht amüsiert in seinen Erinnerungen: »Zunächst wurde der Vogelhandel in Angriff genommen, dauerte aber nicht lange. Der Gelehrte sah bald ein, dass das Tiergeschäft nicht so leicht zu betreiben war, als er geglaubt hatte. Er hatte die Nase voll und gab den Versuch schleunigst auf.« Trotz des großen Erfolgs wuchsen die Spannungen und Konflikte mit dem Verwaltungsrat. Einem »beigeordneten« Inspektor wurden immer größere Kompetenzen übertragen, diejenigen Brehms scheibchenweise beschnitten. Seine Pläne mochten den Geldgebern zu kostspielig sein, vielleicht wollten sie auch demonstrieren, dass Brehm bei allen Verdiensten und aller Popularität nur ein Angestellter war. Gründe wurden auch später nie genannt. Jedenfalls provozierte die »Zoologische Gesellschaft«, mal gröber, mal feiner. Aber da hatten sich die Herren den Falschen ausgesucht; Brehm beugte sich nicht, er begehrte auf, rackerte und kämpfte. Der Reiseschriftsteller Hans Wachenhusen schrieb: »Brehms etwas schroffes Wesen konnte sich mit den ›Kaffeesäcken‹ nicht verständigen.« Na ja, die sanfteren Manieren seiner Frau mochten im Alltag manches mildern. Doch wenn er sich ungerecht behandelt fühlte, legte Brehm die Glacéhandschuhe ab. Wer mit gewieften Scheichs um Kamele gefeilscht und Wucherer mit der Peitsche belehrt hatte, der ließ sich von Honoratioren nicht an die Wand fahren. Nach drei Jahren, am 29. Oktober 1866, kündigte er. Und er gab, unvorsichtigerweise, seinen Entschluss an die Presse. Es folgte eine hitzige öffentliche Debatte: Artikel, Leserbriefe, Stellungnahmen, Gegendarstellungen und eine 28-seitige Rechtfertigungsschrift Brehms. Alles etwas unerfreulich.

Alfred Brehm zog sich erst einmal nach Renthendorf zurück. Es gab einiges zu ordnen. Zwei Jahre zuvor, am 23. Juni 1864, war sein Vater, der Vogelpastor Christian Ludwig Brehm, gestorben. Er hatte seinen Sohn zuvor noch in Hamburg besucht und war über dessen Tätigkeit begeistert gewesen. Alfred hatte in der »Gartenlaube« einen liebevollen

Nachruf, »Der Vogelfreund im Pfarrhause«, geschrieben:
»Nicht bloß den Vater habe ich hinabsenken sehen in die
Gruft: auch den Erzieher, den Lehrer und Ratgeber, den
Freund, den Mann, welcher das Samenkorn mir ins Herz gelegt hat, das später aufgegangen, welcher vor und mit mir
nach dem selben Ziele gestrebt, den Priester, dessen Worten ich in der Jugendzeit ehrfurchtsvoll nachgelebt, mit dem
ich als Mann so oft verschiedene Meinungen und Ansichten
ausgetauscht und mit dem ich mich immer verständigt!«
Nun war dessen Sammlung von etwa 15 000 Bälgen zu ordnen. Vergebens bot Brehm 7 000 davon Museen und staatlichen Sammlungen an. Für seine Mutter Berta war nach dem
Tode des Vaters ein Haus gebaut worden, und dorthin zog
Familie Brehm: Mathilde, Alfred und die in Hamburg geborenen Kinder Horst (geb. 1863), Thekla (geb. 1864) und Leila
(geb. 1866). Nun war Muße für die Weiterarbeit am großen
Werk.

Unmittelbar nach der Rückkehr aus Abessinien hatte sich Alfred Brehm in Hildburghausen mit dem Verleger Herrmann
Julius Meyer (1826–1909) getroffen. Der Sohn und Erbe Carl
Joseph Meyers, des Begründers des Bibliographischen Insti-
tuts, führte das größte Verlagsunternehmen seiner Zeit. Neben dem »Großen Conversations-Lexikon« verlegte Meyer
zahlreiche Fachlexika, deutsche und ausländische Klassiker,
Stiche und Atlanten; beim Bibliographischen Institut gab es
neben aufwendigen Prachtausgaben stets auch wohlfeile
Volksausgaben – kurz: Man frönte meisterlich der Mehr-
fachverwertung. Der Verlag wirtschaftete geschickt mit hohen Auflagen, Buchreihen, Subskriptionsangeboten, Abon-
nements und Teillieferungen. Selbstverständlich hatte Herrmann Meyer ein großes Interesse an
populärwissenschaftlicher Literatur, und er war seinerzeit
der Einzige, der ein Großprojekt wie Brehms »Tierleben«

stemmen konnte und wollte. Er hatte jahrelang eine Niederlassung des Verlags in New York geführt und dachte groß und international. Als er 1862 mit Brehm das sechsbändige Werk »Illustrirtes Thierleben. Eine allgemeine Kunde des Thierreichs von A. E. Brehm« plante, hatte er Übersetzungen und damit das Auslandsgeschäft schon im Blick; denn Vergleichbares hatte die Welt noch nicht gesehen.

1863 begannen bereits die Heftlieferungen zu Band 1: Säugetiere 1, der 1864 komplett vorlag. Die weiteren Bände folgten Jahr um Jahr: 1865 Säugetiere 2, 1866 Vögel 1, 1867 Vögel 2, schließlich 1869 die beiden letzten Bände, Kriechtiere, Lurche, Fische und Wirbellose Tiere. Das war nach den Vorlieben Brehms und dem Wissen der Zeit gewichtet. Säugetiere und Vögel, das war seine Domäne. Kriechtiere, Lurche und Fische achtete er schon geringer. Und mit dem Übrigen mochte er sich erst gar nicht abgeben. Band 6 bestritten in Gänze zwei andere Autoren: Der Entomologe Ernst Taschenberg besorgte »Insekten, Tausendfüßler und Spinnentiere«, Oskar Schmidt, dem er in Jena die Studentenschaft verdoppelt hatte, schrieb über »Krebse, Würmer und ungegliederte wirbellose Tiere«. Alles in allem boten die sechs Bände 5500 Seiten mit 1500 Abbildungen und 112 ganzseitigen Tafeln. Den Großteil der Illustrationen übernahm der Künstler Robert Kretschmer, Mitreisender nach Habesch; es wurde sein Hauptwerk.

Im Vorwort erläutert Alfred Brehm seine Intention, nämlich »zu beweisen, dass der in Rede stehende Gegenstand ein lebendiges, d. h. nicht bloß ein fühlendes und bewegungsfähiges, sondern auch ein handelndes und wirkendes Wesen ist«. Und den »Meistern der Tierkunde« an den Universitäten und Sammlungen schreibt er ins Stammbuch: »Wir danken gedachten Forschern überaus wichtige Aufschlüsse über den äußeren und inneren Bau des Tierleibes und hierdurch

Erklärung gewisser Lebensäußerungen; wir sehen in ihnen immer die das Ganze überblickenden und ordnenden Meister der Wissenschaft und sind geneigt, die jagenden und sammelnden Reisenden jenen gegenüber als Gehilfen und Handlanger zu betrachten, obgleich wir uns nicht verhehlen können, dass nur sie es sind, welche uns mit dem ganzen Tiere bekannt machen. Denn erst das lebende Tier ist ein ›fühlendes und bewegungsfähiges‹ Wesen: Das tote, ausgestopfte, in Weingeist aufbewahrte ist und bleibt immer nur ein Gegenstand.« Dagegen setzte er seine Tierporträts in einer eigenen, neuen literarischen Form. Eingedampft sind in ihr wissenschaftliche Daten, Geschichten, Anekdoten, Märchen, Mitteilungen von Autoren aus der Antike bis zur Neuzeit, Zitate aus der Bibel und Erfahrungen von Reisenden und Forschern, gesicherte Erkenntnisse und gewagte Spekulationen. Brehm beschreibt sachlich und erzählt dann, was das Zeug hält. All das in einer klaren, sehr bildhaften Sprache, den Tonfall nach Bedarf wechselnd, humorvoll, pointiert und spannend. Der Geschichtenerzähler und Wissensvermittler liefert mit dem »Ur-Brehm« sein Meisterstück!

[Das Nilpferd] Das Nil- oder Flußpferd (Hippopotamus amphibius) hat vier Hufe an jedem Fuße, eine breite, stumpfe, nicht rüsselartig verlängerte Schnauze und eine nackte Haut. Im Kiefer stehen zwei bis drei Schneidezähne, ein Eckzahn und sieben Backzähne in jeder Reihe. Das Gerippt ist außerordentlich schwerfällig in allen seinen Theilen. Der Schädel ist fast vierseitig, flach und niedergedrückt, der Hirntheil klein; die übrigen Knochen sind dick und schwer. Besonders auffallend sind die Zähne. Sie unterscheiden sich von denen aller übrigen bekannten Dickhäuter und erinnern nur entfernt an das Gebiß der Schweine. Besonders ausgezeichnet sind die ungeheuren, halbkreisförmig gebogenen Eckzähne des Unterkiefers, welche bei alten Männchen bis dritthalb Fuß lang werden können. Die oberen sind viel kleiner, aber ebenfalls gekrümmt und an der Spitze schief abgestutzt. Trotz der ungeheuren Größe ragen diese Zähne aber doch nicht aus der Schnauze hervor. [...]

Der arme Mensch des innern Afrika, welcher kein Feuergewehr führt, ist dem Nilpferd gegenüber so gut als machtlos, obgleich er noch immer sein einziger gefährlicher Gegner bleibt; denn außer Blutegeln, Mücken und Eingeweidewürmern wird das Flußpferd von keinem Geschöpf angegriffen und all die so schön ausgedachten Kämpfe zwischen ihm und dem Krokodil, dem Elefanten, dem Nashorn und dem Löwen müssen unerbittlich in das Reich der Fabel gewiesen werden. Höchstens ein junges Nilpferd würde eine der größeren Katzen vielleicht angreifen, wäre nicht die Alte beständig in der Nähe und zur Abwehr aller Gefahren vorbereitet. Der Mensch sucht sich auf verschiedene Weise des schädlichen Thieres zu erwehren. Während der Zeit der Fruchtreife sieht man in den bevölkerten Stromgegenden zu beiden Ufern eine Menge von Feuern leuchten. Sie sind einzig und allein als Schreckmittel gegen die Nilpferde angezündet und werden die ganze Nacht durch sorgfältig angefacht. An einigen Orten unterhält man mit Trommeln einen beständigen Lärm, um die Flußriesen zu schrecken. Und gleichwohl sind sie nicht selten so kühn, daß sie nur dann nach dem Flusse zurückkehren, wenn eine größere Menschenmenge schreiend und trommelnd und mit Feuerbränden auf sie anstürmt. Leider ist gegen das Nilpferd ein Mittel, welches bei anderen Thieren mit dem besten Erfolge gekrönt wird, nicht anwendbar und die höllische Natur des Unthieres geht daraus recht deutlich hervor. Das Wort des Gottgesandten, Mahammed – Frieden über ihn! – ist kräftig genug, fast alle übrigen Thiere von den Feldern abzuhalten, welche es in Gestalt eines dort aufgehangenen Amuletes schirmt. Ein Nilpferd aber und andere der Gerechtbarkeit trotzende Thiere mißachten auch den kräftigsten und wirksamsten Gottesbrief, und sei er von dem Scheich el Islahm in Mekka selbst geschrieben. So bleibt dem armen Gläubigen eben nur das Feuer übrig, um Höllisches mit Höllischem zu bannen.

So denken die Mahammedaner, anders die Neger am oberen Abiad und Asrak, welche überhaupt als muthige, tüchtige Leute angesehen werden müssen. Sie graben Fallgruben und legen dem Thiere andere Hindernisse in den Weg oder treten ihm während der Nacht in Massen entgegen, um es zu vertilgen. Allein auch sie sind nicht im Stande, den bösen Feind auszurotten; denn Solches kann nur durch das Feuergewehr bewirkt werden.

Weit gefährlicher noch, als das Nilpferd gewöhnlich ist, wird es, wenn es noch ein Junges zu schirmen hat. Ueber die Zeugung, die Geburt der Jungen und die Dauer der Tragzeit hat man erst in der Neuzeit an Gefangenen Beobachtungen gemacht, da diese sich schon einige Male fortgepflanzt haben. Von der Fortpflanzung der freilebenden Thiere weiß man nur so viel, daß ein Junges etwa im ersten Drittel der Regenzeit, welches die meiste und saftigste Nahrung bringt, geboren wird, demnach in den verschiedenen Ländern Afrikas zu sehr verschiedener Zeit, je nachdem der Frühling der Wendekreisländer dort eintritt. Die für ihr

Das Nilpferd (Hippopotamus amphibius)

Kind zärtlich besorgte Mutter sieht auch in den unschuldigsten Dingen Gefahr und stürzt sich mit furchtbarer Wuth auf jeden Feind. Es scheint, daß das Junge lange Zeit von der Mutter geführt und geleitet wird; denn Livingston sah Junge, welche, wie er sagt, nicht viel größer waren, als Dachshunde, während ich meines Theils niemals so kleine, sondern höchstens solche beobachtet habe, welche die Größe eines vollständig ausgewachsenen Ebers hatten, der bedeutend größeren, welche noch immer mit der Alten gingen, gar nicht zu gedenken. Derselbe Reisende berichtet, daß die Mutter ihre Jungen anfangs auf dem Halse und später auf dem Widerrist trage. Ich habe Dies nie gesehen; die Angabe scheint mir auch auf einem Beobachtungsfehler zu beruhen. Soviel steht fest, daß die Mutter ihr Junges zärtlich liebt, ja ich glaube behaupten zu können, daß sich auch der Vater seines Sprößlings schützend annimmt; wenigstens sah ich fast immer um ein Junges zwei Alte. Die Mutter ist leicht zu erkennen. Sie läßt ihr Kind keinen Augenblick aus den Augen und bewacht jede seiner Bewegungen mit mütterlicher Lust und zärtlichen Sorgen. Zuweilen spielt das ungefüge Thier ganz lustig mit seinem Liebling. Da tauchen dann Beide scherzend auf und nieder und unterhalten sich mit Brummen. Jedenfalls saugt das Junge im Wasser. Ich sah mehrmals ein altes Nilpferd ruhig an der gleichen Stelle liegen, nur ein wenig den Kopf über der Oberfläche des Wassers erheben, während das Junge von Zeit zu Zeit neben ihm auf und nieder tauchte, wahrscheinlich um Athem zu holen.

Es ist nicht rathsam, sich einer Nilpferdmutter, welche ihr Kind bei sich hat, zu nahen; denn sie greift auch bei Tage

Schiffe und Menschen an, wenn sie Gefahr für ihr Junges wittert. Livingstone's Kahn wurde von einem weiblichen Nilpferde, dessen Junges man Tags vorher mit dem Spere getödtet hatte, halb aus dem Wasser gehoben, und einer seiner Leute herabgeschleudert, ohne daß die Mannschaft das Thier fernerhin gereizt hätte. In den Nilländern kennt man ähnliche Beispiele von derartig erzürnten Nilpferden und weiß auch von vielen Unglücksfällen zu berichten, welche sie verursacht haben. Ich selbst habe das Necken alter Nilpferde und ihrer Jungen einmal büßen müssen und will die Geschichte, welche ich schon früher in der Gartenlaube mitgetheilt habe, hier wiederholen. Sie trägt zur Kennzeichnung des Thieres bei.

Wir hatten unweit des linken Ufers des Asrak einen Regenteich oder See aufgefunden, welcher vom Strome bei seiner Ueberschwemmung gefüllt worden und noch bei unserer Ankunft im Februar ziemlich wasserreich war. Außer einer Menge von Vögeln lebten in ihm auch Krokodile und mehrere Nilpferde mit ihren Jungen. Wahrscheinlich hatten letztere die kleinen und verhältnißmäßig niedlichen Jungen in ihm zur Welt gebracht; wenigstens schien mir der stille, ruhige, rings von Wäldern und an einer Seite sogar von Feldern eingefaßte See zu einem Wochenbette für Nilpferde wohl geeignet. Unsere Aufmerksamkeit und Jagdlust fesselten vorzüglich die herrlichen Schlangenhalsvögel, obgleich wir, um auf diese geschickten Taucher feuern zu können, oft bis an die Brust in das Wasser waten mußten, – trotz der Krokodile und Nilpferde, um welche wir uns heute gar nicht kümmerten. Mein Jäger Tomboldo, welcher die Jagd in Vater Adams Kleidung ausführte, hatte eben den vierten

Schlangenhalsvogel glücklich durch den Hals geschossen – mehr als den Hals bekommt man von ihm über dem Wasser nicht zu sehen – und watete auf ihn zu, um ihn aufzufischen. Da schreit plötzlich vom anderen Ufer her ein Sudahnese laut auf und winkt und geberdet sich wie toll; Tomboldo schaut sich um und sieht ein wuthschnaubendes Nilpferd mit mächtigen Sätzen auf sich losstürmen. Das Vieh hat bereits festen Grund unter den Füßen und jagt wie ein angeschossener Eber durch die Fluthen; der Nubier ergreift in Todesangst die Flucht und erreicht, bis zum Uferrande von seinem furchtbaren Feinde verfolgt, glücklich den Wald. Ich war mit meiner trefflichen, leider aber blos leichte Kugeln schießenden Büchse dem treuen, höchst brauchbaren Diener zu Hilfe geeilt und fand ihn im Gebet und stöhnend auf der Erde liegen:

»La il laha il Allah, Mahammed, rassuhl Allah! – Es gibt nur einen Gott und Mahammed ist sein Prophet! – Nur bei Allah, dem Starken, allein ist die Stärke; nur bei Gott dem Helfenden ist die Hilfe! – Behüte, o Herr, deinen Gläubigen vor den aus deinen Himmeln zu Hölle hinabgestürzten Teufeln! – Du Hund, du Hundesohn, Hundeenkel und Hundeurenkel, du von einem Hund Erzeugter und von einer Hündin Gesäugter – du willst einen Moslim fressen?! Verdamme dich der Allmächtige und werfe er dich in das Innere der Hölle! – –« Diese und und ähnliche Stoßseufzer und Flüche entrangen sich seinen bebenden Lippen. Dann aber sprang er wüthend auf, lud eine Kugel in sein Gewehr und sandte sie dem Nilpferd nach, welches noch immer vor uns tobte und lärmte. Die Kugel tanzte lustig auf dem Wasser hin und – an dem Ungethüm vorüber.

»Bei dem Barte des Propheten, bei dem Haupte deines Vaters, Effendi,« bat er mich, »sende du dem nichtswürdigen Gottesleugner aus deiner Büchse eine Kugel zu; – denn auch mein schöner Taucher ist ja verloren!«

Ich willfahrte seiner Bitte, schoß und hörte die Kugel auf den Schädel einschlagen. Das Nilpferd brüllte laut auf, tauchte einige Male unter und schwamm nach der Mitte des See's zu, wie es schien, ohne durch den Schuß wesentlich gestört zu sein. Nur seine Wuth nahm von Stunde zu Stunde zu. Freilich ließ unsere Rachsucht fortan die hier und da erscheinenden Köpfe als Scheiben ansehen, nach denen wir, so oft es anging, eine Kugel entsendeten. Ich wußte aus Erfahrung, daß meine schwache Büchsenkugel selbst bei einer Entfernung von noch nicht vierzig Schritten kaum die Haut des Kopfes durchbohren konnte, wollte mir aber gleichwohl das Vergnügen nicht entsagen, dem »Abgesandten der Hölle« unseren Aerger fühlen zu lassen.

Auf unserer Reise kamen wir, wenige Tage nach diesem Vorfalle, wieder zu demselben See und trieben während der Jagd das Zielschießen nach den Nilpferdköpfen wie vorher. In das Wasser durften wir uns allerdings nicht mehr wagen; dafür aber schienen die Nilpferde auch das Land zu achten, und so herrschte jeder Gegner in seinem eigenen Kreise, wir auf dem Lande, die Nilpferde im Wasser. Nach einer sehr ergiebigen Jagd kehrten wir nachmittags auf das Bot zurück, mit der Absicht, die Jagd am anderen Morgen fortzusetzen. Da wurden wir gegen Sonnenuntergang benachrichtigt, daß soeben eine zahlreiche Herde von Pelekanen im See angekommen sei, um dort zu übernachten. Wir gingen deshalb nochmals zum See und begannen unsere Jagd auf die Vögel, welche im letzten Strahl der Sonne auf dem dunklen, hier und da vergoldeten Wasserspiegel wie große weiße Seerosen erschienen. In wenig Minuten hatte ich zwei Pelekane erlegt; Tomboldo jagte auf der andern Seite und feuerte ebenfalls lebhaft. Ihn erwartend, verweilte ich bis nach Sonnenuntergang auf meinem Stande, als er jedoch nicht erschien, trat ich mit meinem nubischen Begleiter und Beuteträger den Rückweg an. Unser Pfad führte durch ein Baumwollenfeld, welches bereits wieder vom Urwalde in Besitz genommen, gänzlich verwildert und arg von Dornenranken und anderen Stachelgewächsen durchzogen war. Froh unserer Beute und der schönen lauen Nacht nach dem heißen Tage, zogen wir unseres Wegs dahin.

»Effendi, schau, was ist das?« fragte der Nubier. Er deutete dabei auf drei dunkle, hügelartige Gegenstände, welche ich, soviel ich mich erinnerte, bei Tage nicht gesehen hatte; ich blieb stehen und blickte scharf nach ihnen hin: da bekam plötzlich der eine der Hügel Bewegung und Leben, – das nicht zu verkennende Wuthgebrüll des Nilpferdes tönte uns grauenvoll nahe in die Ohren und belehrte uns vollständig über den Irrthum, seinen Urheber für einen Erdhaufen gehalten zu haben – denn in Sätzen stürzte sich derselbe auf uns zu. Weg warf der Nubier Büchse und Beute; – »hauen âleïhu ja rabbi!« – »Hilf uns, o Herr des Himmels«, rief er schaudernd, »flieh, Effendi, bei der Gnade des Allmächtigen – sonst sind wir verloren!« Und verschwunden war die dunkle Gestalt im Gebüsch; ich aber wurde mir bewußt, daß ich in meiner lichten Jagdkleidung nothwendigerweise die Augen des Ungethüms auf mich lenken mußte – und, waffenlos wie ich war – denn meine Waffen waren eben keine Waffen gegen den hautgepanzerten Riesen! – stürzte ich mich blindlings in das dornige Gestrüpp. Hinter mir her brüllte, tobte und stampfte das wüste Vieh, vor mir und rechts und links verflochten sich Dornen und Ranken zu einem fast undurchdringlichen Gewirr; die Stacheln der Nilmimose oder Rharrat verwundeten mich an allen Theilen des Körpers, die gebogenen Dornen des Nabakh rissen mir Fetzen auf Fetzen von meiner Kleidung herab – und weiter floh ich keuchend, schweißtriefend, blutend, – immer geradeaus, ohne Ziel, ohne Richtung gejagt von Verderben und Tod in Gestalt des Scheusals hinter mir. Es gab keine Hindernisse für mich. Wie sehr auch die Dornen mich verwundeten und die Wunden schmerzten, ich achtete ihrer nicht, sondern hetzte verzweiflungsvoll weiter, weiter, weiter! Ich weiß es nicht, wie lange die wilde Jagd gedauert haben mag; jedenfalls währte sie nicht lange; – denn sonst hätte das rasende Ungeheuer mich doch wohl eingeholt; – gleichwohl dünkte mich die dabei verlaufene Zeit eine Ewigkeit zu sein. Vor mir dunkle Nacht, hinter mir mein entsetzlicher Feind, – ich wußte nicht mehr, wo ich mich befand. Da, Himmel! ich stürzte und stürzte tief. Aber ich fiel weich; ich lag im Strome. Als ich wieder an die Oberfläche des Wassers kam, sah ich oben auf der Höhe des Uferrandes, von welchem ich herabgestürzt war, das Nilpferd stehen. Auf der anderen Seite aber schimmerte mir das Feuer unserer Barke freundlich entgegen. Ich durchschwamm eine schmale Bucht und war gerettet, obwohl ich noch Tage lang die Folgen dieser Flucht verspürte. Von meinem Anzuge hatte ich bloß noch Lumpen mit zu Schiffe gebracht. – Tomboldo war auf seinem Heimwege in dieselbe Lebensgefahr gekommen; er wurde ebenfalls von dem Nilpferde angenommen und bis zu derselben Stelle des Ufers verfolgt, über welche ich hinabgestürzt war. In höchster Aufregung langte er bei uns an und rief schon aus einiger Entfernung: »Brüder, meine Brüder, preist den Propheten, den Gottgesandten! Betete zwei ›Rakaaht‹ mehr für das Wohl meiner Seele! Der Sohn der Hölle und des Teufels war mir nahe und der Arm des Todes griff nach mir, aber Gott, der Erhabene, ist barmherzig und seine Gnade ohne Ende! Preiset den Propheten, ihr Brüder! Ich aber will, bin ich erst dem Verruchten entronnen, einen ganzen Sack Datteln zum Opfer bringen.«

Der Wurfspieß der Sudahnesen besteht aus einem Stück Eisen, einer Hornscheide, der Haftschnur und der Wurfstange. Das Eisen ist zugespitzt oder wie ein Radirmesser zweiseitig zugeschliffen und besitzt einen starken Widerhaken; es steckt fest in einer an beiden Enden dünner werdenden Hornscheide und ist durch eine starke, oftmals um Eisen und Scheide gewundene Schnur hinreichend befestigt. An dem einen Ende der Wurfstange nun befindet sich eine Höhlung, in welche die Hornscheide eingesetzt wird, am anderen Ende der Stange ist die Leine festgebunden. Beim Wurfe dringt die eiserne Spitze sammt ihrer Hornscheide bis zu der Lanze ein; diese wird durch den Wurf abgestoßen und hängt nun nur noch mit dem anderen Ende vermittelst der dort angebundenen Schnur an der Harpunenspitze. Andere Jäger befestigen das eine Ende der Leine an der Harpune und das andere Ende an einem leichten Holzklotz, ohne sie mit der Wurflanze zu verbinden.

Mit dieser Waffe und einigen gewöhnlichen Lanzen begibt sich der Sudahnese auf die Jagd, um sein Wild entweder zu beschleichen, wenn es ein Mittagsschläfchen hält, oder ihm aufzulauern. Das Unternehmen erfordert nicht nur gewaltige Kraft, sondern auch List, Verschlagenheit und Gewandtheit.

Etwa um Mitternacht – nur an ganz menschenleeren Orten auch am Tage – schleicht der Spießwerfer längs des Ufers bis zu einer Ausgangsstelle der Thiere und versteckt sich hier im Gebüsch unter dem Winde. Kommt das Nilpferd erst nach seiner Ankunft aus dem Wasser, so läßt er es ruhig an sich vorüber gehen und harrt bis zur Rückkehr. Niemals greift man ein zu Lande gehendes Nilpferd an, sondern wartet stets, bis es, so zu sagen, wieder halb im Flusse ist. Dann schleudert der Jäger ihm die Harpune mit aller Kraft in den Leib und flieht in der Hoffnung, daß das über den Wurf erschreckte Thier sich in den Fluß stürzen werde. So geschieht es auch gewöhnlich, während das Ungethüm beim Heraussteigen ans Land immer seinen Gegner anzunehmen pflegt. Nach dem Wurfe besteigt der Jäger mit seinen Gehilfen entweder sogleich oder am folgenden Morgen eines der bereit gehaltenen Bote und sucht das verwundete Thier, bezüglich das schwimmende Sperstangenende oder den Holzklotz auf. Sobald man diese Merkzeichen gefunden hat, rudert man höchst vorsichtig, mit bereitgehaltenen Wurfsperen und Lanzen herbei und nimmt nun die Leine auf. Beim geringsten Anziehen erscheint das Nilpferd in rasender Wuth an der Oberfläche des Wassers und stürmt auf das Schiff los, wird aber mit einem Hagel von Lanzen und Speren empfangen, welcher es häufig zur Umkehr zwingt. Gleichwohl kommt es nicht selten vor, daß es die Barke erreicht und mit den Hauzähnen zerreißt. Dann haben die Jäger einen sehr schweren Stand und müssen sich eiligst durch Schwimmen und Tauchen zu retten suchen. Livingstone erfuhr, daß es, um dem Nilpferde unter solchen Umständen zu entgehen, das Beste sei, in die Tiefe des Stromes zu tauchen und hier einige Sekunden zu verweilen, »weil das Flußpferd, wenn es einen Kahn zertrümmert hat, sich allemal nach dem Menschen umschaut und, wenn es keinen bemerkt, davon geht«; mir hat man Aehnliches erzählt. Im günstigeren Falle besteigt ein Theil der Jäger nach dem zweiten Angriffe auf den Flußriesen ein zweites Bot fischt sich mit ihm das Ende einer zweiten Harpune auf. Nun wird das Ungethüm durch das schmerzerregende Anziehen der Harpunenleinen beliebig oft zur Oberfläche des Wassers heraufgezaubert und ihm im Verlaufe der Jagd der breite Rücken derartig mit Lanzen bespickt, daß er wie der Pelz eines Stachelschweines aussieht. Uebrigens führt man die Jagd nur dann mit einem Male zu Ende, wenn man Feuergewehre zur Verfügung hat; im entgegengesetzten Falle läßt man den im Wasser natürlich viel stärkeren Blutverlust das Seinige zur Abmattung des Thieres thun und nimmt erst am folgenden Tage die Verfolgung desselben wieder auf, da ja die schwimmenden Merkzeichen seinen Aufenthalt immer wieder verrathen. Ein glücklicher Lanzenwurf oder Stoß in das Rückenmark oder zwischen den Rippen hindurch in die Brusthöhle bläst schließlich das Lebenslicht des sattsam gemarterten Höllensohnes aus. Dann schleift man den Leichnam stromabwärts bis zur nächsten Sandbank, auf welcher er, nachdem er mit Tauen ans Land gezogen worden ist, zerlegt wird.

Der Gewinn der Jagd ist nicht unbedeutend. Das Fleisch des Ungeheuers ist geschätzt. Fleisch und Schmer werden überall gegessen, und in den alten guten Zeiten konnten sich die Ansiedler des Kaplandes kaum ein größeres Fest denken als eine Nilpferdjagd. Man schnitt Fleisch und Speck an Ort und Stelle von dem erlegten Riesen ab und schaffte es wagenweise nach Hause. Die Bauern verkauften nur aus Gefälligkeit die beliebte Speise an Freunde und ließen sich das Pfund Nilpferdfleisch theuer genug bezahlen. Junge Nilpferde sollen ein so wohlschmeckendes Fleisch haben, an welches sich selbst Europäer bald gewöhnen. Die geräucherte Zunge gilt als Leckerbissen. Der Speck wird dem des Schweins überall vorgezogen, das aus ihm geschmolzene Fett benutzt man zur Bereitung von Speisen aller Art oder ißt es auch mit dem Brode. Die Hottentotten trinken es ebenso gern wie die Europäer Fleischbrühe. In Ostafrika gilt es als die allervorzüglichste Grundlage zur Haar- und Körpersalbe, Delka genannt, welche alle dunkelfarbigen Afrikaner zu gebrauchen scheinen. Kurz, wenn der Jäger seine Beute zu gebrauchen weiß, kann sie ihm einen recht netten Ertrag abwerfen.

Geradezu unbegreiflich ist es, wie die Römer ihre Nilpferde fingen und fortschafften. Sie brachten nicht blos Junge und Halberwachsene zu ihren Kampfspielen und Triumphzügen nach der Hauptstadt ihres Landes, sondern auch Alte. Der Aedil Scaurus führte im Jahre 58 v. Chr. ein großes Nilpferd mit fünf Krokodilen dem römischen Volke vor; ein zweites zeigte Augustus bei seinem Siegeszuge über die Kleopatra. Commodus ließ fünf im römischen Circus tödten, und später sah man noch mehrere unter Antonius,

Pius und Cordian. Nach dem dritten Jahrhundert unserer Zeitrechnung bis zum Jahre 1850 kam keins wieder nach Europa.

Das Nilpferd ist unzweifelhaft der Behemot der Bibel, von welchem gesagt wird, daß seine Knochen fest seien wie Erz und die Gebeine wie eiserne Stäbe, daß er gern im Schatten im Rohre und im Schlamm verborgen liege, von den Bachweiden gedeckt würde, den Strom in sich schlucke und sich dünken ließe, als wolle er den Jordan mit seinem Munde ausschöpfen. Das Thier gilt also schon den alten Israeliten als ein wahres Ungeheuer, und hiermit steht die heutige Anschauung der Araber vollkommen im Einklange. Der Sudahnese sieht das wüste Vieh gar nicht für ein echtes, natürliches Wesen, sondern eher für einen Auswurf der Hölle an. Schon der sudahnesische Name »Aeësint«, dessen Bedeutung Niemand kennt, deutet auf etwas Ungewöhnliches hin. Dazu kommt nun die Bedenken erregende Mißachtung aller, auch der kräftigsten Schutzbriefe seitens des Ungethüms. »Möge Gott die Affen verfluchen in seinem Zorn«, sagte mir ein Sudahnese; »denn sie sind verwandelte Menschen und Spitzbuben, Söhne, Enkel, Nachkommen von Spitzbuben, aber möge er uns bewahren vor den Kindern der Hölle, jenen Nilpferden! Denn ihnen ist das Heiligste Schaum und das Wort des Gottgesandten ein leerer Hauch; sie zerstampfen den ›Gottesbrief‹ mit ihren Füßen!« Das Nilungeheuer ist also in den Augen der Eingeborenen gar kein von Allah erschaffenes Wesen, sondern nur die Maske eines verruchten, dem Teufel – vor welchem der Bewahrer die Gläubigen bewahren möge! – mit Leib und Seele angehörigen Zauberers und Sohnes der Hölle, welcher nur zu Zeiten diese Satansgestalt annimmt, sonst aber in seiner Hütte als Mensch erscheint, um andere Adamssöhne abzulocken vom Pfade des Heils. Mit anderen Worten: Das Nilpferd ist der Gottseibeiuns selber, wenn auch mit etwas auffallenden und unzierlichen Pferdefüßen und Schwanz!

Dafür gibt es hundert Belege. Viele Menschen haben durch jenen Höllensohn ihr Leben verloren, und ihre Seele ist ihnen aus dem Körper gestampft worden, ohne daß der Leib gefressen worden wäre: – und unter den Todten war sogar ein Fakhïe oder Koranverständiger! Ferner ließ einer der Statthalter Ostsudahns, Churschid-Pascha, als er einst mit einem Fähnlein seiner Krieger an den Strom kam, diese auf ein Nilpferd Jagd machen, obwohl ihm ein weiser Scheich wohlmeinend davon abrieth; denn dieser wußte, daß das vermeintliche Nilpferd blos die Maske eines verwunschenen Menschen war. Zwar wurde der vom Anbeginn der Welt verfluchte Zauberer getödtet und seine schwarze Seele der Hölle zugesandt, aber Churschid-Pascha entging seinem Schicksale nicht. Er war immer hart verfahren gegen die Zauberer des Landes; deshalb bannten ihn diese durch den Blick ihres scheelen Auges. Sein Leib versiechte, weil seine Eingeweide langsam verdorrten, und er wollte, auch krank, noch immer die Meinung des Ulema und Khadi nicht gelten lassen; denn anstatt sich einem Kundigen des Gotteswortes anzuvertrauen und den Zauberer durch diesen bannen zu lassen, vertrauete er den ungläubigen Aertzen aus Frankistán und welkte und siechte dahin. Möge sein Leib in Frieden ruhen und seine Seele begnadigt sein! Uns aber möge der Bewahrer bewahren, der Schützende schützen vor allerlei Zauber und Höllenwerk!

Bei Kirgisen und Ostjaken

1867 bis 1876, Berlin, Russland Mit dem beschaulichen Leben in Renthendorf war es bereits nach wenigen Monaten vorbei. Aus Berlin kam die Anfrage, ob Brehm bereit sei, die Leitung eines neu zu errichtenden großen Aquariums zu übernehmen. Nach einigem Zögern nahm Alfred Brehm die Offerte an. Die Voraussetzungen des Unternehmens waren günstig. Zwar hatte Berlin bereits seit 1844 einen Zoologischen Garten – ihm hatte Brehm ja seine Löwin Bachida anvertraut –, der jedoch etwas heruntergekommen war. (Das änderte sich erst, als 1869 Heinrich Bodinus, Brehm freundschaftlich verbunden, der erste hauptamtliche Direktor wurde.) Außerdem lag der Zoo etwas außerhalb, da erschien eine konkurrierende Attraktion in zentraler Lage Erfolg versprechend. Einige wenige potente Geldgeber gründeten eine Aktiengesellschaft mit einer Einlage von 200 000 Talern. Anders als in Hamburg, wo ein vielstimmiger Verwaltungsrat zu allem seinen Senf gegeben hatte, traf sich das Konsortium lieber in lockeren Abständen in gemütlicher Runde; Brehm war stets geladen.

Das Gelände für das »Berliner Aquarium« lag ideal an Berlins Boulevard Unter den Linden, Ecke Schadowstraße. Der ausführende Architekt Lüer hatte schon den Bau des hannoverschen Aquariums geleitet und plante mit Brehm mehr als eine Heimstatt für Fische: »Wir gestehen ohne Umschweife«, so Brehm, »dass das Berliner Aquarium kein Aquarium ist. Es hat von Anfang an mehr sein wollen. Man kann es vielleicht als Vivarium bezeichnen. Man kann es sogar einen ›Tiergarten unter Dach und Fach‹ oder sonst wie nennen.« Es wurde eine zweistöckige, unterkellerte Anlage mit Höhlen, Nischen, Gewölben und Grotten, durch die sich 300 Meter lange Gänge schlängelten. »Etwa sechshundert Besucher können gleichzeitig ihrem Wissensdrange genügen, ungefähr zweitausend in den Gängen.« Das Baumaterial selbst diente pädagogischen Zwecken, denn der Gang durch geologische Grotten wurde für den Besucher zum Gang durch die Erdgeschichte. Brehm schreibt stolz: »Die Mark vermochte außer ihren Findlingsblöcken nur Kalk und Ziegel zu liefern. Es mussten also die benachbarten und ferneren Gebirge in Anspruch genommen werden. Mit seinen ausführenden Organen durchstreifte Meister Lüer Harz und Thüringer Wald, Deister und Rheinlande, geologisch forschend und künstlerisch wählend, um das Rechte zu finden. Hier wurde eine malerisch überhängende Felskuppe in die Tiefe geschleudert, dort ein seit Jahrtausenden vom Wasser benagter Felsblock dem Flussbett enthoben, aus Höhlen verzackter Tropfstein ›gerettet‹, aus Kohlengruben Flöze und versteinerte Hölzer gewonnen, im Siebengebirge Basaltsäulen abgesprengt, im Tal der Ahr Lavamassen erbeutet, vom Erzgebirge Marmor und Alabaster erbeten – und das alles keineswegs ohne Widerspruch derer, die mit Recht oder Unrecht ob der schnöden Verschandelung der Gegend protestieren zu müssen glaubten.« Es wurde also richtig geklotzt, und das Ergebnis war spektakulär. Die natürliche Umgebung der Tiere war nachgebildet, man ging von der Wüste zum Urwald und kam dann zum Meer. Die »Geologische Grotte« enthielt eine Voliere mit Rieseneisvögeln, Eichelhähern, Dohlen, Krähen, Aras, Kakadus und Sittichen, darunter auch der Carolina-Sittich, ein nordamerikanischer Papagei, der schon dreißig Jahre später ausgerottet war. Der Schlangengang führte vorbei an den Terrarien für Giftschlangen, Nattern, Boas, Pythons, Eidechsen, Krokodile und Alligatoren. Das große Vogelhaus beherbergte neben anderen Drosseln, Möwen, Stare, Prachtfinken und Brehms geliebte Webervögel; 200 Kleinvögel bevölkerten die große Flugvoliere. Bei den Säugetieren gab es u. a. Präriehunde und Faultiere zu sehen, dazu Neuweltaffen, Meerkatzen und Mandrille. Später kamen sogar Menschenaffen dazu, wie die bei Freund Hagenbeck gekaufte Schimpansin »Tante Molly«, ein Orang-Utan und »Mpungu«, der erste Gorilla, der es lebend nach Europa schaffte.

Der Reiz der Tierwelt »unter Dach und Fach« wurde durch die neuartige Lichtführung noch erhöht; der Besucher wandelte im Dunkeln und blickte in die erleuchteten Tierbereiche: »Lichtstrahlen, nach deren Quellen man vergeblich forscht, erhellen die kristallenen Innenwände, und hinter diesen Wänden schaut man die grünen Wellen, in denen die Fische auf- und niedersteigen und die seltsamen Gebilde der Süß- wie der Salzflut sich entfalten. Bald ist es eine muntere Gruppe aus heimischen Gewässern, welche das Auge fesselt, bald sind es die wunderlichen Gestalten der Seerosen, Seesterne, der Einsiedlerkrebse usw. ... Über dem unterirdischen Bau aber, droben im Licht, wiegt sich in herrlichen Volieren das Volk der Lüfte«, notierte eine Berliner Tageszeitung. Der Schöpfer der Salzflut hieß Otto Hermes. Zwar war es schon zuvor dem Chemiker Emil Jacobson gelungen, Seewasser herzustellen, in dem Meerestiere leben konnten. Das aber war eine trübe Angelegenheit. Erst Hermes gelang es, klares Salzwasser für die Aquarien zu synthetisieren. Er wurde Brehms Mitarbeiter und – zunächst – enger Freund. Die Einrichtung der Süß- und Salzwasserbassins galten noch bis ins 20. Jahrhundert hinein vor allem hinsichtlich Technik, natürlicher Einrichtung und Anmutung als unübertroffen; man sprach vom »Können des alten Meisters«. Denn in einem harmonischen Ensemble lebten nicht nur Fische, sondern auch Seerosen, Seenelken, Seeigel, Seewalzen, Seescheiden, Seesterne, Krebse, Kopffüßer, Krebse, Muscheln und Schwämme.

Am 11. Mai 1869 wurde das »Berliner Aquarium« eröffnet. Zu den Gästen gehörte der preußische König Wilhelm I. samt Hofstaat. Auf 3 600 Quadratmeter Fläche verteilten sich ein Restaurant sowie 118 Käfige, Becken und Terrarien mit 12 000 Tieren. Brehm plante, die Zahl im Laufe der Zeit auf 40 000 zu erhöhen. In den fünf Jahren, in denen Brehm Direktor war, kamen pro Jahr durchschnittlich 220 000 Besucher. Und das Unternehmen erlangte Weltruf, denn Alfred Brehm hatte hier etwas Einmaliges geschaffen; keines der ähnlich betriebenen »Aquarien«, auch nicht das Londoner, verfügte über vergleichbare Einrichtungen und diesen Tierreichtum.

Brehm nutzte das Vivarium natürlich auch als bestens ausgestattetes Forschungsinstitut. In einem Artikel für die »Gartenlaube« über das »Nachtleben der Flughörnchen« schreibt er: »Alle unsere Käfige, Becken und Behälter können des Nachts erleuchtet werden. In derartig beleuchteten Käfigen erscheinen die Nachttiere, nachdem sie einmal völlig munter geworden, ganz anders, als man es sich hat träumen lassen. Man lernt selbst in solchen, von denen man sich wenig versprach, teilnahmswerte Geschöpfe kennen und entdeckt an anderen eine Lebhaftigkeit, Beweglichkeit, Anmut und Behändigkeit, von der man keine Ahnung hatte.« Er setzte verschiedene flinke Tiere zu den Flughörnchen, ein Erdeichhörnchen, einen Siebenschläfer, eine Springmaus und einen Grünling; sie alle mussten vor der räuberischen Rasanz gerettet werden. Für Brehm ein Beleg dafür, dass Flughörnchen die beweglichsten Säugetiere seien. Beweis für die Qualität einer solchen Anlage sind stets die Erfolge bei der Fortpflanzung. Tiere vermehren sich nur, wenn sie sich heimisch fühlen. Dass es die prächtigen afrikanischen Webervögel mit ihren kunstvollen Nestern taten, war Brehms größte Freude. Nebenbei sei bemerkt, dass Brehm auch der Erste war, dem die Zucht von Zwergpapageien gelang, genauer gesagt von afrikanischen Rosenpapageien.

1871 wurde der bereits erwähnte Chemiker Otto Hermes Mitdirektor, was Brehm zunächst von vielen Geschäften entlastete. Von Tierhaltung verstand Hermes nur wenig, umso mehr von den Zahlen; nicht gerade ein Fehler beim Direktor einer Aktiengesellschaft. Er spitzte den roten Stift und kürzte die Ausgaben. Dadurch wurde er rasch zum Gegenspieler Brehms, der mit Mitteln nicht kargte. Außerdem, so ein früher Biograf, »wurde Brehm leicht schroff, wenn man in seine Pläne hineinzureden oder sie gar zu durchkreuzen suchte«. Es kam alles so, wie bereits in Hamburg gehabt: Reibereien, Grabenkämpfe, schließlich der offene Krach. Anfang 1874 warf Brehm den Bettel hin – erschöpft, enttäuscht und verbittert. Otto Hermes wurde sein Nachfolger.

Die Familie Brehm war inzwischen mit der 1870 geborenen Frieda zu sechst. Sie blieb in Berlin wohnen. Und in Berlin ist Alfred Edmund Brehm bis heute präsent. Die Basaltsäulen des Berliner Aquariums aus dem Siebengebirge wurden ins Aquarium des Berliner Zoos übernommen. Nach dem Umbau des Aquariums sind sie jetzt im Erweiterungsbau zu sehen. Unter den Linden erinnert seit dem Jahr 2000 eine Gedenktafel an den Erbauer und ersten Direktor des alten

Aquariums; im Tierpark Berlin-Friedrichsfelde steht seit 1963 ein Alfred-Brehm-Haus mit einer Zuchtstation für Großkatzen, einer großen Freiflughalle für tropische Vögel und Flughunde sowie kleineren Volieren für Vögel. Noch 2001 wurde im Zoologischen Garten Berlin dem Tiervater ein Denkmal gesetzt: Man pflanzte eine Brehm-Eiche.

Brehm war nun 45 Jahre alt, ein Mann in den besten Jahren, geachtet, verehrt und weltberühmt; er konnte fortan als freier Schriftsteller und reisender Vortragsredner sein Geld verdienen. Zunächst aber musste er eine gefährliche Gehirnentzündung auskurieren und zog sich für viele Wochen ins Riesengebirge zurück. Dann nahm er die zweite Auflage des »Tierlebens« in Angriff. Es wurde die letzte seiner Hand. Für diese Ausgabe arbeitete er eine gewaltige Masse neuen Materials auf, durchkämmte Zeitschriftenartikel und Bücher, führte umfangreiche Korrespondenzen. Statt sechs Bänden wurden es diesmal zehn. Nicht dass etwa solch ein Riesengebiet wie die Insekten mehr Raum bekommen hätte, sie und die Kriechtiere, Lurche, Fische bekamen wieder nur jeweils einen Band. Der eigene Anteil an »Brehms Tierleben« wuchs von vier auf acht Bände. Als 1876 die beiden ersten erschienen, war Brehm auf großer Reise, endlich wieder. Der Ornithologe und Ethnologe Otto Finsch (1839–1917), Direktor des Naturhistorischen Museums in Bremen, war Brehm in herzlicher Freundschaft verbunden. Beide waren bereits in der Jugend weit gereist – Otto Finsch trug es später noch bis in die Südsee –, beide liebten die Vögel – Finsch war ein großer Papageienexperte –, und beide waren fasziniert vom Leben fremder Völker. 1876 wurde Finsch die Leitung einer Expedition nach Westsibirien übertragen, und er lud Brehm ein, daran teilzunehmen. Auftraggeber war der Bremer Verein für Deutsche Nordpolarfahrt, hinter dem hanseatische Kaufleute und konkrete Handelsinteressen standen. Das Startkapital von annähernd 6 000 Talern wurde erbracht von Privatleuten, dem bremischen Senat und, merkwürdigerweise, von der Königlich-bayerischen Regierung – reichte allerdings bei Weitem nicht aus. Die benötigte Unterstützung kam von einem in Irkutsk ansässigen Goldbergbauunternehmer mit dem passenden Namen Alexander Michailowitsch Sibirjakow. Er finanzierte auch große Expeditionen zum Jenissej und zur Lena und war, wie andere sibirische Unternehmer, an besseren Verkehrswegen interessiert. Bei der Beschaffenheit der Böden war an Eisenbahnbau in großen Teilen des Landes nicht zu denken, eher boten sich die Wasserwege an. Die Dampfschifffahrt hatte eine rasante Entwicklung genommen, aber das Eis behinderte sie auf den Flüssen, mehr noch im Nordpolarmeer. Die Schiffsrouten um die nach Norden ragenden Halbinseln waren gefährlich, und Sibirjakow träumte davon, an der »Wurzel« der Jermal-Halbinsel – zwischen zwei Flüssen im Mündungsgebiet des Ob – einen Kanal zu bauen. Er förderte die Reise mit der stolzen Summe von 20 300 Reichsmark.

Sibirien war zu dieser Zeit, mehr noch als der Wilde Westen Amerikas, weitgehend unerforscht, das Land war schlicht zu groß. Deshalb schaltete sich auch sogleich die Russische Geografische Gesellschaft ein. Jede Expedition bedurfte ihrer Genehmigung, und sie begutachtete sämtliche geografischen, ethnologischen, demografischen Forschungsergebnisse. In St. Petersburg waren die Weichen schon gestellt: Zar Alexander II. selbst empfing die Forscher, an seiner Seite der Bruder des Zaren, Großfürst Konstantin Nikolajewitsch, Vorsitzender der Russischen Geografischen Gesellschaft. Soweit möglich, wurden alle Wege mit höchster Autorität geteert (auch Alexander von Humboldt hatte solches Potentatenwohlwollen erfahren). Die staatlichen Stellen in Sibirien – vom Generalgouverneur über die Provinzgouverneure und Garnisonskommandanten bis zu den Bürgermeistern – waren über die Route der Westsibirien-Expedition unterrichtet und avisiert, tatkräftig zu helfen. Das taten sie mit großer Begeisterung. Eine Aufgabe erfüllten sie mit besonderem Geschick: Die Verschleierung der sozialen Abgründe in Sibirien.

Die Wahl der Forschungsreisenden dokumentierte deutlich die wissenschaftlichen Ziele des Unternehmens. Finsch und Brehm wurden noch begleitet von einem Botaniker, dem Major a. D. Karl Graf von Waldburg-Zeil-Trauchburg, der auf eigene Rechnung reiste, vielleicht auch in inoffiziellem Auftrag. Er vertrat nebenbei die kommerziellen Anliegen der deutschen Geldgeber mit einem Fragebogen, der dank 55 Punkten an deutscher Ausführlichkeit nichts zu wünschen übrig ließ. Mit ihm erkundete Waldburg-Zeil-Trauchburg den Bedarf an Massenware und Luxuriösem, russische Konkurrenzprodukte, den Markt und die Infrastruktur, sibirische Waren und deren Exportmodalitäten, Viehzucht, Pferdezucht, Arbeitsmöglichkeiten, Arbeitskräfte und Dienstleistungen. Eine der vielen Fragen dürfte zweideutige Antworten provoziert haben: Hatten deutsche Gouvernanten Chancen, sich in Sibirien zu verheiraten? Waldburg-Zeil-Trauchburg war überhaupt ein flexibler Bursche. Sechs Jahre zuvor hatte er Ost-Spitzbergen kartografisch erschlossen und die Strömungsverhältnisse des Nordmeers vermessen; als Botaniker war er nicht überragend, aber solide.

Alfred Brehm forschte wie stets penibel, fleißig, unermüdlich. Aber er reiste anders als zuvor. Unentwegt sandte Brehm seiner Frau Briefe und ausführliche Kurznachrichten: Postkarten, eine Erfindung, die erst sieben Jahre zuvor in Österreich-Ungarn ihre Weltpremiere erlebt hatte. So persönlich die Post an Mathilde gerichtet war, sie enthielt eine Fülle von Beobachtungen, Notizen, Berichten und eine ge-

naue Beschreibung des Weges. Alles in Gabelsberger Kurz-
schrift, die seine Frau in Klarschrift übertrug. Die Menschen
in Deutschland nahmen großen Anteil an der Sibirienreise,
schließlich war sie die bedeutendste seit der von Humboldt
1829. Eine Audienz bei Kaiser Wilhelm am Tag vor der
Abreise am 5. März 1876 hatte das unterstrichen. Frau Dr.
Brehm sollte einiges vom Material an die Zeitungen weiter-
leiten, vor allem Nachrichten von den Sitten und der Lebensweise der sibirischen Völker. Noch während der Reise
erschienen, von Wien bis Schlesien, mehrere Zeitungsarti-
kel. Es ging Brehm darum, Vorurteile abzubauen; verschie-
dentlich war er abschätzig gefragt worden, was er im eisigen
Land der Verbrecher und Bären denn eigentlich wolle.
»Das Tagebuch geht mir über alles andere.« Neben der Flut
an Briefen und Postkarten schrieb Brehm während der Reise
19 Tagebücher im Oktavformat; Notizen und Essays zu Tierwelt, Landschaft und zum Leben der Einheimischen. Da er
alles stenografierte, lässt sich denken, wie umfangreich der
Stoff ist. Nur ein Teil davon – die ethnografischen Aufzeichnungen über die Kirgisen – ist bis heute veröffentlicht. Auch
aus der Steno-Post nach Hause ließen sich ganze Bücher
machen.
Die Reiseroute der Expedition gibt bis heute Rätsel auf. Über
den Süden nach Norden? Aber gerade im Süden konnte
Brehm die reichsten Beobachtungen machen, in der Tierwelt, in den Kosakensiedlungen an der chinesischen Grenze,
in kasachischen Aulen, den Siedlungen der asiatischen Turk-
völker – und zwischendurch bei den Mullahs mit seinen ex-
zellenten Arabischkenntnissen glänzen.
Besonders faszinierte Brehm die Beziehung der Kirgisen zu
ihren Pferden: »Ungleich wertvoller als Jurte, Teppiche, Kleider und das von den Reichen außerdem aufgespeicherte
unnütze Silber ist der eigentliche Besitz des Kirgisen: seine

Herden. ... Das Pferd gibt immer den Maßstab für den Besitz, sein Wert ist es, nach welchem gerechnet wird; der Reichtum wird daher geradezu in Pferden ausgedrückt, in Pferden zählt man Brautschatz, Pferdeswert wird hierbei, bei Wetten, bei Geschenken zugrunde gelegt, der Preis eines Kamels nach Pferden bestimmt. Ohne Pferd ist der Kirgise dasselbe, was bei uns ein heimatloser Mann, ohne Pferd hält er sich selber für den Ärmsten unter der Sonne: Das Pferd ist unbedingt das wichtigste, nicht allein das edelste seiner Haustiere.« Der Umgang mit den Pferden war ein ganz anderer, als Brehm ihn von Arabern, Engländern oder Deutschen kannte. Denn bei den Kirgisen regelten Bedürfnisse und Eigenarten des Pferdes den Tagesablauf, die Lebensweise und den Lebensrhythmus. Nebeneinander schildert Brehm das Verhalten von Mensch und Pferd. Auch in der reichen Volkspoesie und den Liedern der Kirgisen findet er Pferde als ständiges Thema. Die Basis einer Kultur auf solche Weise herauszuarbeiten macht Brehm zu einem Vorläufer der modernen Ethnologie.

Ein anderes Huftier, das ihn beschäftigte, war der Kulan. Er konnte ihn in freier Wildbahn beobachten, und es gelang sogar, ein Kulanfohlen zu fangen. Der Kulan war einer der Kandidaten, wenn es in der Wissenschaft um die Frage ging, von wem die Hauspferde abstammen. »Wenn Darwins Lehrsätze als richtig sich erweisen sollten, dürfen wir in dem Kulan vielleicht den Stammvater unseres durch jahrtausendelange Zucht und Veredelung allmählich umgestalteten Pferdes sehen ...« Leider stellte sich später heraus, dass Kulane zu den Halbeseln gehören. Zwei Jahre nach der Sibirienreise beschrieb Przewalski das Przewalskipferd, die einzige erhalten gebliebene Unterart des Wildpferdes. Brehm bekam es nicht zu Gesicht. Macht nichts, denn auch von ihm stammen unsere Hauspferde nicht ab.

Inzwischen war es Mitte Juni, und das eigentliche Ziel der Expedition lag immer noch Tausende von Kilometern entfernt. Vorher aber ging es noch für zehn Tage ins Altaigebirge. Angesichts der Schönheit der Landschaft und der Berge steigerte sich Otto Finsch in Pläne für eine touristische Erschließung hinein. Rasch war er wieder ernüchtert, als er errechnet hatte, dass die Anfahrt auf etwa 20 Tage ununterbrochenen Reisens per Eisenbahn, Dampfer und Pferdekutsche hinauslief. Der Altai blieb verschont.

Am 2. Juli legte der Dampfer in Tomsk ab, und die Gesellschaft fuhr den mächtigen Ob hinab bis Obdorsk, Salechard in der Sprache der Nenzen. Die Untersuchungen im Mündungsgebiet ließen Sibirjakows Träume platzen, denn der Fluss Tschutschja, um den sich seine Kanalpläne rankten, war für die Schifffahrt ungeeignet. Nichts Besseres ergab die Erkundung eines weiteren Flusses, dessen Wasserstand stark schwankte: »Schön, weil frisch, lebendig, klar und rein, ist die Podarata: Schiffbar aber ist sie nicht.« Da blieb viel Zeit für das Erforschen der Ostjaken und Wogulen, die heute Chanten und Mansen genannt werden. Der findige Finsch stieß auf alte ostjakische Grabstätten und brachte dem berühmten Professor Rudolf Virchow in Berlin einige Schädel zur Untersuchung mit. Er bedauerte das später zutiefst, auch wenn er sich nicht traute, die oberste medizinische Autorität des Deutschen Reiches direkt anzugreifen: »Virchows Bemerkung über einen Schädel: ›Die Kieferbildung erinnert an den Schimpansen‹ – wird hoffentlich spätere Schriftsteller nicht veranlassen, die ohnehin so oft falsch beurteilten Ostjaken und Samojeden, auch in geistiger Beziehung, auf die Entwicklungsstufe menschgewordener Affen herabzuwürdigen.« Genau das aber war das Problem: Es galt als Ausdruck minderer Intelligenz und minderen Menschseins, wenn Völker keine Begeisterung für den

Fortschritt zeigten. Ihre Kultur galt als minderwertig. Die entsprechenden anatomischen Forschungen sollten sich noch ausweiten ...

Das Reisen setzte Brehm heftig zu. Alfred an Mathilde: »Die Wege sind furchtbar und die Reise ist kein Vergnügen. Mir ist zumute, als ob ich einen ganzen geschlagenen Tag auf dem Kamel geritten habe.« Als es am Ende von Nischni-Nowgorod aus wieder heimwärts ging, notierte er erleichtert: »Wir waren nun wieder glücklich auf der Eisenbahn, deren Segnungen man nach einer solchen Reise erst recht würdigen lernt.« Und: »Eisenbahn, – Schlitten, Tarantasse, Kirgisenpferd, Lotka, Rentierschlitten, Fußmarsch, ja selbst Dampfschiff, – o wer die Wonne beschreiben könnte, Eisenbahn, die du in uns heute wecktest!« Das klang schon einmal anders. Aber die Zeiten, in denen er klaglos Reisestrapazen ertragen hatte, waren eindeutig vorbei. »Zur Tundra zurück aber ziehen wir, ziehe ich wenigstens nicht wieder.« Brehm hielt in Moskau und St. Petersburg noch einige Vorträge über die Reise, Ende November 1876 war er wieder in Berlin.

[Eine Reise in Sibirien] Auf der krystallnen Decke der Wolga begannen wir am 19. März die hier rasch fördernde, aber doch nicht ungehinderte Fahrt. Tauwetter hatte uns begleitet von Deutschland nach Rußland, Tauwetter blieb unser beständiger Gefährte, als wären wir Boten des Frühlings. Mit Wasser gefüllte Löcher im Eise, an die gähnende Tiefe unter uns bedrohlich mahnend, durchnäßten Pferde, Schlitten und uns, oder nötigten zu unliebsamen Umwegen, welche des knarrenden und dröhnenden Eises halber gefährlicher erschienen, als sie waren, machten auch Kutscher und Postmeister so besorgt, daß wir schon nach kurzer Fahrt die glatte Eisfläche mit der bisher noch nicht befahrenen Sommerstraße vertauschen mußten. Sie, die Straße, auf welcher nicht allein Tausende und andere Tausende von Frachtwagen, sondern ebensoviele von Verbannten dem gefürchteten Sibirien zuziehen, für letztere eine Seufzerstraße, wurde auch uns zu einer solchen. Meterhoch lag der noch lockere, aber bereits wassergesättigte Schnee auf ihr; rechts und links rannen und rauschten Bächlein überall da, wo sie rinnen und rauschen konnten; in beklagenswerter Weise quälten sich die jetzt in langer Reihe vor einander gespannten Pferde, um festen Fuß zu fassen: sprungweise versuchten sie, die Spuren der ihnen vorausgegangenen zu erreichen, und bis an die Brust sanken sie bei jedem Fehlsprunge ein in den Schnee, in das eisige Wasser. Hinterher polterte der Schlitten, in allen Fugen krachend, wenn er mit jähem Sprunge aus der Höhe herab in die Tiefe geschleudert wurde; stundenlang blieb er zuweilen, der unglaublichsten Anstrengungen der Pferde spottend, in einem Loche sitzen, und wehmütig fast klagte der rätselhaften Faldine Gabe, das wölfescheuchende Glöcklein. Vergeblich mahnte, bat, beschwor, krächzte, kreischte, schrie, brüllte, fluchte und peitschte der Kutscher; in den meisten Fällen gelang es erst durch fremde Hilfe, wieder flott zu werden.

Qualvoll dehnten sich die Stunden, zu vier- und fünffacher Länge die Wegstrecken. Vom Schlitten aus nach rechts und links zu schauen, verlohnte sich kaum der Mühe, denn reizlos und öde liegt das flache Land vor dem Auge. [...]

Mit leichteren Schlitten, auf womöglich noch grundloseren Wegen zogen wir weiter, Perm, dem Ural entgegen.

Durch tatarische und russische Dörfer und die sie umgebenden Fluren, durch weitausgedehnte Wälder führt die Straße. Die tatarischen Dörfer stechen meist vorteilhaft von den russischen ab und machen sich nicht allein durch das Fehlen der als unrein geltenden Schweine, sondern, und mehr noch, durch den stets wohlgepflegten, mit hohen Bäumen bestandenen Friedhof kenntlich; denn der Tatar ehrt die Ruhestätte seiner Toten, der Russe höchstens die seiner Heiligen. Die Wälder sind, obschon forstlich eingeteilt, doch nichts anderes als Urwälder, welche erwachsen und gedeihen, altern und vergehen ohne Zuthun des Menschen: sie liegen viel zu weit ab von schiffbaren Flüssen, als daß sie sich jetzt schon verwerten ließen.

Zwei große Flüsse, die Wjätka und Kama, kreuzen unsere Straße. Noch hält jene der Winter in starren Banden; aber der heranwehende Frühling beginnt bereits die eisige Decke zu lösen. Wasser überflutet die Uferränder und zwingt die Pferde der Frachtfuhrleute, welche die über solche Stellen geschlagenen Notbrücken verschmähen, schwimmend den hinter ihnen wie ein Boot treibenden Schlitten durch das Wasser zu ziehen.

Schon vor Perm müssen wir den Schlitten mit dem Reisewagen vertauschen, und in ihm rollen wir dem Europa und Asien trennenden Ural zu. Ueber langgestreckte, sanfte, aber mehr und mehr ansteigende Hügelreihen zieht sich die Straße. Das Gepräge der Landschaft ändert sich; zwar nicht großartige, aber doch hübsche Gebirgsbilder stellen sich dem Auge dar. Kleine Wäldchen mit dazwischen liegenden Feldern und Wiesen erinnern an die Vorberge der Alpen Steiermarks. Die meisten Wälder sind arm und dürftig, denen der Mark vergleichbar, andere reicher und bunt, auch auf weithin geschlossen. Dort werden sie von niedrigen Kiefern und Birken gebildet, hier von beiden Bäumen mit dazwischen eingesprengten Linden, Espen, Schwarz- und Weißpappeln, über deren runde Kronen die cypressenartigen Wipfel der herrlichen Pichta oder sibirischen Tanne wie Kerzen emporragen. Die Dörfer sind durchschnittlich größer, die Häuser stattlicher als in den bisher durchreisten Gegenden, die Wege aber über alle Begriffe schlecht. »Mit müder Qual« schleichen Tausende von Frachtwagen auf oder richtiger in tiefkotigen Geleisen dahin, langsam und verdrießlich auch wir, bis wir endlich nach dreitägiger Fahrt die Wasserscheide der beiden großen Stromgebiete der Wolga und des Ob erreichen und durch einen Denkstein, auf dessen Westseite das Wort »Europa«, auf dessen Ostseite das Wort »Asien« eingegraben ist, erfahren, daß wir die Grenze des heimatlichen Erdteils überschritten haben. Unter dem Klange der Gläser gedenken wir der fernen Lieben.

Das freundliche Jekatarinburg mit seinen Goldschmelzen und Steinschleifereien darf uns trotz der Gastlichkeit seiner Bewohner nur kurze Zeit fesseln; denn mächtiger und eindringlicher regt sich der Frühling, und weicher und morscher wird das Eis der Flüsse und Ströme, welches bis nach dem fernen Omsk uns noch als Brücke dienen soll. Rastlos eilen wir weiter durch die Gefilde des asiatischen Teils des Permschen Gouvernements, bis wir dessen Grenze und damit Westsibirien erreichen. [...]

So ging es weiter; vor oder hinter uns warfen die Flüsse ihre Winterdecken ab; nur der gefürchtete Irtysch lag noch erstarrt und sicher unter uns, und so erreichten wir Omsk, die Hauptstadt Westsibiriens, nach mehr als monatlicher Reise ohne weitere Zwischenfälle.

Nachdem wir in Omsk gesehen, was zu sehen war: die Straßen und Häuser, das Kadettenhaus, Museum, Krankenhaus, das Kriegergefängnis und anderes mehr, fuhren wir auf der längs des rechten Irtyschufers sich dahinziehenden, die Dörfer der sogenannten Kosakenlinie verbindenden Straße nach Semipalatinsk weiter. Schon zwischen Jalutoroffsk und Omsk hatten wir eine Steppe, die von Ischim, durchreist: jetzt umgab sie uns von allen Seiten, und allnächtlich fast röteten die Flammen ihres in Brand gesteckten vorjährigen Grases und Krautes den Himmel. Längs des Irtysch zogen die Wandervögel dahin, unmittelbar hinter dem nordwärts treibenden Eise her; die Wasservögel erfüllten alle Altwässer und Steppenseen mit ihrer Menge; verschiedene Lerchenarten trieben sich in starken Flügen am Wege umher; die niedlichen Falken der Steppe hatte ihre Sommerstände bereits wieder bezogen, der Frühling war zur Wahrheit geworden.

In Semipalatinsk hatten wir das Glück, in dem Gouverneur, General v. Poltoratski, einen warmen Freund und Beförderer unserer Bestrebungen, in seiner Gemahlin die liebenswürdigste Wirtin zu finden, welche wir überhaupt hätten finden können. Nicht zufrieden damit, uns in Semipalatinsk die gastlichste Aufnahme bereitet zu haben, beschloß der General, uns in der ansprechendsten Weise mit dem Hauptteile der Bevölkerung seines Gebietes, den Kirgisen, bekannt zu machen, und veranstaltete zu diesem Zwecke eine großartige Jagd auf Archare, Wildschafe, deren

Größe die unserer Hausschafe fast um das Doppelte übertrifft.

Am 3. Mai brachen wir zu dieser Jagd auf, übersetzten den Irtysch und fuhren auf der Poststraße nach Taschkent in die Kirgisensteppe hinein. Nach sechzehnstündiger Fahrt hatten wir das Jagdgebiet, ein felsiges Steppengebirge, erreicht; bald darauf standen wir vor dem unseretwegen errichteten Aul oder Jurtenlager, freundlich begrüßt von der uns gestern vorausgeeilten Frau Generalin, herzlich auch von einigen zwanzig kirgisischen Sultanen, Gemeindevorstehern und deren zahlreichem Gefolge.

An den drei folgenden Tagen ging es hoch her in den Arkatbergen. Für die stets nach Festlichkeiten verlangenden Kirgisen waren Feiertage angebrochen, für uns nicht minder. Das Thal und die Berge wurden laut unter dem Hufschlage der achtzig oder mehr Reiter, welche an den beiden nächsten Tagen zur Jagd hinauszogen; die Sonne blitzte, so oft sie sich zeigte, auf bunte, fremdartige Gewänder herab, welche bisher unter Pelzen verhüllt gewesen waren; lebendiges Gewimmel erfüllte Berge und Thalschluchten. Mit ihren besten Rennpferden, ihren wertvollsten Paßgängern, gezähmten Steinadlern, Windhunden und Kamelen, mit Zitherspielern und Stegreifdichtern, Ringkämpfern und sonstigen Recken waren sie erschienen, die einst so gefürchteten Kirgisen, deren Name nichts anderes als Räuber bedeutet, heute die gefügigsten, getreuesten und zufriedensten Unterthanen des russischen Reiches. In Gruppen und Haufen saßen sie beisammen, einzeln und in Scharen sprengten sie hin und her, in Lust und Uebermut ihre Rosse tummeld; mit regster Aufmerksamkeit folgten sie dem Ringkampfe, mit Begeisterung den von Knaben gerittenen Rennpferden; mit Geschick und Verständnis leiteten sie die Jagd; mit Entzücken lauschten sie auf die Worte des Stegreifdichters, welcher die Jagd besang. [...]

Wir verließen die Arkatberge und bald darauf auch das Verwaltungsgebiet unseres Gastfreundes, von welchem wir uns auf dem Jagdplatze getrennt hatten, wurden in Sergiopol, der ersten Stadt Turkestans, von Oberst Friedrichs empfangen und im Namen des Generalgouverneurs dieser großen Provinz begrüßt und zogen nunmehr in seiner Gesellschaft unseres Weges weiter. [...]

In Bakti, dem letzten russischen Grenzposten, ward uns die Kunde, daß Seine Unaussprechlichkeit, der Dschandsun Djun, Oberstatthalter der Provinz Tarabagatai, uns auch von seiten Chinas begrüßen wolle und zu einem Gastmahle eingeladen habe. Um diesem Wunsche des hohen Mandarin nachzukommen, ritten wir am 21. Mai nach der Hauptstadt besagter Provinz, Tschukutschak oder Tschautschak, hinüber.

Der Reiterzug, welcher sich durch die sommerlich glühende Steppe bewegte, war zahlreicher und glänzender als je zuvor. Teils um in dem vom Aufruhr heimgesuchten Lande die nötige Sicherheit zu genießen, teils um vor Seiner Herrlichkeit würdig, um nicht zu sagen pomphaft, auftreten zu können, hatten die uns begleitenden Herren außer den uns unter Führung unseres neuen Geleitgebers, Major Tichanoff, aus Sachan entgegengekommenen dreißig Kosaken und unseren alten kirgisischen Freunden noch eine halbe Sotnie Kosaken aus Bakti aufgeboten, und somit erdröhnte die bisher so öde Steppe unter den Hufschlägen eines kleinen Heeres. Alle unsere Kirgisen ritten heute in Feierkleidern, und ihre schwarzen, blauen, gelben und roten, mit Silber- und Goldtressen besetzten Kaftane wetteiferten an Glanz und Schimmer mit den Uniformen der uns begleitenden russischen Offiziere. An der neuerdings vereinbarten Grenze erwartete uns ein chinesischer Krieger höheren Ranges, um uns zu begrüßen, kehrte hierauf um und jagte, so schnell sein Roß ihn tragen wollte, wiederum zurück, um seinem Gebieter unsere Ankunft zu melden. Ueber Trümmerhaufen stolperten, zwischen halbeingefallenen und halbfertigen Gebäuden, aber auch zwischen blühenden Gärten dahin schritten die Hufe unserer Pferde, als wir die Stadt erreicht hatten; fratzenhafte Mongolengesichter grinsten uns entgegen, Frauen von geradezu abschreckender Häßlichkeit beleidigten mein Schönheitsgefühl in empfindlicher Weise. Vor dem Wohngebäude des Statthalters sammelte sich der Zug; Erlaubnis zum Eintreten begehrend hielten wir vor der breiten Pforte. Ihr gegenüber erhob sich eine künstlich zusammengesetzte Mauer, in der Mitte ein wundersames Tierbild zeigend; rechts und links davon lagen chinesische Marterwerkzeuge am Boden. Ein Hausbeamter bat, einzutreten, bedeutete aber gleichzeitig den Kosaken und Kirgisen draußen zu bleiben. Der Statthalter empfing uns in seinem Wohn-, Geschäfts- und Gerichtsraume mit größter Feierlichkeit. Alle Würde eines hohen Mandarin bewahrend, mit der Rede kargend und nur einzelne abgebrochene Laute ausstoßend, welche jedoch stets von einem heiter grinsenden Lächeln begleitet wurden, reichte er uns die Hand und lud zum Niedersitzen an der mit Thee und unzähligen kleinen Schüsseln beschickten, wunderliche Genüsse aufweisenden Frühstückstafel ein: »und wir erhoben die Hände zum lecker bereiteten Mahle«. Reis, verschiedene in Oel eingemachte und getrocknete Früchte, pergamentdünne Scheibchen Schweinefleisch, gedörrte Garnelenschwänze nebst einer Menge unkenntlicher oder doch unbestimmbarer Leckereien und Süßigkeiten bildeten die Speisen, trefflicher Thee und abscheulich fuseliger Reisbranntwein von weingeistartiger Stärke die Getränke. Nach der Mahlzeit, welche infolge eines vorsichtigerweise schon vorher eingenommenen reichlichen und zweifellosen Imbisses für mich wenigstens unschädlich ablief, wurden Wasserpfeifen gereicht und sodann verschiedene denkbare und undenkbare Gegenstände dieses und des Nebenraumes besichtigt: Landschafts- und Tierbilder, von der Regierung gesandte Belobungsschreiben, das große, mit erheiternder Sorglichkeit in bunte Seidenstoffe gekünstelt eingehüllte Staatssiegel, absonderliche Pfeile von einer Bedeutsamkeit, wie solche nur ein chinesisches Gehirn ihnen beilegen konnte, Erzeugnisse europäischer Betriebsamkeit und dergleichen mehr. Ueberaus gemessen und unaussprechlich würdevoll bewegte sich die Unterhaltung. Unsere Anreden wurden aus dem Französischen ins Russische, aus dem Russischen ins Kirgisische, aus dem Kirgisischen ins Chinesische übersetzt, und die Antworten auf dem rückwärtigen Wege uns übermittelt; kein Wunder daher, daß die Gespräche den Ton der größten Feierlichkeit annahmen. Nach dem Frühstücke traten chinesische Pfeilschützen an, um uns ihre kriegerische Tugend und Geschicklichkeit zu zeigen; hierauf führte uns der Dschandsun allerhöchstselbst in seinen Gemüsegarten, um uns dessen Erzeugnisse kosten zu lassen; endlich verabschiedete er uns, und wir ritten nunmehr durch die Straßen und Märkte der Stadt, fanden im Hause eines Tataren Gastfreundschaft und ein vortreffliches, durch die Gegenwart der bildschönen jungen, zu unserer Ehre in das Männergemach berufenen Frau noch besonders gewürztes Mahl und verließen hierauf gegen Sonnenuntergang den auch geschichtlich merkwürdigen Ort.

Tschukutschak ist dieselbe Stadt, welche im Jahre 1867 nach langwieriger Belagerung den Dunganen, einem mongolischen, aber dem Islam ergebenen, gegen die chinesische Oberherrschaft in beständigem Aufruhr stehenden Volksstamme in die Hände fiel, mit Mann und Maus vernichtet und der Erde gleichgemacht wurde

Von den dreißigtausend Einwohnern, welche Tschukutschak kurz vorher gezählt haben soll, war über ein Drittel geflohen, der Rest aber, durch wiederholt abgeschlagene Stürme sicher gemacht, zu seinem Verderben geblieben. Als den Dunganen der letzte Sturm gelang, hausten sie mit derselben Grausamkeit und Unmenschlichkeit, welche die Chinesen ihnen gegenüber bethätigt hatten. Was nicht dem Schwerte verfiel, wurde vom Feuer vernichtet. Als unser bisheriger Reisebegleiter, Oberst Friedrichs, vierzehn Tage später die Stätte besuchte, auf welcher Tschukutschak gestanden, kräuselte keine Rauchwolke mehr die verkohlten Firste. Wölfe und Hunde, die Bäuche geschwellt vom Fraße an menschlichen Leibern, schlichen beutesatt vor ihm davon oder ließen sich in ihrem eklen Mahle nicht stören und nagten weiter an dem Gebein ihrer früheren Gebieter; Adler, Milane, Raben und Krähen teilten mit ihnen den Schmaus. Wo man Raum hatte schaffen müssen, waren die Leichen auf Haufen geworfen worden, Dutzende, Hunderte übereinander; in den übrigen Stadtteilen, in den Straßen, Hofräumen, Häusern lagen sie einzeln, zu zweien, zu zehn, Gatte und Gattin, Urahne, Großmutter, Mutter und Kind, Familien und nach Rettung geflüchtete Nachbarn nebeneinander, die Stirnen zerklafft von Schwerthieben, die Gesichter zerfetzt, verbrannt, die Glieder vom Zahne der Hunde und Wölfe benagt, zerrissen, die Leiber ohne Köpfe, ohne Hände. Was die tollste Einbildung an Greueln ersinnen konnte, fand das entsetzt umherirrende Auge hier verwirklicht.

Heutzutage zählt Tschukutschak höchstens tausend Einwohner; heutzutage steht die neuaufgebaute, zinnengekrönte Festung thatsächlich unter dem Schutze des kleinen russischen Piketts in Bakti; denn daß die Dunganen noch immer nicht die Waffen niedergelegt haben, noch immer nicht besiegt worden sind, bewies uns der vor wenig Tagen erfolgte Ausmarsch eines chinesischen Heeres in das Thal des Emil, in welches jene wiederum einzubrechen drohten. [...]

Am Nachmittage des 31. Mai bestiegen wir unsere Reisewagen wieder und rollten dem schwarzen Irtysch zu, um ein uns vom General Poltoratski im Altaigebirge gegebenes Stelldichein nicht zu verfehlen. Durch reiches Steppenland, über kohlschwarze Erde, später durch trockenere Hochsteppen ging die rasche Fahrt bis zum Strome, dessen hochgehende Wellen uns am nächsten Tage dem Saisansee zuführten. So langweilig uns bisher alle Flüsse und Ströme Sibiriens erschienen waren, der schwarze Irtysch war es nicht; denn köstliche Fernsichten auf zwei gewaltige Hochgebirge,

Saur und Altai und die damit zusammenhängenden Ketten, entzückten, ein frisch grüner Ufersaum mit Vogelsang und heiterem Vogelleben erquickten das Auge. Ein rasch ausgeworfenes Netz förderte in reicher Menge köstliche Fische ans Licht und bewies uns, daß der Strom ebenso reich als schön ist. Nachdem wir am 2. Juni den flachen und trüben, überaus fischreichen, aber nur durch die von ihm aus sich bietenden Fernsichten anziehenden See überfahren hatten, durchzogen wir am nächsten Tage den ödesten Teil der Steppe, welcher uns bisher zu Gesicht gekommen, lernten aber gerade hier drei der bemerkenswertesten Steppentiere kennen: den Kulan, ein Wildpferd, die Steppenantilope und das Fausthuhn. Vom erstgenannten wurde durch unsere Kirgisen ein Füllen gefangen, vom letzteren ein Stück erlegt. Abends rasteten wir in den Vorbergen des Altai, am nächsten Tage trafen wir am bestimmten Orte mit den früheren Gastfreunden zusammen und ritten fortan unter ihrem Geleite weiter. [...]

Mit uns aber reisten anfänglich mehr als zweihundert Menschen, meist Kirgisen, welche berufen waren, um einen kaiserlichen Befehl betreffs Aufhebung ihrer Weiderechte im kaiserlichen Krongute Altai entgegenzunehmen und sich über ihre infolgedessen zu verändernden Wanderungen zu einigen; aber auch nachdem die Beratungen vorüber waren, zählte unser Reisezug immer noch über hundert Pferde und sechzig Reiter. [...]

Von den Offizieren der Staniza reichlich beschenkt mit allerlei Erzeugnissen der Umgegend, setzten wir am 12. Juni die Reise fort. Hell und freundlich lachte die Sonne vom reinen Himmel herab auf die großartige, heute zum erstenmal unverschleierte Landschaft. Unabsehbare parkartige Thäler, eingerahmt durch schroff sich auftürmende, schneebedeckte, heute mit zauberischen Farben übergossene Hochgebirge, herrliche Bäume auf den Wiesen, blühende Gebüsche an den Gehängen, unendlich mannigfaltiger, über alle Beschreibung köstlicher Schmuck der im lang entbehrten Sonnenlichte gleichsam aufjauchzenden Blumen, frisch erblühte Heiderosen aller Farben dazwischen, Kuckucksruf und Vogelsang aus allen Kehlen, kirgisische Auls in den breiteren Thälern am Fuße der Berge und russische, grün umbuschte Dörfer, weidende Herden, fruchtbare Felder, rauschende Bäche und zackige Felsmassen, milde Luft und würziger Frühlingsduft umschmeichelten die Sinne während der ganzen Fahrt. Bald überschritten wir die Grenzen des kaiserlichen Gutes Altai – eines Gutes, welches an Größe nur wenig hinter Frankreich zurücksteht! [...]

An die anmutigen Gelände der Vorberge schließen sich steppenartige Ebenen an; mit dem besiedelten Lande wechseln ausgedehnte, breite Wälder ab. Große, reiche Dörfer, wertvolle, fruchtbare, in kohlschwarzer Ackererde angelegte Felder, schön gebaute, ihres Wohlstandes bewußte Männer, schöne, in malerische Tracht gekleidete Frauen, kindisch neugierige und kindlich gutmütige Menschen, treffliche, leistungsfähige, unermüdliche Pferde, kräftige, wohlgestaltete Rinder in großen Herden weidesatt die Dörfer umlagernd, unendliche Wagenkarawanen, auf guten Wegen Erz und Kohlen verführend, Murmeltiere an den Berggehängen, Ziesel in den Ebenen, Kaiseradler auf den Merkpfählen am Wege, reizende Zwergmöwen an den Gewässern und Ortschaften belegen die Gegend, welche die Straße durchschneidet. Wie im Fluge eilten wir durch das Land, wie im Fluge besuchten wir das mit Fug und Recht Schlangenberg benannte Hüttenstädtchen; kurze Rast nur gönnten wir uns in dem Hauptorte des Gutes, der Kreisstadt Barnaul. Dann ging es weiter nach dem Bergstädtchen Salair, nach der großen Gouvernementsstadt Tomsk.

Schon vor Barnaul hatten wir den Ob erreicht, bei Barnaul ihn überschritten; in Tomsk schifften wir uns ein, um ihn zu befahren. Sechsundzwanzighundert Werst, fast vierhundert geographische Meilen schwammen wir, nachdem wir durch den Tom in ihn gelangt, abwärts auf diesem Riesenstrome, welcher ein größeres Stromgebiet besitzt als alle Ströme Westeuropas zusammengenommen, mehr und mehr dem Norden uns nähernd; vier Tage und Nächte trug uns das mit dem zum höchsten Wasserstande angeschwollenen Fluten zu Thal fast doppelt so schnell als stromaufwärts eilende Dampfschiff dem Eismeer zu; elf volle Tage und Nächte brauchten wir, um die Strecke von der Einmündung des Irtysch bis zum Ausflusse der Schtschutschia zurückzulegen, obgleich wir nur in Samarowo und Bereosoff einige Stunden rasteten, und die beiden Tage, welche wir in Obdorsk, dem letzten russischen Dorfe am Strome, verbrachten, in jene Rechnung nicht eingeschlossen sind. Gewaltig, überaus großartig ist dieser Strom, so einförmig, so öde er auch genannt werden mag. In einem Thale, dessen Breite von zehn bis dreißig Kilometer wechselt, strömt er dahin, mit unzähligen Armen zahllose Inseln umschließend, zu oft unabsehbaren seenartigen Flächen sich breitend, nahe seiner Mündung bis zu durchschnittlich achtundzwanzig Meter Höhe das Bett seines meilenbreiten Hauptarmes füllend.

Kaum durch Lichtungen unterbrochene Urwälder, bis in deren Innerstes noch nicht einmal der eingeborene Mensch vorgedrungen, bekleiden das Gelände seiner wirklichen Ufer; Weidenwaldungen in allen Zuständen des Wachstums dieser Baumart decken die ewig durch die umgestaltenden Fluten benagten, ihnen verfallenden und von ihnen wiederum neu aufgebauten Inseln. Aermer und ärmer wird das Land, ärmer und dürftiger werden diese Wälder, liederlicher auch die Dörer, je weiter man stromabwärts kommt, obgleich der Strom je näher seiner Mündung, je reichlicher spendet, was das arme Land versagt. Schon bald unter Tomsk, unterhalb Tobolsk, lohnt die Erde die Arbeit des ackerbauenden Menschen nicht mehr; weiter abwärts hört auch die Viehzucht allmählich auf, aber reiche Beute gewährt hier der von unschätzbaren Heeren köstlicher Fische wimmelnde Strom, reiche Jagdbeute auch der Urwald längs seiner beiden Ufer. An Stelle des Bauern tritt der Fischer und Jäger, an Stelle des Viehzüchters der Renntierhirt. Seltener und seltener werden die russischen Ansiedelungen, häufiger die Wohnsitze der Ostjaken, bis endlich nur noch die beweglichen kegelförmigen Birkenrindenhütten, hier »Tschum« genannt, und dazwischen höchstens überaus ärmliche Blockhäuser, die zeitweiligen Wohnsitze der russischen Fischer, von dem Dasein des Menschen Kunde geben.

Wir hatten beschlossen, auch eine Tundra oder Moossteppe zu durchwandern und deshalb das zwischen dem Ob und dem Karischen Meerbusen gelegene Land der Samojedenhalbinsel ins Auge gefaßt, um so mehr, als in diesem von Europäern kaum noch betretenen Teile der großen, als breiter, baumloser Gürtel um den Pol sich schlingenden Wüstenei auch eine für den Handel wichtige Frage zu lösen war. Behufs dieser Reise mieteten wir in Obdorsk und weiter unten am Strome mehrere Leute, Russen, Syrjänen, Ostjaken und Samojeden, und traten am 15. Juli unsere Fahrt an.

[In der Tundra] Wer die Mücke als das bedeutsamste aller Lebewesen der Tundra betrachtet, dürfte kaum des Irrtums geziehen werden können. Sie ermöglichst nicht wenigen höheren Tieren, insbesondere Vögeln und Fischen, zu leben; sie zwingt andere wie den Menschen, zeitweilig zu wandern; sie ist die alleinige Ursache, daß die Tundra im Sommer für gesittete Menschen unbewohnbar wird. Ihr Auftreten übersteigt alle Begriffe: ihre Macht besiegt Mensch und Tier; die durch sie verursachte Qual spottet jeder Beschreibung.

Es ist bekannt, daß die Eier aller Stechmücken in das Wasser gelegt werden, und daß die binnen weniger Tage jenen entkriechenden Larven bis zu ihrer Umwandlung im Wasser leben. Hieraus erklärt sich, daß die Tundra mehr als jedes andere Gebiet ihre Entwickelung, ihr massenhaftes Auftreten begünstigt. Sobald die wiederum aufsteigende Sonne Schnee, Eis und die oberste Kruste der Erde ab- und aufgetaut hat, regt sich das im Winter wohl gebundene, nicht aber vernichtete Leben der Mücken. Den im vereisten Schlamme bewahrten, nicht aber zerstörten Eiern entschlüpfen Larven; sie wandeln sich binnen weniger Tage zu Puppen, die Puppen zu geflügelten Kerfen, und Geschlechter folgen in kürzesten Fristen Geschlechtern. Noch vor der Hochsonnenwende beginnt, und bis zur Mitte des August währt die Schwarmzeit der fürchterlichen Tiere.

Während dieser ganzen Zeit sind sie zur Stelle, vorhanden in der Höhe wie in der Tiefe, auf den Bergen oder Hügeln wie in den Thälern, zwischen dem Zwergbirken- oder Wollweidengestrüpp wie an den Ufern der Flüsse oder Seen. Jeder Grasstengel, jeder Mooshalm, jeder Zweig, jeder Ast, jedes Blättchen entsendet zu jeder Tageszeit Hunderte, Tausende von ihnen. Die Stechmücken oder Moskitos der Gleicherländer, der Urwaldungen und Sümpfe Südamerikas, Mittelafrikas, Indiens, der Sundainseln, gefürchtet von allen Reisenden, aber nicht schlimmer als unsere Tiere, schwärmen nur bei Nacht: die Mücken der Tundra fliegen zehn Wochen lang, und sechs Wochen hindurch thatsächlich so gut als ununterbrochen. Sie bilden Schwärme, welche aussehen wie dichter, schwärzlicher Rauch; sie hüllen jedes Geschöpf, welches sich in ihr Bereich wagt, in Nebel ein; sie erfüllen die Luft in solcher Menge, daß man kaum zu atmen wagt; sie vereiteln jede Anstrengung, sie zu vertreiben; sie wandeln den thatkräftigsten Mann zum willenlosen Schwächling, den Grimm desselben zur Furcht, den ihnen geltenden Fluch zur stöhnenden Klage.

Sobald man die Tundra betritt, tönt einem ihr Summen entgegen, vergleichbar bald dem Singen des Theekessels, bald wiederum dem Klingen eines schwingenden Metallstäbchens, und wenige Augenblicke später ist man umringt von Tausenden und Abertausenden. Ein von ihnen gebildeter oder aus ihnen bestehender Strahlenkranz umschwärmt Haupt und Schultern, Leib und Glieder, folgt, so schnell man sich auch bewege, und ist durch kein Mittel zu vertreiben. Bleibt man stehen, so verdichtet er sich; geht man fürder, so zieht er sich in die Länge; läuft man, so schnell man vermag, so dehnt er sich zu einer langen Schleppe aus, ohne jedoch zurückzubleiben. Weht einem mäßiger Wind entgegen, so beschleunigt er seinen Flug, um die Luftströmung zu überwinden; verstärkt sich der Wind, so strengen sich alle Glieder solchen Schwarmes aufs äußerste an, um ihr Blutopfer ja nicht zu verlieren, und prallen dann wie prickelnde Hagelkörner an Haupt und Nacken. Ehe man noch ahnt, ist man bedeckt vom Wirbel bis zur Sohle, bedeckt mit Mücken. In dichtem Gedränge, graue Kleider schwärzend, dunkle in eigenartiger Weise fleckend, setzen sie sich fest, laufen langsam auf ihnen hin und wider und suchen nach einer nicht übermachten Stelle, um Blut zu saugen. Zu dem unbeschützten Gesichte, dem Halse und Nacken, den bloßen Händen oder nur überstrumpften Füßen sind sie lautlos gekrochen, ohne daß man es fühlte, und einen Augenblick später senken sie langsam ihren Stachel in die Tiefe der Haut und flößen den brennenden Gifttropfen in die Wunde. Ergrimmt schlägt man den Blutsauger zu Brei; aber während die strafende Hand sich bewegt, sitzen bereits drei, vier, zehn andere Mücken auf ihr, im Gesichte, im Nacken, an den Füßen, um ebenso zu thun, wie die erschlagenen thaten. Denn wenn einmal Blut geflossen, wenn auf einer und derselben Stelle bereits mehrere Mücken ihren Tod gefunden, suchen alle übrigen gerade diese Stelle mit Vorliebe auf, und ob das Blachfeld nach und nach mit Tausenden von Leichnamen sich decke. Besonders beliebte Angriffsstellen sind die Schläfen, die Stirn dicht unter dem Hutrande, der Nacken und die Handbeuge, überhaupt solche Stellen, auf denen sie gegen Abwehr möglichst geschützt sind. [...]

So lähmen ihre an Zahl unschätzbaren, allgegenwärtigen, jederzeit kampffertigen Heere allgemach jeden Widerstand. Ununterbrochen durch sie belästigt, in jeder Handlung gehemmt, in jedem Genusse behindert, von jedem Gedanken abgelenkt, ermattet man nicht allein leiblich, sondern erschlafft endlich auch geistig. Der Fuß will dann nach kurzem Wege seinen Dienst versagen, der Geist keinen Eindruck in sich aufnehmen; die Tundra wird zur Hölle und ihre Plage zu namenloser Qual. Nicht der Winter und seine Stürme, nicht das Eis und seine Kälte, nicht die Armut, nicht die Unwirtlichkeit, sondern die Mücken sind der Fluch der Tundra!

[Heidnische Ostjaken] Der Ostjake, mit welchem wir am unteren Ob vorzugsweise verkehrt haben, mit welchem wir am häufigsten zusammengekommen sind und welchen wir besser kennen gelernt zu haben glauben, gehört dem finnischen Stamme an und teilt mit einem anderen Zweige dieses Stammes, dem der Samojeden, denselben Glauben, mit fast allen Finnen im engeren Sinne, also auch mit dem Lappen, annähernd dieselben Sitten und Gewohnheiten, dieselbe Lebensart, dieselbe Lebensweise: er ist Rentierhirt und Fischer, Jäger und Vogelsteller wie der Samojede, wie der Lappe. Abgesehen von seinem Glauben, vielleicht auch seiner Sprache, ähnelt er diesem wohl noch mehr als jenem; denn er ist ansässiger Siedler und Wanderhirt, während der Samojede, selbst wenn er Fischfang treibt, mindestens in dem von uns bereisten Teil Sibiriens, nur ausnahmsweise seine bewegliche Hütte mit dem feststehenden Blockhause vertauscht. [...]

Alle am Irtysch und oberen, beziehentlich mittleren Ob hausenden Ostjaken wohnen in feststehenden, sehr einfachen, aber den russischen ähnlichen Blockhäusern, und nur hier und da, immer sehr einzeln, trifft man zwischen diesen bereits eine höhere Gesittungsstufe anzeigenden feststehenden Wohnungen auch einmal auf ein Birkenrindenzelt, Tschum genannt, wogegen dieses am unteren Ob, insbesondere zwischen Obdorsk und der Mündung des Stromes, unbedingt vorherrscht und, wie erklärlich, die alleinige Behausung des wanderndern Rentierhirten ist. Fast, wenn auch nicht vollständig, im Einklange damit steht, daß die in feststehenden Dörfern lebenden Ostjaken der rechtgläubigen Kirche angehören, beziehentlich, da sie sich haben taufen lassen, derselben zugezählt werden, wogegen die noch im Tschum hausenden ihrem uralten, keineswegs dichterischen Aufschwungs und noch weniger sittlichen Gehaltes entbehrenden, von den russischen Priestern und ihre Anhängern und Nachbetern als blindes Heidentum bezeichneten Glauben noch gegenwärtig treu geblieben sind und diesen Glauben mit weit mehr Innerlichkeit und Ueberzeugung bekennen, als jene ihr sogenanntes Christentum, welches, vorurteilsfrei aufgefaßt, so wie es sich bemerklich macht, weit richtiger als hirnloser Götzendienst, denn als veredelter Ersatz jenes aus Kindesgemüt entsprungenen und in kindlicher Weise sich äußernden Glaubens erscheint. [...]

Ehrfurcht gegen die Eltern ist das erste und vornehmste Gebot der Ostjaken, Ehrfurcht gegen die Gottheit wohl erst das zweite. Als wir Mamru, dem erwähnten Gemeindevorsteher, den Rat erteilten, seine Kinder in der russischen Sprache und Schrift unterrichten zu lassen, erwiderte er uns, daß er den Nutzen einer solchen Kenntnis wohl einsehe, jedoch fürchten müsse, daß seine Kinder dann vergessen könnten, Vater und Mutter zu ehren und damit das wichtigste Gebot des Glaubens verletzen möchten, und daß er aus diesem Grunde zur Befolgung unseres Rates sich nicht zu entschließen vermöge. Dies mag der Grund sein, weshalb kein einziger Ostjake, welcher noch dem Glauben seiner Väter anhängt, in dieser Beziehung mehr erlernt als sein Zeichen, einen ihn und andere verpflichtenden Krikelkrakel, auf Papier zu zeichnen, in Holz oder in das Fell der Rentiere einzuschneiden. Und doch lernt er, als höchst anstelliger und geschickter Mensch, was ihm gelehrt wird, so rasch und leicht, daß er in dem frühreifen Alter, in welchem er verheiratet wird, alles versteht, was zur Begründung und Erhaltung eines Haushaltes erforderlich ist. Nur in Glaubenssachen scheint er sich gern eines eigenen Urteils zu begeben und, wenige ausgenommen, gerade deshalb dem Schamanen, welcher sich anmaßt, davon mehr, als er zu wissen, unverdiente Ehrerbietung zu zollen.

Wir unsererseits vermögen in solchem Schamanen welcher unter den Ostjaken, wie unter anderen mongolischen Völkerschaften Sibiriens, die Rechte eines Priesters beansprucht, eben nur einen Betrüger zu erkennen. Das einzige Mitglied der sauberen Brüderschaft, mit welchem wir zusammentrafen, ein getaufter Samojede, trug das Zeichen des Christentums auf seiner Brust, war sogar, wie das Gerücht wissen wollte, Diakon in einer Kirche der Rechtgläubigen

gewesen, that aber trotzdem seine Dienste als Schamane unter den heidnischen Ostjaken. [...]

Anfänglich Branntwein als Stolgebühr begehrend, dann
aber mit dem Versprechen eines Geschenkes sich zufrieden
erklärend, zog er sich in einen Tschum zurück, mit dem Bedeuten, daß er uns rufen lassen werde, wenn alle Vorbereitungen beendet sein würden. Zu letzteren schienen auch
dumpfe Trommelschläge zu gehören, welche wir nach ge-
raumer Zeit vernahmen; von anderen Vorkehrungen er-
kundeten wir nichts. Auf geschehene Meldung traten wir in
den Tschum.

Der ganze Raum der Birkenrindenhütte ist mit Menschen angefüllt, welche so viel als möglich gegen die Wände
gedrückt, rings im Kreise sitzen; unter Ostjaken und Samojeden, welche mit Weib und Kind erschienen sind, befinden
sich auch Russen mit ihren Frauen und Sprößlingen. Auf er-
höhtem Sitze, links vom Eingange, hat sich Widli, der Schamane, niedergelassen; ihm zur Rechten hockt kauernd auf
dem Boden ein Ostjake, zur Zeit ein Jünger des Meisters.
Widli trägt ein braunes Obergewand und darüber ein be-
schmutztes, ursprünglich weiß gewesenes, mit Goldtressen
dürftig besetztes talarähnliches Kleid; in seiner Linken hält
er die kleine, tamburinartige Trommel, so daß sie sein Gesicht beschattet, in seiner den Schlegel dazu; sein Haupt ist
unbedeckt, das rundgeschorene Haar frisch gestrählt. In der
Mitte des Tschum brennt ein Feuer und wirft, von Zeit zu
Zeit hell auflodernd, grelle Streiflichter auf die bunte Gesellschaft, in deren Mitte auf für uns freigehaltenen Plätzen
auch wir uns niederlassen. Ein dreimal wiederholtes, langge-
dehntes, wie vielstimmiger Gesang klingendes Geschrei,

Begräbnis bei den Ostjaken

eingeleitet durch einige Schläge auf der Trommel, begrüßt uns beim Eintreten und bezeichnet den Beginn der Handlung.

»Damit ihr seht, daß ich ein Mann der Wahrheit bin,« läßt sich der Meister vernehmen, »werde ich jetzt den mir vertrauten Boten des Rates der Himmlischen beschwören, unter uns zu erscheinen und mir mitzuteilen, was die Götter über eure Zukunft beschlossen haben. Ihr selbst werdet dann später zu erkennen vermögen, ob ich die Wahrheit gesprochen habe, oder nicht.«

Nach dieser Ansprache, welche durch zweier Dolmetscher Mund uns übermittelt wird, bearbeitet der Liebling der Götter das Kalb-, ich wollte sagen das Rentierfell seiner Trommel mit raschen Schlägen, welche sich zwar in einem gewissen Takte, nicht aber auch in bestimmter Anzahl folgen, und begleitet sie mit einem Gesange, welcher, nach samojedischer Art halb sprechend, oder richtiger brummend, halb singend vorgetragen, von dem Jünger, welchen wir den Küster nennen, auch stets getreulich wiederholt wird. Dabei hält der Meister die Trommel so, daß sie sein Gesicht in Schatten hüllt, schließt auch die Augen, um durch nichts von innerlichem Schauen abgezogen zu werden; der Küster dagegen raucht auch während des Gesanges, wie er vorher gethan, und spuckt zur Abwechslung dazwischen aus, wie er dies früher auch gethan. Drei langsame, bestimmte Schläge enden Trommeln und Gesang.

»Ich habe jetzt,« sagt der Meister mit Würde, »Jamaul, den Boten der Himmlischen, beschworen, unter uns zu erscheinen, vermag jedoch nicht zu bestimmen, wieviel Zeit vergehen kann, bevor er, der vielleicht ferne von uns weilt, zur Stelle sein wird.«

Und wiederum schlägt er die Trommel, singt er beschwörend, endet er Gesang und Begleitung wie früher.

»Zwei Kaiser sehe ich vor mir; sie werden euch ein Schriftstück senden,« spricht der Götterbote durch seinen Mund.

Jamaul hat also die Freundlichkeit gehabt, im Tschum zu erscheinen und seinem Lieblinge zu willfahren. Es folgen nunmehr, stets durch beschwörenden Trommelschlag und Gesang eingeleitet, die einzelnen Sätze der Götterbotschaft, wie folgt:

»Noch einmal, im nächsten Sommer, werdet ihr denselben Weg ziehen wie in diesem Jahre.«

»Dann werdet ihr die Gipfel des Ural besuchen, da wo die Flüsse Ussa, Bodaratta und Schtschutschja ihren Lauf beginnen.«

»Auf dieser Reise wird euch etwas geschehen, ob Gutes, ob Böses, vermag ich nicht zu sagen.«

»An der Bodaratta ist nichts zu erzielen, weil es dort an Holz und Weide fehlt; hier aber kann etwas ausgerichtet werden.«

»Eurem Vorgesetzten werdet ihr Rechnung abzulegen haben; er wird sie prüfen und mit euch zufrieden sein.«

»Auch vor drei Aeltesten eures Stammes werdet ihr euch zu verantworten haben; sie werden eure Schriften ebenfalls prüfen und dann über die neue Reise ihre Bestimmung treffen.«

»Eure Reise wird fortan glücklich, ohne jeden Unfall verlaufen, ihr werdet eure Lieben zu Hause im besten Wohlsein antreffen.«

»Wenn auch die jetzt noch an der Bodaratta weilenden Russen dasselbe aussagen wie ihr, werden zwei Kaiser euch belohnen.«

»Ich sehe kein Gesicht mehr vor mir.«

Die Handlung ist zu Ende; auf den Bergen des Ural liegt das letzte Dämmern der Mitternacht. Alle verlassen den

Tschum, aus den Mienen der Russen spricht dieselbe Gläubigkeit, wie aus den Gesichtern der Ostjaken und Samojeden. Wir aber fordern den Schamanen auf, uns auf unser Boot zu begleiten, lösen ihm und seinem Jünger durch Branntwein die Zunge und legen ihm dann allerlei Kreuz- und Querfragen vor, auch solche der spitzfindigsten Art. Er beantwortet alle, ohne Ausnahme, ohne durch irgend eine in Verlegenheit zu geraten, ohne zu zögern, ohne auch nur sich zu besinnen; er beantwortet sie überzeugungsvoll und überzeugend, klar und bestimmt, kurz und bündig, so daß wir jetzt noch zweifelloser als früher erkennen lernen, welch schlauen Gesellen wir vor uns haben.

Er schildert uns, wie schon in seiner Knabenzeit der Geist über ihn gekommen sei und ihn so lange gequält habe, bis er eines Schamanen Jünger geworden; wie er sich mehr und mehr mit Jamaul, dem Götterboten, welcher ihm erscheint als ein freundlicher Mann, auf schnellem Pferde reitend und einen Stab in der Hand tragend, befreundet habe; wie Jamaul ihm zu Hilfe eile und nötigenfalls der Himmlischen Hilfe herbeirufe, wenn er, der Schamane, mit bösen Dämonen zu kämpfen habe, oft mehrere Tage nacheinander; wie der Götterbote stets die wahre unverfälschte Botschaft der Himmlischen ihm mitteilen müsse, weil er sonst alle Schläge, welche die Trommel zum Tönen bringen, als schmerzhafte Streiche fühle; wie Jamaul auch heute, nur ihm sichtbar, hinter ihm im Tschum gesessen und ihm die uns gesagten Worte ins Ohr geflüstert habe; wie er, der Schamane, durch seine Kunst oder die ihm verliehene Gnade, welche auch sein Uebertritt zum Christentum nicht zu schwächen vermocht, Verborgenes erkunden, Gestohlenes ausfindig machen, Krankheiten erkennen, Tod oder Genesung Erkrankter voraussehen, die Schatten Gestorbener wahrnehmen und bannen, viel Böses verüben und viel Böses verhindern könne, aber nur Gutes thue aus Furcht vor den Himmlischen; er gibt uns ein ausführliches und klares, wenn auch nicht ganz richtiges Bild des Glaubens der Ostjaken und Samojeden; er versichert, daß alle seines Volkes wie die Ostjaken ihn in allerlei Nöten besuchen, um Rat fragen, sich durch ihn die Zukunft enthüllen lassen und, ohne zu zweifeln, ihm vertrauen, an ihn glauben.

Letzteres ist nicht der Fall. Die große Menge des Volkes mag in den Schamanen einen Wissenden, vielleicht auch einen Vermittler zwischen dem Menschen und der Gottheit und möglicherweise ebenso einen geheimnisvoll Mächtigen erblicken; seinen Worten und und Werken aber glauben viele ebensowenig, als andere Völker ihren Priestern. Der wirkliche Glaube des Volkes ist einfacher und kindlicher, als dem Schamanen recht sein mag. Es geht auch hier wie anderswo: der Priester oder der, welcher sich als solcher gebart, bevölkert den Himmel mit Göttern und Räten und Dienern der Gottheit; das Volk aber weiß nichts vom himmlischen Hofstaate.

Nach seinem Glauben thront in den Himmeln Ohrt, dessen Name so viel wie »Ende der Welt« bedeutet. Er ist ein allmächtiger Geist, welcher nur dem Tode gegenüber keine Macht hat, dem Menschen wohlwollend zugeneigt. Geber des Guten, Spender der Rentiere, Fische und Pelztiere, Hinderer des Bösen und Rächer der Lüge, streng nur dann, wenn ihm Versprochenes nicht gehalten wird. Ihm feiert man Feste, ihm opfert und zu ihm betet man; seiner gedenkt der Flehende, welcher sich vor ein heiliges Bild stellt. Das Bild, Longch genannt, kann aus Holz geschnitzt, oder ein Tuchbündel, ein Stein, ein Fell oder sonstiger Gegenstand sein: Kräfte besitzt, Schutz gewährt, ein Fetisch ist es nicht. Versammelt man sich vor einem Longch, bringt man einen solchen vor den Tschum, stellt man ihm eine Schüssel mit Fischen oder Rentierfleisch oder sonstige Opfer vor, legt man Wertgegenstände vor ihm nieder, packt man sie in sein Inneres selbst: man blickt dabei immer zum Himmel auf und gedenkt opfernd wie im Gebete der Gottheit. Böse Geister wohnen im Himmel wie auf Erden; aber Ohrt ist mächtiger, als sie alle; nur der Tod ist mächtiger als er. Ein ewiges Leben nach dem Tode gibt es nicht, eine Auferstehung ebensowenig; aber der Tote wandelt noch ferner als Schatten auf Erden umher, und der Schatten hat noch immer Macht, Gutes und Böses zu thun.

Stirbt ein Ostjake, so beginnt unmittelbar nach seinem Tode das Schattenleben des Gewesenen; daher schreitet man unverzüglich zu seiner Beerdigung. Schon vor seinem Tode hatten sich alle Freunde des Scheidenden versammelt; sofort nach dem Ableben zündet man im Tschum, in welchem die Leiche liegt, ein Feuer an und unterhält es, bis man zur Grabstätte aufbricht. Ein Schamane wird gerufen, um den Toten zu fragen, auf welchem Friedhofe er beerdigt sein will. Dies geschieht, indem man den Ort nennt und das Haupt der Leiche zu erheben versucht. Ist der Tote einverstanden, so läßt er zu, daß sein Haupt erhoben werde; im entgegengesetzten Falle würden drei Männer dies nicht vermögen. Dann muß die Frage wiederholt werden, bis der Tote einwilligt. Nunmehr sendet man kundige Leute zur

Stelle, um das Grab zu bereiten; denn diese Arbeit erfordert oft mehrere Tage.

Die Grabstätten liegen stets in der Tundra, auf erhabenen Stellen, gewöhnlich auf dem Rücken langgestreckter Hügel; die Gräber sind mehr oder minder kunstvoll zusammengefügte Truhen, welche über dem Boden aufgestellt werden. In Ermangelung fester Bohlen zu ihrer Herstellung zerschneidet man ein Boot und bettet in dieses den Leichnam; nur sehr arme Leute tiefen eine seichte Grube im Boden aus und begraben in ihr einen Toten.

Der Leichnam wird nicht gewaschen, aber mit Feierkleidern angethan und sein Haar gestrählt, sein Gesicht sodann mit einem Tuche verdeckt. Alle übrigbleibenden Kleider fallen den Armen zu. Einen fremden Toten berührt man nicht mit den Händen, einen geliebten Verwandten aber wohl, küßt ihm selbst mit Thränen im Auge das erstarrte Antlitz.

Auf einem Schlitten, in einem Boote, unter Geleit aller versammelten Verwandten und Freunde bringt man den Leichnam zum Friedhofe. In die Truhe oder in das Grab legt man ein Rentierfell, auf welchem der Tote ruhen soll, ihm zu Häupten und zu beiden Seiten Tabak, Pfeife und allerlei Gerät, welches er im Leben gebrauchte. Dann unterfängt man den Leichnam mit Stricken, trägt ihn zur Truhe, bettet ihn auf sein Lager und verdeckt ihm zum letztenmal sein Gesicht, breitet ein Stück Birkenrinde über die Oeffnung der Truhe, welche bei Reichen vorher vielleicht auch mit kostbaren Fellen und Tuchstoffen überdeckt wurde, legt auf die Birkenrindentafel den eigentlichen Deckel der Grabkiste oder wenigstens schwere Baumstämme dicht aneinander auf diese, um und unter die Truhe alle diejenigen Gerät-schaften, welche in ihr selbst nicht Platz fanden, nachdem man sie vorher zerschlagen oder irgendwie für Lebende un-brauchbar, nach ostjakischer Ansicht zu Schatten von dem, was sie waren, gemacht hat.

Währenddessen hat man in der Nähe des Grabes auch ein Feuer angezündet und eins oder mehrere Rentiere ge-schlachtet, deren Fleisch jetzt von den Grableuten roh und gekocht genossen wird. Nach dem Leichenmahle spießt man die Schädel der geschlachteten Rentiere auf Pfähle, um-wickelt sie oder nahestehende Bäume auch mit deren Ge-schirr, hängt die Glöcklein, welche sie bei festlichen Gele-genheiten und so auch heute trugen, an den oberen Jochen der Grabtruhe selbst auf, zerschlägt endlich den Schlitten, stürzt ihn in der Nähe des Grabes um und gibt diesem damit seinen letzten Schmuck. Dann zieht man heimwärts. Die Klage verstummt, und das Leben fordert wiederum seine alltäglichen Rechte.

Im Schatten der Nacht aber beginnt der Schatten des Toten, ausgerüstet mit den zu Schatten gewandelten Werk-zeugen, sein geheimnisvolles Schattenleben. Was er gethan, als er noch unter den Lebenden wandelte, thut er auch fer-ner. Unsichtbar für alle, weidet er seine Rentiere, treibt er sein Boot durch die Wellen, schnallt er sich die Schnee-schuhe an die Füße, spannt er den Bogen, stellt er das Netz, erlegt er die Schatten gewesenen Wildes, fängt er die Schat-ten gewesener Fische. Im Schatten der Nacht tritt er in den Tschum seines Gatten, seiner Familie, fügt er seinen Nach-gelassenen Gutes und Böses zu. Sein Lohn ist, seinem eige-nen Fleisch und Blut Wohlthaten zu erzeigen; seine Strafe

besteht darin, seinen Angehörigen fortdauernd Böses zuzufü-
gen zu müssen.

Dies sind die Grundzüge des Glaubens der Ostjaken, welche die rechtgläubigen Christen als Heiden ansehen und
verachten. Gerechte Würdigung der ehrlichen Menschen
mit Kindesgemüt aber kann zu dem Wunsche verleiten:
möchten sie immerdar Heiden, oder doch das bleiben, was
sie sind.

Unterwegs mit
Kronprinz Rudolf

1877 bis 1880, Berlin, Österreich-Ungarn, Spanien Zurückgekehrt,
wandte sich der Tiervater wieder seinem »Tierleben« zu.
Vieles von dem, was er in Sibirien erlebt, erkundet und er-
fahren hatte, nahm er auf. 1879 war das größte Werk seines
Forscher- und Reiselebens abgeschlossen. Ein weiteres
Buch, etwa das erwartete große Sibirienbuch, kam nicht.
Er fand die Kraft dazu nicht mehr. Ein Jahr vor dem Ab-
schluss der Arbeit, am 17. September 1878, war die geliebte
Mathilde gestorben, nach der Geburt Alfreds, des fünften
Kindes. Die Tochter Thekla: »Das Verhältnis zwischen bei-
den war im Alter noch so innig wie am Anfang ihrer Ehe.
Sie arbeiteten stets zusammen ... Wir Kinder konnten uns
Mama nur im Arbeitszimmer mit Papa zusammen vorstel-
len.«

»Wie ist es gekommen?, fragst du. So ist es gekommen: ...«,
schreibt Brehm fünf Tage nach dem Tod seiner Frau an den
Vetter Otto Ludwig Korn in Eisenberg, der Nachfolger seines
Vaters im Kirchspiel Renthendorf gewesen war: »... Glücklich war alles gegangen, eine glückliche, glückselige Mutter
lag vor uns mit dem wirklich prächtigen Buben, welcher
seine Mutter niemals kennenlernen sollte. Kein Wölkchen
trübte den Himmel dieses Glückes, kein Lufthauch bewegte
dessen Blüte. Da ruft sie der Wärterin zu: ›Mir wird ohnmächtig‹; die Kinder eilen herzu, schreien auf; ich stürze ins

Nebenzimmer und halte eine in den letzten Krämpfen liegende Sterbende in den Armen! ... Wie soll ich den Jammer
der drei älteren Kinder beschreiben; was soll ich dir von mir
sagen? ... Ich kämpfe und ich werde erkämpfen – was, weiß
ich nicht. Für meine Kinder will ich, werde ich hoffentlich
leben; ein anderes Ziel stecke ich mir nicht mehr. Am kom-
menden zweiten Februar werde ich fünfzig Jahre alt. Das Leben wendet sich zur Neige mit diesem Jahre. Ich hatte einen
milden Abend, nicht aber plötzliche Nacht erwartet.« Er ver-
wies auf Hesekiel 24, wo Gott vom Propheten verlangt, nicht
das »Trauerbrot« zu essen, wo der Satz steht: »Und da
ich des Morgens früh zum Volke geredet hatte, starb mir
am Abend das Weib.« Es war ein Tiefschlag, und als er aufstand, hatte er Kraft verloren.

Dann starb sein geistig zurückgebliebener Halbbruder Rudolph, der stets in Renthendorf lebte; ein guter Arbeiter, ein
Liebhaber des Tabaks. 29. November, Brehm an Korn: »Die
Gräber wollen sich nicht mehr schließen. Nächstens wird an
mich die Reihe kommen, und dann hat wenigstens für mich
die Qual ein Ende. ... Im Übrigen ist alles eitler Schein, auch
eine Heiterkeit, wie ich sie manchmal zeige. Ich bin froh darüber und spiele mit dem Scheine; aber im Herzen sitzt die
Wunde, und die heilt nicht.«

Vehement baute er seine Vortragstätigkeit aus. 18 Vorträge
hatte er im Standardrepertoire, allein acht davon über Sibirien: Die Tundra und ihre Tierwelt; Tierleben der Steppe Asi-
ens; Wild, Wald und Weidwerk in Sibirien; Eine Reise in Sibirien (Reiserzählung); Die heidnischen Ostjaken; Wanderhirten und Wanderherden der asiatischen Steppe; Volks- und
Familienleben der Kirgisen; Ansiedler und Verbannte in Sibirien. Dazu kamen zwei Vorträge über Säugetiere, drei über
Vögel, vier zu den Afrikareisen und einer zur Donaufahrt.
Wenn es sein musste, brachte er das beliebt-gruselige Geier-

mahl in Nubien. Es wurde zur erschöpfenden Routine, aber unter allen Umständen mussten die Kinder mit einem Erbe ausgestattet werden. »Wenn ich noch einige Jahre lebe, brauchen meine Kinder nicht zu hungern.«

Gebucht wurde Brehm überwiegend von wissenschaftlichen Gesellschaften und Vereinen, es war das »Jahrhundert der Vereine«. Der Oberlehrer Professor Dr. Joseph Zingel schreibt 1908 verächtlich über die Zustände der altehrwürdigen »Wetterauischen Gesellschaft für die gesamte Naturkunde« 30 Jahre zuvor; und wir erfahren so nebenbei, wie der hochberühmte Mann seinen Schnitt machte. »Unterhaltung war Parole geworden. Man suchte das Interesse der Mitglieder zu erhalten, indem man allerwärts bekannte Redner berief, wie Brehm, dem man für jeden von 2 Vorträgen 150 Mark bezahlte und außerdem das Eintrittsgeld von 1 Mark beließ. Andere Vereine machten es ebenso; man musste dem ›Zug der Zeit‹ folgen, sich Anpassen im Kampf ums Dasein.« War das ein Hinweis auf Darwin? War er sarkastisch gemeint? Jedenfalls war Brehm immer ein brillantes Ereignis, er inszenierte sich erstklassig. »Es ist alles eitler Schein.« Das Publikum war begeistert, gebannt, berührt. So entfaltete er mit »Lapplands Vogelwelt« laut Lokalpresse ein Bild, »... welches an poetischer Anschaulichkeit und an Reiz der Farben kaum eines Malers Hand zu übertreffen vermöchte«. Anschließend erklärte sich der Redakteur für unfähig (»schwer, vielleicht unmöglich«), »den Eindruck dieses in seiner Schönheit ganz eigentümlichen Vortrages wiederzugeben«. So mag es manchem ergangen sein. Wir können's nur erahnen. Der Vergleich mit einem »Maler« kam bei Brehm einigen in den Sinn. Alfred Tschentscher, ein Pädagoge, prägte den Beinamen »Tiermaler mit Worten«. Nicht schlecht getroffen. Der Zoodirektor und Geheimrat Ludwig Heck, wie Grzimek bereits in der Kindheit Brehm

Buchfinkenmännchen

und den Tieren verfallen, erinnerte sich 1938: »In Darmstadt
hielt er seine Vorträge im Saale des Hotels ›Zum Trauben‹...
Da konnte man seine Genialität als Wortkünstler beurteilen
oder, besser gesagt, auf sich wirken lassen. Es waren nämlich nicht Vorträge im Sinne freier, veränderlicher Rede, sondern genau festgelegte Rezitationen, die er ohne Manuskript
aus dem Gedächtnis, aber wortwörtlich brachte ... Ich bin
überzeugt, er wäre auch ein sehr guter schauspielerischer

Darsteller klassischer Rollen geworden, zumal ihn seine hohe, breitschultrige Erscheinung und der Charakterkopf mit der Hakennase gewiss sehr wirksam unterstützt hätten.« Viele Vortragsredner, wie der Asienforscher Robert Schlagintweit, taten es ihm nach. Brehm aber war der größte.

1873 hatte Brehm die Wiener Weltausstellung besucht, die leider mitten in einer schweren Wirtschaftskrise stattfand. London und Paris hatten alle sehen wollen, Wien war ein Desaster. Nicht für Brehm. Der Berliner Aquariumsdirektor wurde herumgereicht und vom damals 15-jährigen Kronprinzen Rudolf an den Hof eingeladen. Später, 1889, sollte der Erzherzog auf Schloss Mayerling seinem Leben – und dem seiner Geliebten – ein gewaltsames Ende setzen; ein rätselhaftes, sagenumwobenes Geschehen. Nur König Ludwig II. von Bayern konnte da das Wasser reichen. Der junge Herr unterschied sich stark vom üblichen Personal des europäischen Hochadels: Er scheute große Empfänge, große Jagden, große Auftritte, war empfindsam, intelligent und hochgebildet. Er interessierte sich ernsthaft für neue Ideen, auch politische, und für die Naturkunde, besonders für die Vögel. Brehm mochte ihn gleich, Rudolf suchte und fand einen väterlichen Freund. Immer angeregter korrespondierten sie über ornithologische Fragen. Ausführlich zitierte Brehm im neuen »Tierleben« Rudolfs Beobachtungen des Schwarzen Milans, der Rohrweihe und der Wiesenweihe. Schließlich ehrte Brehm den Kronprinzen, indem er ihm die beiden Bände über die Vögel widmete. Dessen Vater, Kaiser Franz Joseph, ehrte wiederum Brehm und verlieh ihm 1878 den persönlichen Adel. Er konnte sich nun Alfred Edmund von Brehm nennen, aber solcher Firlefanz stand für den alten Republikaner nicht in Frage.

Im Frühjahr 1878 erhielt Brehm eine Einladung: »Wollen Sie mich zu Adlerjagden nach Südungarn begleiten? Ich habe bestimmte Nachrichten von vielleicht 20 Adlerhorsten und glaube, dass wir alle dabei lernen können, wenn wir sie besuchen und fleißig beobachten.« Natürlich wollte er. Die Reise führte, vor der Regulierung der Donau, durch die Auenlandschaft der ungarischen Ursümpfe. Teilnehmer waren neben anderen Prinz Leopold von Bayern und der Ornithologe Eugen Ferdinand von Homeyer. Rudolf selbst schrieb darüber einen 310 Druckseiten langen Bericht, »Fünfzehn Tage auf der Donau«, der im gleichen Jahr anonym erschien. Na ja, so anonym nun auch wieder nicht, war das Buch doch »Meinem Schwager Leopold, dem tüchtigen Weidmanne, in treuer Freundschaft zugeeignet«; da wusste jeder Bescheid. Der Autor wurde bald freudig erkannt und erhielt von der Presse – selbstverständlich – großes Lob; zu Recht, es war keine literarische Stümperei. Wie geradezu überwältigend es wirkte, dass ein Habsburger in der Lage war, ein Buch zu schreiben, das zeigte sich im Jahr darauf. Als Höhepunkt der Feiern zum Hochzeitsjubiläum Franz Josephs und Elisabeths organisierte Hans Makart, der »österreichische Rubens«, einen Festzug im Stile barocker Trionfi; ein Wagen präsentierte Drucker, gewandet wie zur Gutenbergzeit, die Rudolfs »Fünfzehn Tage« durch die Presse zogen und die Blätter in die Menge warfen.

Brehm war immer häufiger, manchmal für Wochen, Gast im Prager Hradschin, Rudolfs Residenz. Er muss dort schon eine sehr exotische Erscheinung gewesen sein. Jean-Paul Bled schreibt in seiner Rudolf-Biografie: »Es ist sicherlich nicht üblich, in der Umgebung eines Erzherzogs auf einen Gelehrten zu stoßen, der seinem Äußeren keinerlei Beachtung schenkt, etwas raue Sitten an den Tag legt und mit Vogelbälgen durch die Gänge der kaiserlichen Burg in Prag eilt, die zum Sezieren bestimmt sind.« Von der Person und ihrem Einfluss waren nicht alle angetan. Die erzkatholischen, reaktionären Kreise bei Hofe beäugten ihn mit Argwohn. Ein Freigeist! Ein Protestant!! Ein Darwinist!!! Ein Freimaurer!!!! In Preußen gehörten die Hohenzollernherrscher seit Jahrzehnten den Logen an, Kaiser Wilhelm I. war Großmeister der preußischen Logen. In Österreich jedoch galt die Freimaurerei als gefährliche Geheimbündelei; nach 1848 hatte Kaiser Franz Joseph ein Verbot bis zu seinem Tode erlassen. In Ungarn war man da liberaler, viele Regierungsmitglieder waren Freimaurer. Die katholische Zeitung »Das Vaterland« geiferte: »Wohin man in Ungarn blickt, sind alle einträglichen Stellen von Freimaurern oder, was fast gleichbedeutend ist, von Juden und Judenknechten besetzt.« Daher wehte der Wind. Es wurden Brehm-Artikel in Onkel Zilles »Freimaurerzeitung« ausgegraben, der Prager Fürsterzbischof Prinz zu Schwarzenberg höchstselbst sammelte »sittlich anstößige Stellen« aus Brehms Schriften; es wurde intrigiert und gehetzt, und in der katholischen Presse fuhr man regelrechte Kampagnen. Das blieb nicht ohne Wirkung. Als Brehm Rudolf bat, die Patenschaft für den kleinen Alfred zu übernehmen, brachte er ihn in große Verlegenheit: Brehm war Protestant ...

Ende April bis Ende Juni 1879 gingen die beiden Freunde – der eine zwanzig, der andere fünfzig Jahre alt – letztmals gemeinsam auf Reisen, auf der Kronprinzenjacht »Miramar«. Die gesamte iberische Halbinsel sollte umfahren werden, unterwegs waren ornithologische Erkundungen geplant. Die wurden zwar auch gemacht, und Rudolf arbeitete fleißig nach brehmschen Katalogvorgaben. Aber ach, die Reise hatte noch andere Aspekte. Rudolf sollte in Spanien und Portugal ein paar heiratsfähige katholische Majestätentöchter in Augenschein nehmen; sie waren nach dem endgültigen Ende der französischen Bourbonen etwas rar geworden. Außerdem gab es ständig Empfänge, Prunkjagden und anderen Bombast. Die Reise war ein Fehler. Brehm hatte sich von seiner tiefen Erschöpfung und Depression erholen, die schönen spanischen Reiseerinnerungen auffrischen wollen. Nach Hause zurückgekehrt, war er so müde und niedergeschlagen wie zuvor. »Die Mitteilung, dass Sie der Ruhe bedürfen, dass Sie sich alt fühlen, hat mich besorgt«, schrieb ihm Rudolf.

Dessen Lage spitzte sich weiter zu. In einem weiteren Brief vom Oktober 1879 stand: »Ich würde Sie bitten, mich ... zu besuchen, aber keinen Vortrag hier zu halten. Ich werde Ihnen die Gründe, die mich dazu bewegen, mündlich mitteilen, sage Ihnen aber jetzt schon, dass Sie mir dadurch viele Unannehmlichkeiten ersparen würden. Ich werde viel von gewissen Parteien wegen meiner freien Richtung, meiner Liebe zu den Naturwissenschaften mit scheelen Augen betrachtet. Ich habe keinen angenehmen Sommer zugebracht, das Weitere mündlich. Eines ist gewiss, meine Freundschaft zu Ihnen ist unerschütterlich, da kann geschehen, was da will.« Und zum Jahresende: »Möge es [das kommende Jahr] für uns alle gute, angenehme, freudige Tage bringen; möge es die Verblendung und die heimtückische Niedrigkeit unserer Gegner zerstreuen und unschädlich machen.« Da gab es nichts zu hoffen. Die Rudolf-Biografin Brigitte Hamann interpretiert die Vorgänge sogar als »Brehm-Krise«. Im Ergebnis, so Hamann, »wurde der Kronprinz auf die Reise nach Ägypten und Palästina geschickt. Diesmal begleitete ihn auf väterliche Weisung der Hofburgpfarrer Dr. Laurenz Mayer«. Brehm wurde vom Hofe verbannt. Den ausführlichen, freundschaftlichen Briefverkehr setzten beide fort bis zu Brehms Tod.

Auch in der Heimat machten die Katholiken mobil. Als Brehm am 15. Januar 1880 zum Vortrag »Reise in Sibirien« nach Bamberg kam, musste er in einem Artikel auf Seite 1 des »Bamberger Volksblatts« üble Stänkereien lesen: Wer sei überhaupt dieser Dr. Brehm? Man habe es da mit einem Darwinianer, Haeckelianer zu tun, »mit einem wahrhaft verbissenen Feinde der katholischen Kirche sowie jeder offenbarten Religion«. Als Schmähung geißelte der Autor folgende, weiß Gott klugen Sätze aus dem »Tierleben«: »Die erste Unterordnung der Hochtiere lehrt uns den Menschen, die zweite seine nächsten Verwandten kennen. Der Mensch, leiblich ein veredelter Affe, geistig ein Halbgott, will nur das Letztere sein und versucht mit kindischer Ängstlichkeit, seine nächsten Verwandten von sich zu stoßen, als könne er durch sie irgendwie beeinträchtigt werden.« Das also brachte die Verteidiger des Glaubens auf die Palme. »Ist es nicht die größte Beleidigung für die christkatholische Stadt Bamberg, dass Sie [der Vorstand des Volksbildungsvereins] einen solchen Feind und Schmäher unserer heiligen Religion und Kirche, der auch Sie angehören, einladen? – Der Glaubens- und Kirchenfeind Dr. Brehm gehört nach Sibirien und nicht nach Bamberg!«

Brehm hatte einfach keine Lust mehr.

Letzte Reisen

1881 bis 1884, Berlin, Amerika, Renthendorf Hier und da noch ein kleiner Aufsatz in einem ornithologischen Journal, ansonsten hatte Alfred Brehm nach der Zweitauflage des »Tierlebens« seine schriftstellerische Arbeit eingestellt.

Mit Vortragsreisen ackerte er für die Kinder. Sie waren nach dem Tode Mathilde Brehms zunächst von Schwiegermutter Elise Reiz und Schwägerin Klara betreut worden, nun besorgten die älteren Kinder den Haushalt selbst: Horst war 20, Thekla 19, Leila 17, Frieda 13 Jahre alt; Bubi, der innig geliebte jüngste Sohn Alfred, war fünf Jahre alt. 1883 schloss Brehm den lukrativsten Vertrag seines Lebens. Amerikanische Unternehmer verpflichteten ihn für eine Vortragstournee mit 50 Auftritten in den Vereinigten Staaten. Aber er war krank und wusste, es war die Brightsche Nierenkrankheit. Häufig tritt sie infolge schwerer Malariaerkrankungen auf. In ihrem Verlauf kommt es zu Sehstörungen bis hin zur Blindheit, sie führt zum Tode.

Es half nichts, er musste fahren, denn bei Nichterfüllung des Vertrages drohten ruinöse Konventionalstrafen. Das Schiff ging Mitte Dezember ab. Kurz davor erkrankten alle Kinder an der Diphterie. Es half nichts, er musste; diesmal musste er reisen.

In den USA füllte er die großen Säle, in New York mehrfach die Steinway Hall in Manhattans 14ter Straße mit 2500 Sitzplätzen. Drei Postkarten aus Amerika sind erhalten geblieben, sie gelten der Sorge um die Kinder. Aus ihnen erfahren wir, dass alle Kinder gesund wurden, nur eines nicht, der kleine Alfred. Er starb am 8., sein Vater erfuhr es am 29. Januar. Die Kenntnis der letzten Dokumente Alfred Brehms verdanken wir dem Alt- und Großmeister der gegenwärtigen Brehm-Forschung, Hans-Dietrich Haemmerlein, selbst Spross eines thüringischen Pastorenhauses und liebevoller Chronist dieser untergegangenen Welt.

Im Süden, am Mississippi, erlitt Brehm einen starken Malariaanfall, die Rückreise verzögerte sich. Am 9. Mai 1884 kabelte er aus Southampton, zwei Tage später war er in Berlin. Der Sohn, Horst Brehm: »Ein an Körper und Geist gebeugter Greis, kehrte er heim. Wir erschraken über sein graues Haar, über das trübe Auge, als wir ihn wiedersahen.«

Alfred Brehm löste die Wohnung in Berlin auf, erwarb von Reinhold den alleinigen Besitz am Haus der Mutter und zog endgültig nach Renthendorf.

Dort wandte er sich einem sehr speziellen Gebiet der Botanik zu: den Rosen. Tochter Thekla erinnerte sich 1948: »Mädchen und Frauen, welche zu Besuch kamen, erhielten bei Tisch jede eine Rose neben den Teller gelegt. Die Blondine eine rote und die mit dem schwarzen Haar eine weiße usf. Wenn die Witterung anging, saßen wir stets im Freien. Papa brauchte wenig Schlaf. Bis spät in die Nacht saß er vor der Pfarrscheune und verfolgte den aufgehenden Mond über den Bäumen. Er war so ganz mit der Natur verwachsen.«

Am 11. November 1884 trat Alfred Edmund Brehm seine letzte Reise an.

Nachwort

Von den Schriften Alfred Edmund Brehms konnte nur Weniges in dieses Buch aufgenommen werden; auf manch gutes Stück, manch fesselnde Passage musste aus Platzgründen verzichtet werden. Die Texte sind fünf Quellen entnommen: Den 1855 erschienenen »Reiseskizzen aus Ost-Afrika«, der Auswahl an Vorträgen, die der Sohn Horst Brehm 1890 unter dem Titel »Vom Nordpol zum Äquator« herausgab, den »Kleinen Schriften« (1921), die hauptsächlich Beiträge aus der »Gartenlaube« enthalten, dem »Illustrirten Thierleben« (1864-69) und dem schmalen Bändchen »Aus A. E. Brehms Tagebüchern« (1951). Letzteres gehört zu einer »Brehm-Bibliothek«, die Dr. Otto Kleinschmidt Ende der 1940-er Jahre auflegte.

Kleinschmidt – Pfarrer, Biologe und Ornithologe – kann als der erste Brehm-Forscher betrachtet werden. 1896, zwölf Jahre nach Alfred Brehms Tod, kam er nach Renthendorf und nahm sich der Vogelsammlung Christian Ludwig Brehms an. Es gelang ihm, sie nach England an den Bankier und Zoologen Lord Walter Rothschild zu verkaufen. Teile der Sammlung gehören heute zum Bestand des Museums König in Bonn. Kleinschmidt betreute über Jahrzehnte hinweg im Kirchlichen Forschungsheim Wittenberg den literarischen Nachlass Alfred Brehms.

Nach Brehms Tod verschwanden seine Texte aus den weiteren Ausgaben des »Tierlebens«. Doch Ausschnitte daraus sowie zahlreiche seiner anderen Veröffentlichungen fanden sich noch über Jahrzehnte in allen möglichen Buch-

und Heftreihen, Zeitungen und Zeitschriften. Später, in den 1950-er und 1960-er Jahren, kamen einige Auswahlbände hinzu. Das »Illustrirte Thierleben« und die »Reiseskizzen« sind heute in Faksimile-Ausgaben zugänglich. Eine umfangreiche Auswahl aus den »Reiseskizzen« erschien 1974 unter dem Titel »Alfred Brehm, Reisen im Sudan«. Noch heute ist sie über Antiquariate erhältlich. Hingewiesen sei auch auf »Alfred Edmund Brehm, Reise zu den Kirgisen« (Leipzig, 1982). Das von Hans-Peter Gensichen herausgegebene Buch enthält Teile der Sibirientagebücher. Horst Brehm hatte diese Tagebücher bereits 80 Jahre zuvor bearbeitet, ohne dass es zu einer Edition gekommen wäre.

Von den Biografen sei zuvorderst Hans-Dietrich Haemmerlein genannt, der in »Der Sohn des Vogelpastors« (Berlin-Ost, 1985) zahlreiche Briefe und Familienzeugnisse zugänglich machte. Auch die umfassendste Brehm-Bibliografie stammt von ihm. Von Wolfgang Genschorek erschien 1984 in Leipzig, zum 100. Todesjahr Brehms, das Buch »Fremde Länder – Wilde Tiere. Das Leben des ‚Tiervaters‘ Brehm«, in dem auch Zeitumstände und politische Hintergründe erhellt werden.

Viele der wesentlichen Arbeiten über Brehm sind in der DDR erschienen, wo er besonders in evangelischen Kirchenkreisen und bei den Thüringern lebendig blieb. Erforscht und betreut wurde der Nachlass von Wissenschaftlern, Liebhabern und Autodidakten – darunter Pastoren ebenso wie Kraftfahrzeugschlosser und Schweißer. Vor allem wurde und wird das Erbe gepflegt in der Brehm-Gedenkstätte Renthendorf mit ihrem Museum, die allemal einen Besuch des stillen Rodatals wert ist.

N
NW · NO
W · O
SW · SO
S

Franz-Josef-Land

Karasee

Barentssee

Novaja Semlja

Brehms Reiseweg 1876
wichtiger Ort
heutige Staaten und deren Grenzen
in Weiß

0   500   1000 km

H.-I.
Jamal

Narjan-Mar

Salechard

Turuchansk

Jenissei

Unt. Tunguska

Ob

RUSSLAND

Petschora

U r a l

Syktywkar

Surgut

Ob

Narym

Jenisseisk

Jenissei

Angara

Perm

Kama

Tobolsk

Tjumen

Irtysch

Ischim

Omsk

Tomsk

Krasnojarsk

U r a l

Jekaterinburg

Nowosibirsk

Tscheljabinsk

Barnaul

Orenburg

Tobol

Ischim

Irtysch

Semipalatinsk

Ust-Kamenogorsk

ALTAI

Saissan-
see

Saissan

KASACHSTAN

Ajaköz

Tschugutschak

Aralsk

Balchaschsee

Lepsi

Tihwa

Aral-
see

Syrdarja

Bischkek

Werny

CHINA

Usbekistan

Amudarja

Taschkent   KIRGISTAN

Urgentsch

TURKME-
NISTAN